中国语文转向期的汉语颜色词语研究

ZHONGGUO YUWEN ZHUANXIANGQI DE
HANYU YANSE CIYU YANJIU

戴新月 ◎ 著

首都经济贸易大学出版社
Capital University of Economics and Business Press
·北 京·

图书在版编目（CIP）数据

中国语文转向期的汉语颜色词语研究 / 戴新月著. -- 北京：首都经济贸易大学出版社，2024. 10. -- ISBN 978-7-5638-3787-8

Ⅰ. H13

中国国家版本馆 CIP 数据核字第 2024DB4800 号

中国语文转向期的汉语颜色词语研究
戴新月　著

责任编辑	晓　地	
封面设计	砚祥志远·激光照排　TEL: 010-65976003	
出版发行	首都经济贸易大学出版社	
地　　址	北京市朝阳区红庙（邮编 100026）	
电　　话	（010）65976483　65065761　65071505（传真）	
网　　址	http://www.sjmcb.cueb.edu.cn	
E- mail	publish@cueb.edu.cn	
经　　销	全国新华书店	
照　　排	北京砚祥志远激光照排技术有限公司	
印　　刷	北京九州迅驰传媒文化有限公司	
成品尺寸	170 毫米×240 毫米　1/16	
字　　数	266 千字	
印　　张	16.75	
版　　次	2024 年 10 月第 1 版	
印　　次	2024 年 10 月第 1 次印刷	
书　　号	ISBN 978-7-5638-3787-8	
定　　价	71.00 元	

图书印装若有质量问题，本社负责调换

版权所有　侵权必究

目 录

第一章 绪论 ··· 1
 第一节 选题缘起 ··· 1
 第二节 研究对象与内容 ··· 4
 第三节 理论背景 ··· 5
 第四节 术语界定 ··· 10
 第五节 文献综述 ··· 13
 第六节 语料来源与整理 ··· 23
 第七节 研究方法 ··· 37

第二章 中国语文转向期颜色词语概况 ··· 43
 第一节 颜色范畴的划分与范畴原型的确立 ··································· 43
 第二节 颜色词语类型、数量和使用频率 ····································· 45

第三章 红范畴颜色词语描写与分析 ··· 55
 第一节 语义颜色词语 ··· 55
 第二节 语用颜色词语和词汇语用表达 ······································· 89
 第三节 范畴成员综合分析 ··· 93

第四章 蓝绿范畴颜色词语描写与分析 ··· 98
 第一节 语义颜色词语 ··· 98
 第二节 语用颜色词语与词汇语用表达 ······································· 123
 第三节 范畴成员综合分析 ··· 125

第五章　黑范畴颜色词语描写与分析 ········· 131
第一节　语义颜色词语 ········· 131
第二节　语用颜色词语 ········· 145
第三节　范畴成员综合分析 ········· 147

第六章　白范畴颜色词语描写与分析 ········· 150
第一节　语义颜色词语 ········· 150
第二节　语用颜色词语和词汇语用表达 ········· 170
第三节　范畴成员综合分析 ········· 175

第七章　黄范畴颜色词语描写与分析 ········· 178
第一节　语义颜色词语 ········· 178
第二节　语用颜色词语和词汇语用表达 ········· 186
第三节　范畴成员综合分析 ········· 188

第八章　颜色词语义发展规律及产生机制 ········· 190
第一节　颜色词非原型语义的相应现象 ········· 190
第二节　颜色词非原型语义产生机制 ········· 196

第九章　中国语文转向期颜色命名方式和特点 ········· 203
第一节　除语义颜色词外的常用命名方式 ········· 203
第二节　颜色命名系统的特点 ········· 243

第十章　总结 ········· 250

参考文献 ········· 253

第一章　绪论

第一节　选题缘起

19世纪中叶到20世纪中叶，被称为中国语文的转向期或转型期①②。汉语书面语经历了从文言到白话的历史性巨变。"国语运动"和"白话文运动"爆发的1919年，被普遍认为是近代汉语和现代汉语的分界。然而，中国语文转向"早在'五四'以前的半个多世纪就开始了"③。同样，现代汉语的最终定型也不是在朝夕间完成的。白话文运动以后，文言和白话保持了很长一段的共生期。例如，1923年，鲁迅用文言完成了《中国小说史略》的写作；又如季羡林回忆："那时候（指1926年）作文都是文言文，没有写白话文的。"④ 中国语文转向期间的白话与文言，不是"白话取代了文言"或"文言退出历史舞台"，而是具有血脉相连的关系："排除了文言词汇，现代汉语词汇简直没有办法深入理解"⑤；"此时的白话承上启下，非常重要和关键，而文言则一直为人们忽略，其实它既有自己的发展变化，同时这种发展变化又对现代汉语的最后形成和定型起到了很大的作用，因此，白话和文言都应当成为此期语言研究的重点内容。"⑥

---

① 何九盈. 汉语三论［M］. 北京：语文出版社，2007：16.
② 汪维辉. 从文言到白话从繁体到简体：近代转型期中国的书面语和文字［J］. 中文学术前沿，2016（1）：1-11.
③ 何九盈. 汉语三论［M］. 北京：语文出版社，2007：16.
④ 季羡林. 季羡林谈写作［M］. 北京：当代中国出版社，2007：3.
⑤ 王宁. 现代汉语双音合成词的构词理据与古今汉语的沟通［A］. 周荐. 二十世纪现代汉语词汇论文精选［M］. 北京：商务印书馆，2004.
⑥ 刁晏斌. 试论清末民国语言的研究［J］. 励耘学刊（语言卷），2008（2）：218-232.

近代语文转向期间，北京官话发挥了巨大影响。第一，在民族共同语方面，清末开始萌芽的"国语运动"主张借鉴日本推行国语（东京话）的做法，推行以"京话"（北京话）为标准的国语；第二，在书面语方面，以《红楼梦》为代表的白话文学在清代大量出现，行文中"多用俗谚巧语，皆地道北语京语"（清代张新之语）；第三，清末域外汉语教材，如日本明治时期编纂的《官话指南》（1881）、《官话急就篇》（1904）、《日清会话语言类集》（1905）、《燕京妇语》（1906）都是用北京官话书写编纂的，真实记录了当时各种各样的交际场景，从侧面反映了北京官话在当时话语体系中的重要地位。

词汇是语言三大组成要素之一，相对语音、语法而言，词汇对客观世界的反映更及时更广泛，系统更为复杂：既有历时现象，又有共时现象，还有泛时现象。从局部着手是研究整个词汇系统的有效手段。"局部的研究做好了，对词汇系统及其历史演变的认识就会加深，而且，通过局部研究成果的累积，可以向整体研究前进。"[1] 词汇系统的局部，既指"以词汇意义所表现出来的概念类别而做出的词的分类"[2]，又指"以概念场为背景，考察其中成员及其分布在不同历史时期的变化"[3]。前者指词汇系统意义的局部，后者指词汇系统历史的局部。

颜色词，因其客观的连续性和表达的丰富性，是词汇系统里独具特色的子系统，一直是语言学、人类学、社会学等学科的经典课题。对近代中国语文转向期的北京话颜色词汇系统进行整理和文白对照分析，在以下方面具有重要价值。

一、丰富颜色词的共时描写，推进颜色词历时演变研究

词汇对社会发展的反映最灵敏，是某段历史时期社会情况最直接的反

---

[1] 蒋绍愚.汉语词义和词汇系统的历史演变初探：以"投"为例[J].北京大学学报（哲学社会科学版），2006（4）：84-105.

[2] 张永言.词汇学简论[M].武汉：华中工学院出版社，1982：67.

[3] 蒋绍愚.汉语词义和词汇系统的历史演变初探：以"投"为例[J].北京大学学报（哲学社会科学版），2006（4）：84-105.

映。不同历史时期，词汇系统的差异表现在词形变化、词项增减、义项分合等方面。对颜色词从上述几个方面进行描写，可以丰富颜色词的共时描写，为整体把握颜色词的历时演变研究提供文本参考。

二、推进词汇语义演变规律的研究

在颜色词的历时变化中，我们最关心的是颜色词语义的演变发展和颜色词词项的增删更替。相较于个别颜色词的某个义项的演变，我们更关注颜色词语义系统的演变和发展。历史语义学认为，一词多义是语言使用导致的语义结果，多个意义之间的关系是旧义和在特定语境下产生的新义之间的历史关系，是语义演变的核心问题①。我们希望通过考察颜色词的多义系统，发现汉语颜色词语义演变的规律，探求演变背后的动因和机制。在语境中分析语义、在历时层面上梳理语言的传承性是传统训诂学的研究优势。本书重视言语意义，有助于推进语境义的分析探讨，为古今汉语颜色词语的构成与发展规律提供有价值的参考资料和研究基础。

三、推进北京方言词汇史的研究

本研究自建了一个兼顾不同文体、不同语体、不同创作群体的颜色词语料库，能够较为全面地反映清末、民国时期北京话颜色词的使用状况。将清末至民国末年作为一个发展阶段进行研究具有较大的方言史学价值，反映百年前北京话颜色词的基本面貌。此时的北京话颜色词既有历史传承，又有时代之变，这种传承和变化的规律是现代共同语词汇定型过程的缩影。

四、推进汉语民族性研究

有人将语言比作多棱镜，因为语言可以折射出许多社会现实。颜色是人对客观世界的一种视觉感知经验，颜色词是记录这种经验的语言符号。

---

① TRAUGOTT, DASHER. Regularity in semantic change [M]. Cambridge: Cambridge University Press, 2002.

颜色是客观的、普遍的，而人类对色彩的感知却是主观的、特殊的，因人而异，因文化而异。颜色范畴化和颜色词词义延伸既反映语言的普遍性，又体现语言的民族性、特殊性。北京话颜色词研究能够反映北京人的颜色认知和对颜色的情感认知。另外，清末北京方言作为官方话语在域外被广泛传播，域外汉语教材的注音、释义，为我们考察颜色词民族性提供了新颖视角。

总之，清末、民国时期北京话颜色词的研究，能够反映沿用了两千多年的文言颜色词的时代之变，摸清现代汉语颜色词的来龙去脉，总结颜色词语义演变规律，找到现代汉语双音合成颜色词的构词理据，能够为北京方言词汇史提供材料，突出北京人的颜色认知特点。

第二节 研究对象与内容

本研究以清末、民国时期北京话中的颜色词为研究对象，以基本使用情况、语义、语用和认知机制为主要研究内容。

首先，确定颜色范畴数量，确立范畴原型。

其次，描写分析颜色词的语义。研究所关注的语义，不仅包括颜色词的语言意义，还包括颜色词在使用中临时获得的言语意义。因为言语义是进行中的变化，正在发生变化的语料有特别的价值，因为变体是变化的结果，而变化可以从过程中侦查出来[①]。言语意义产生的机制、途径和语言意义是一致的，并且"其演变的轨迹往往比历史上早已固定下来的语言义更为清晰可见，对这类意义的深入研究有助于我们更好地看清词的语言义当中，由于历时久远、文献资料缺乏等原因而悬疑不决的问题，更好地揭示语言义当中被掩盖的种种现象、规律"[②]。研究除了关注颜色词的颜色义外，还关注以颜色为基础，由隐喻、转喻机制产生的非原型语义。这些义项是颜色词语义民族性的具体反映。因为"事实说明，在不同的语言

---

① TRAUGOTT, DASHER. Regularity in semantic change [M]. Cambridge: Cambridge University Press, 2002.

② 朱彦. 从语义类推的新类型看其认知本质、动因及其他问题 [J]. 世界汉语教学, 2011 (4): 507-521.

里，哪些事物同状，事物之间哪些特征相似，也就是具有像似性，是受使用这种语言的民族历史文化和社会生活限定的，也要受到这个民族观察事物的方法和习惯的影响"①。这使不同的民族，由颜色义产生的非原型语义有时大相径庭。例如，颜色词"蓝"在清末北京话中有一个非原型语义：嫉妒，如"眼蓝"。英语的"blue"却没有这样的非原型语义，相反，"green"却产生了"嫉妒"的非原型语义，如"green-eyed"。关注颜色词的非原型语义有助于通过语言揭示民族的认知特点。此外，非原型语义还是颜色词语义演变的证据。非原型语义以原型语义为中心，通过隐喻转喻等机制产生，在语义内容上与原型语义保留着千丝万缕的关系。研究颜色词的非原型语义有助于了解颜色词语义演变的方向和规律。研究所关注的语义，不限于词的语义，只要是表示"颜色"义的语言单位都在我们的考察范围内，如靠组合而成的词组，又如靠重复而成的词的叠用。这样做可以免于陷入词与非词的争论，也可以更全面地反映颜色命名系统的规律和特征。

最后，清末、民国时期北京话颜色词的使用。统计各范畴、各颜色词的使用数量、使用频率；关注不同文体、语体颜色词的使用特点；总结清末、民国时期北京人颜色命名的方式和偏好；分析颜色词在具体语境中的语义和指向。

第三节　理论背景

一、词汇语义学相关理论

训诂学在解释词义时"不仅要解释单个的词、固有的义，还要体会词语运用时的灵活性，要研究多义词各义项之间的关系，甚至词与词之间的关系"②，区别同义词时要区分义项，对比的须是同义词之间的相同义项，在这个前提下，可以从外延宽窄、程度深浅、适用对象之别、搭配不同等

---

① 王宁. 论词的语言意义的特性 [J]. 北京师范大学学报（社会科学版），2011（2）：38.
② 王宁. 训诂学 [M]. 第 2 版. 北京：高等教育出版社，2010：55.

方面比较。

美国的结构主义理论对词义的分析方法是构成成分分析，即"把意义的构成成分组合起来表示词义的方法"。许多构成成分提倡者都坚持二分法，"即对于一个词来说，某个构成成分或者存在（用加号表示），或者不存在（用减号表示）"。符淮青在坚持结构主义理论的基础上，扬长避短，"以自然语言对词义的表述为基础，加以适当的调整、限制，使其规整，结合必要的形式化，去说明、分析词义"[①]。他在论著《词义的分析和描写》中对表性状的词的意义分析和词群的描写对本文有启发作用。具体见本章第七节。

美国认知语义学家塔尔米提出的词化理论，是一种可操作的、跨语言的词义分析方法。首先把词义分解成若干语义要素，不同的语言所融合的语义要素不同，可归纳出不同语言对同一意义的不同"词汇模式"（lexicalization patterns）。如"位移事件"可分解为位移、路径、物体、背景、方式、动因、矢量、构向、指向9个语义要素，印欧语中大部分语言（以英语为代表）是将"位移"或"方式"融合的词化模式；印欧语系的罗曼语（以西班牙语为代表）则是将"位移"和"路径"融合的词化模式[②]。这种语义分析方法较之结构主义的义素分析法更具有语言类型学的意义。蒋绍愚吸收了词化理论的经验，提出了"概念要素分析法"。在词化理论的"语义要素"基础上继续往下分析，看到每个"语义要素"都包含若干节点，如语义要素"工具"就包含"鞭/棍/刀/斧"等节点。在一个概念场中，几个语义要素的节点以不同的方式交汇，交汇点即这个概念场中的不同概念[③]。

词义分析还要区分语言义和言语义。不同学者对二者的命名和定义有细微差别。

蒋绍愚认为，"语言义"指"词的概念义，通常就是词典里为这个词下的定义"。"言语义"指"有些词受语境的影响，临时产生了新的、与

[①] 符淮青. 词义的分析和描写 [M]. 北京：外语教学与研究出版社，2009：53, 60, 64.
[②] TALMY. Toward a cognitive semantics [M]. Cambridge：MIT Press, 2000.
[③] 蒋绍愚. 汉语历史词汇学概要 [M]. 北京：商务印书馆，2015：398-400.

其语言义不同的意义（但这种新的意义与其语言义还是多多少少有些联系）"①。

葛本仪认为，任何一个词义都呈现为静态和动态两种形式。"静态词义是存在于语言符号系统之中，为实现交际行为、完成交际目的而提供可能和基础的意义，动态词义则是言语交际中具体体现了交际功能，实现了交际作用，传递了交际信息，达到了交际目的的意义。"②

王宁将语言意义和言语意义称之为"贮存义"和"使用义"。"语言学里常说的词汇意义，也就是词的语言意义，指的是词在脱离语言环境下存在的意义，它有别于词的言语意义，可称之为无语境义或贮存义，这种意义正是语义学研究的对象。"③ 词的言语意义即使用状态的词义。"使用状态的词义是在语言的具体运用中产生的具体的、特定的或临时的意义，它总是与特定的语言环境及社会文化背景相联系。""大部分词在贮存状态时是多义的，而在具体语言环境中使用时义项则是固定的；贮存状态的词义因经过概括而有广义性，使用状态的词义因受到语言环境的限定，指向是单一的，意义是具体的。"④

二、认知语言学相关理论

（一）原型-范畴理论

人们在实践中认识到事物的各种性质和特点，对事物和现象加以分类，是人类独有的思维能力。简单说，划分范畴就是给事物分类。

范畴学说最早要追溯到亚里士多德，他开创了经典范畴学说，维特根斯坦继承发展了经典范畴学说，提出了"家族相似性（family resemblance）"的概念。范畴理论在这一阶段认为人类给事物分类是基于事物共同特征的。

罗施认为，把事物的共同特征作为划分范畴的依据不合理，第一，如

---

① 蒋绍愚. 汉语历史词汇学概要 [M]. 北京：商务印书馆，2015：152, 159.
② 葛本仪. 现代汉语词汇学 [M]. 第3版. 北京：商务印书馆，2014.
③ 王宁. 论词的语言意义的特性 [J]. 北京师范大学学报（社会科学版），2011（2）：35.
④ 王宁. 训诂学 [M]. 第2版. 北京：高等教育出版社，2010：122.

果成员是靠共同特征划分在一起的,那么"属于这一范畴的成员中便没有哪一个成员会是代表该范畴的最典型的范本";第二,如果划分范畴只依靠事物的共同特征,那么,"范畴将不依赖任何划分者的独特性"。也就是说,全世界各民族给世间万物划分出的范畴都应该是一模一样的。但事实并非如此①。

罗施扩展了"柏林和凯的色彩研究的原型效应(prototype effect),概括了布朗的观察结果和柏林的基本层析效应(basic-level effect)"②,发展成为后来的原型-范畴理论。原型-范畴理论认为,范畴具有层级性,分为上位层次、基本层级和下位层次。"基本层次上,原型最为发达。基本层次提供了有关事物和生物的最多的信息,或者提供了最大的相关特征。"③ 因为,基本层次在感知、功能、沟通、知识组织四个方面是最基本的。从感知上讲,基本层次以单个意象快速被识别;从沟通讲,基本层次词形最短,最常用,在语境中是自然的词语,最先为孩子们学习,最先进入词典。"我们不仅对客体拥有基本层次概念,而且对行为和特性也拥有基本层次概念……在基本的神经生理方面被决定的颜色也是如此:黑、白、红、绿、蓝和黄"④。

原型即一个范畴里最典型的范本。关于原型(prototype),有两种理解方式:"既可以指一个实体范畴的中心成员或中心成员组成的集合,也可以指一组抽象图示表征的中心成员。"⑤

泰勒在《语言的范畴化:语言学理论中的类典型》第一版前言中说,语言的范畴化(linguistic categorization)指人们对周围世界进行分类的过程。比如,当我们将两种并不完全相同的颜色都描述为"红"时,就是在

---

① ROSCH. Natural categories [J]. Cognitive Psychology, 1973, 4 (3): 328-350.
② 莱科夫. 女人、火与危险事物 [M]. 梁玉玲, 等, 译. 台北: 桂冠图书股份有限公司, 1994: 40.
③ 束定芳. 认知语义学 [M]. 上海: 上海外语教育出版社, 2008: 65.
④ 莱科夫. 女人、火与危险事物 [M]. 梁玉玲, 等, 译. 台北: 桂冠图书股份有限公司, 1994: 62-64, 381.
⑤ TAYLOR. Linguistic categorization: prototypes in linguistic theory [M]. New York: Oxford University Press, 1989: 59.

对周围世界进行分类①。

语义学吸收了原型-范畴理论的成果,将一词多义现象看作是由多个相关意义组成的范畴,其中有一个是典型义项,其他义项是通过隐喻、转喻等认知机制产生的。

(二) 隐喻和转喻理论

隐喻(metaphor)和转喻(metonymy)是人类认知世界的两种基本方式,隐喻和转喻理论的代表人物是莱考夫和约翰逊。在他们的代表作《我们赖以生存的隐喻》里,隐喻和转喻被描述为:"隐喻的本质就是通过另一种事物来理解和体验当前的事物";"用一个实体指代另一个与之相关的实体,我们称之为转喻"②。

"隐喻和转喻是不同类型的过程。隐喻主要是将一个事物比拟成另一个事物,其主要功能是帮助理解。而转喻的主要功能则在于指代,即用一个事物来代替另一个事物……我们挑选哪个部分决定了我们关注整体的哪个方面……转喻让我们更关注所指事物的某些特定方面。"③

认知语言学家认为,一词多义现象是隐喻和转喻的结果。换言之,隐喻和转喻是一个多义词的原型意义向其他意义延伸的过程和手段。隐喻和转喻机制也解释了多义词的各义项并不都是客观上相似的事物或事件,因为隐喻允许人们用另一件事物理解当下的事物:"隐喻让人们可以将一件事物理解为另一件事物,而无须认为这两者在客观上完全相同。"④

斯威彻尔列举了若干英语颜色词来说明这个问题。如:英语用"白(white)"表示"善(morally good)",用"黑(black)"表示"恶",用"灰(grey)"表示"道德的边缘地带(morally marginal actions)",不是因为白色、黑色、灰色和道德有对应的语言关联,而是因为该文化社

---

① 泰勒. 语言的范畴化:语言学理论中的类典型 [M]. 北京:外语教学与研究出版社,2003.

② LAKOFF, JOHNSON. Metaphors we live by [M]. Chicago:University of Chicago Press, 1980:5, 63.

③ 莱科夫,约翰逊. 我们赖以生存的隐喻 [M]. 何文忠,译. 杭州:浙江大学出版社,2015:33.

④ 斯威彻尔. 从语源学到语用学:语义结构的隐喻和文化内涵 [M]. 北京:北京大学出版社,2002:8-9.

团将白色视为诚实或纯洁的隐喻代表。这不仅是语言的问题。

因此，我们必须注意到，"事物的相似性和共现性，不是纯粹客观事物的客观关系，而是客观事物在人的心理中的反映。因此，相似性与共现性必然带有民族的特色。所以，北京话的隐喻和转喻，只能从北京话的语言事实中去寻求，而不能完全套用其他语言的现成规律来解释"①。

第四节　术语界定

一、颜色词语

颜色词语指在具体语境中能够表示颜色的词或语。

严格讲，有的颜色语用表达是名物词在语境中的创造性使用，颜色义是临时的言语意义，并不能称为"颜色词"；有的颜色语用表达是词的组合，也不能称为"词"。但是考虑到本书研究重点在于"语义"，故在"语法"上放宽了限制，将用来表示颜色的语言单位都纳入研究范围，统称"颜色词语"。

二、语义颜色词语

原型语义为颜色的词语，用于称名颜色，描写事物颜色性质、状态。如"红叶比花艳，白云如水流"的"红""白"；"这个孩子，脸都晒得黑不溜啾的了"②的"黑不溜啾"。

三、语用颜色词语

原型语义是名物，非原型语义中有一个义项表示颜色的词语，如"银"。"银"的原型语义是一种亮白色的金属，因为常被用来描写事物白而亮的颜色，如银河、银鱼、银杏等，"像银子的颜色"③已经固定下来成

---

① 王宁. 论词的语言意义的特性 [J]. 北京师范大学学报（社会科学版），2011（2）：38.
② 金受申. 北京话语汇 [M]. 北京：商务印书馆，1961：96.
③ 罗竹风. 汉语大词典：第11册 [M]. 上海：汉语大词典出版社，2003：1275.

为词典里的一个义项。

语义颜色词语和语用颜色词语最本质的区别是"语义原型标准：语义颜色词的原型语义是颜色义，语用颜色词的原型语义是名物义"①。

四、颜色的词汇语用表达

原型语义是名物，在语境中临时用来表示颜色的词语，如"重眉毛，大眼睛，带着一副浅茶镜"中的"茶"。"茶"的原型语义并不表示颜色，但在上下文语境的帮助下，临时表示"像茶叶汤一样黄且透明的颜色"。

语用颜色词和颜色语用表达的区别是颜色义是否固定下来成为一个义项。

五、原型语义和非原型语义

原型语义学（prototype semantics）是词义研究的一种方法，"将词语的意义分为原型意义和非原型意义，前者为中心，后者形成向外辐射的网络系统"②。范畴理论认为，一个多义词，各个相关联的意义组成一个范畴，各个意义就是这个范畴的成员。其中，有一个意义是最核心的，其他意义都是以它为基础，通过隐喻、转喻等认知机制产生的。最核心的那个意义被称为原型语义，其他意义被称为非原型语义③。

六、语义显著度

迪尔文和弗斯波尔提出判断语义显著度最高的方式是：第一，说到某词，人们首先会想起的意义；第二，使用频率最高的意义；第三，能够作为阐明范畴内其他意义的基础。换句话说，语义显著度最高的意义是一个语义范畴中语义凝聚力最强的意义：它是一个意义范畴内其他所有相关意义得以理解的基础，通过这个方式，它将其他所有相关意义凝聚起来，组

---

① 马燕华. 论颜色词的分类及其特征［Z］. 中国语言学第 16 届年会论文，2012.
② 语言学名词审定委员会. 语言学名词［M］. 北京：商务印书馆，2011：10.
③ TAYLOR. Linguistic categorization: prototypes in linguistic theory［M］. New York: Oxford University Press, 1989.

成一个范畴①。

根据以上观点,我们将一个词的显著意义总结为:某个词的某个义项相较于其他义项,使用频度高,在认知上往往被优先处理,是其他义项产生的基础。

本书使用的语料创作自百余年以前,很难用心理测量的方法得知彼时语言使用者认知上最先处理的义项。我们采取的办法是,主要依据使用频率,辅助参考该义项的"能产性",即看这个词的其他义项是否都与这个义项在某个方面相关联。如果一个义项是语言使用者更熟悉、心理活跃度更高的义项,人们倾向以这个义项为基础,增加或凸显其他因素,产生新意义。

七、语义广义度

任何词在贮存状态时都有两种广度:"一方面,词的某一义项所能适用的物类和事类往往不止一种……另一方面,某一义项能适用的是这一物类和事类的全体,而不单指其中的某一个","词的广义度只能搜集、描写,不能全然采用逻辑推论去确定"②。

根据以上观点,本书将颜色词的广义度定义为:某个颜色词表颜色的义项能适用的事类、物类范围。能适用的事类、物类越多,词义的广义度越高。

柏林和凯提出基本颜色词应符合的几条标准时特别指出,基本颜色词不应该是只能描写几种限定事物的颜色词③。也就是说,语义指向范围是判断一个范畴里哪个成员是原型的基本标准之一。因此,一个意义范畴的原型语义,应该是语义显著度和语义广义度都高的那个成员。

---

① DIRVEN, VERSPOOR. Cognitive exploration of language and linguistics [M]. Amsterdam: John Benjamins, 2004: 30-31.

② 王宁. 论词的语言意义的特性 [J]. 北京师范大学学报(社会科学版), 2011 (2): 35-36.

③ BERLIN, KAY. Basic color terms: their universality and evolution [M]. Berkeley: University of California Press, 1991.

第五节 文献综述

一、颜色词研究概况

颜色为什么能成为范畴理论理想的试验场（testing ground）？泰勒在其经典著作《语言的范畴化：语言学理论中的类典型》开篇"为什么是颜色词"里解释道：语言学家和人类学家都普遍认为，范畴既不是完全基于客观世界的，也不是完全基于人类感知的。现实世界是一个离散的连续统，人类对现实世界的范畴化完全是依据习俗、惯例。人眼可以分辨不少于750万种颜色，但是，每个民族都会对颜色进行范畴化认知。虽然温度、速度、高度、长度等都是涉及主客观的连续统，与颜色相比，这些经验域的词语表达要匮乏得多，如，英语中表示长度的词语只有两个：长、短[1]。客观的连续性和语言表达的丰富性，是颜色词成为范畴理论经典研究对象的原因。

（一）结构主义语言学的颜色词研究

普遍认为，颜色词是从柏林和凯的基本颜色词发生顺序研究之后成为语言学研究经典课题的，但是结构主义语言学家在更早的时候就意识到颜色词的理论意义。如布龙菲尔德强调了人类称名颜色的任意性（arbitrary）：物理学家将色谱看作是不同波长的连续统，但语言是在这个连续统上任意划分出一段，将其命名为罗兰紫、蓝、绿、黄等[2]。格莱森也有类似的表述：颜色是客观连续的，但在语言中却以一系列独立的范畴呈现，人类划分颜色范畴的方法是语言结构的一部分[3]。

在结构主义语言观的指导下，语义学领域提出了语义场理论。语义场

---

[1] 泰勒. 语言的范畴化：语言学理论中的类典型 [M]. 北京：外语教学与研究出版社，2002：2.

[2] BLOOMFELD. Language [M]. London: George Allen & Unwin, 1933: 140.

[3] GLEASON. An introduction to descriptive linguistics [M]. New York: Holt, Rinehart & Winston, 1955: 4.

指由一组有共同义素的语言单位构成的，代表着相同概念意义的结构系统①。

语义场理论强调词只有在语义场中才有意义。莱昂斯举颜色词为例说明，每个颜色词在具体所指方面是不明确的，但是在词汇系统中的位置却是固定的。"玛丽戴了一顶红帽子"，是对"玛丽戴了一顶绿（蓝、白、黄）帽子"的否定②。

泰勒总结了结构主义语言学对颜色词的主要观点：

第一，语义场内每一个颜色词的地位是平等的，虽然有些颜色词使用频率高一些，但由于每个颜色词的价值是靠与语义场内其他所有颜色词的关系决定的，因此没有一个颜色词能取得特殊的地位。

第二，一个颜色词的所指对象没有差别。如果两个颜色都被范畴化为"红色"，那么这两个颜色没有区分谁比谁红的意义。不是说人眼不能区分出两者的差别，而是出于语言范畴化的目的，二者的差别被忽略不计了。

第三，语言学研究的对象是且仅是语言系统，而不是系统里的单个词③。

结构语言学家认为，语言是独立的客观存在，不应掺杂人的因素。词义可以通过语义场内成员的相互比较，分解为若干客观的义素。用这种分析方法分析颜色词词义的国外代表人物是莱昂斯；国内的代表人物是符淮青、李红印和赵晓驰等。

符淮青受到莱昂斯"词群层次结构"④观点的启发，通过重点考察色彩的浓度、亮度、纯色或多色、有无表色彩以外的内容和适用对象有无限制等参数，再结合使用频率，将汉代以前红范畴颜色词进行了词义描写，并在此基础上描写了"红"词群的层次结构⑤。符淮青用同样的方法对现

---

① 索绪尔. 普通语言学教程 [M]. 北京：外语教学与研究出版社，2001：112-113.

② LYONS. Introduction to theoretical linguistics [M]. Cambridge：Cambridge University Press，1968：429-431.

③ 泰勒. 语言的范畴化：语言学理论中的类典型 [M]. 北京：外语教学与研究出版社，2002：7-8.

④ LYONS. Introduction to theoretical linguistics [M]. Cambridge：Cambridge University Press，1968.

⑤ 符淮青. 汉语表"红"的颜色词群分析：上 [J]. 语文研究，1988（4）：28-35.

代汉语"红"词群进行了语义分析和成员层次结构划分，相比对汉以前"红"词群的分析，新增了"色调"和"感情色彩"两个参数。通过对古代汉语和现代汉语"红"词群的对比，可以明显看到"其中成员、词的意义内容、意义关系和语法性质的不同"[1]。

李红印从聚合和组合两个方面分析了现代汉语颜色词语义。他将现代汉语颜色词词汇分成红、黄、绿、蓝、紫、褐、黑、白和灰九类颜色词词群。先对每个颜色词在认知和词义两个层面进行分析。在认知层面设置"辨色""指色""描色"三个参数；词义层面设置色感（包括色调、浓度、亮度）和其他感（指非色彩信息）四个参数。然后对同一词群中的颜色词进行语义对比和语义相似分析。语义组合分析主要从构词层面、词汇搭配层面和句法层面进行[2]。

赵晓驰对隋前颜色词的语义分析基本沿用了符淮青的研究范式，设置了浓度值、亮度值、辅色、适用对象、其他内容五个参数，分别对隋前赤、黑、白、青、黄五类颜色词内部成员进行了语义分析，在此基础上将各类颜色词分成了不同的类聚[3]。除此之外，赵晓驰还对五类颜色词的组合关系进行了分析，将颜色词所能搭配的名物对象分为六大类，考察颜色词的搭配能力[4]。

（二）认知语言学的颜色词研究

结合人的认知能力研究语言，是认知语言学和结构主义语言学的根本区别。如，语义场理论的核心是"探讨上位词统辖下的下位词间或类概念统辖下的种概念间的关系"。语义场理论将一词多义现象看作是"一个核心义位为中心，含有一个或几个共同义素的，带有整体性的语义聚合体"[5]。结构主义语言学把颜色范畴看作是由几个具有相同义素的语义聚合体，各成员的地位是相同的，单个词的意义必须在与语义场内其他词的比较下才有意义。但是多义词的各个意义并不是都有共同义素的。如现代汉

---

[1] 符淮青. 汉语表"红"的颜色词群分析：下 [J]. 语文研究, 1989 (1): 39-46.
[2] 李红印. 现代汉语颜色词语义分析 [M]. 北京：商务印书馆, 2007.
[3] 赵晓驰. 隋前汉语颜色词研究 [D]. 苏州：苏州大学, 2010.
[4] 赵晓驰. 试从色彩义的来源谈制约颜色词搭配对象的因素 [J]. 古汉语研究, 2011 (4): 8.
[5] 张志毅, 张庆云. 词汇语义学 [M]. 北京：商务印书馆, 2001：81, 95.

语"红"的颜色义和流行义，颜色和流行之间没有共同义素，颜色义能发展出流行义是基于汉民族对红色和流行的相似经验。红色使人感到火和热，汉民族习惯用火和热形容受关注程度高的人或物，如热点、炙手可热等。认知语言学对颜色词的观点与结构主义语言学的观点主要分歧在于：同范畴的颜色词地位是否平等、一个颜色词的多个意义是否具有共同义素。泰勒总结了认知语言学对颜色词的主要观点：

第一，颜色范畴有一个中心和一个外围。这意味着范畴成员的地位不尽相同。一个颜色词，最主要的是指一个焦点色（focal colour）。如果一种语言拥有的颜色词数量相对较少，那么每个颜色词所指向的范围就会相应扩大，但是所指的中心保持不变。

第二，由于颜色词所指的焦点优先性，颜色词不组成系统。一个颜色词所指的焦点与其他颜色是否有词形表示无关，如"红"所指的焦点色，与黄色、橙色、紫色等在语言中是否词汇化了无关。语言中新增一个颜色词，如"橙"，会导致红范畴所指范围缩小，但是范畴的中心不会因此发生变化①。

认知语言学对颜色词最著名的研究是柏林和凯、凯和麦克丹尼尔对基本颜色词发生顺序的研究。柏林和凯研究了 98 种语言样本（其中第一手语言材料 20 种，第二手语言材料 78 种），认为人类语言有 11 种基本颜色范畴，并遵循一定的发生顺序②（见图 1-1）。

图 1-1 本颜色词的发生顺序图

凯和麦克丹尼尔对柏林和凯的研究进行了调整修正，他们把颜色范畴

---

① 泰勒. 语言的范畴化：语言学理论中的类典型 [M]. 北京：外语教学与研究出版社，2002：15.

② BERLIN, KAY. Basic color terms: their universality and evolution [M]. Berkeley: University of California Press, 1991.

看作一个模糊集，指出人类语言至少有 15 个基本颜色范畴，可分为三类：一是主要范畴（黑、白、红、黄、绿、蓝）；二是综合范畴（冷色如黑、绿、蓝；暖色如白、红、黄）；三是派生范畴（棕＝黑＋黄、紫＝红＋蓝）。发生阶段仍然是七个，以第五阶段为分界线，前五个阶段综合范畴分化为主要范畴，后两个阶段主要范畴合成出派生范畴①。

柏林和凯的研究涉及了汉语普通话，认为汉语是处于第五阶段的语言，有白、黑、红、绿、黄、蓝六个颜色词，但他们对汉语颜色词词源不了解，因此对这个结论不是很肯定。我国学者姚小平②和吴建设③在以上学者的基础上对汉语颜色词发生顺序做了深入研究。二人的研究结果见表 1-1。

表 1-1　姚小平和吴建设关于汉语颜色词发生顺序的观点对比表

学者（年份）	汉语颜色词发展阶段	基本颜色词
姚小平（1988）	1. 殷商	幽、白、赤、黄、青
	2. 周秦	黑、玄、白、赤、黄、青、绿、紫、红（粉红范畴）
	3. 汉晋南北朝	黑、白、赤、红、黄、青、绿、紫、红（粉红范畴）、灰
	4. 唐宋至近代	黑、白、红、黄、青、绿、蓝、紫、灰、褐
	5. 现代	黑、白、红、黄、绿、蓝、紫、灰、棕、褐、橙
吴建设（2012）	1. 殷商	白、黄、幽、赤
	2. 西周	白、赤、黄、玄
	3. 春秋战国	赤、黄、黑、白、青、苍
	4. 秦汉	白、黄、黑、赤、青

---

① KAY, MCDANIEL. The linguistic significance of the meanings of basic color terms [J]. Language (Baltimore), 1978, 54 (3): 610-646.

② 姚小平. 基本颜色调理论述评：兼论汉语基本颜色词的演变史 [J]. 外语教学与研究, 1988 (1): 11.

③ 吴建设. 汉语基本颜色词的进化阶段与颜色范畴 [J]. 古汉语研究, 2012 (1): 8.

续表

学者 （年份）	汉语颜色词 发展阶段	基本颜色词
吴建设 （2012）	5. 三国至南北朝	白、黄、黑、赤、青、紫
	6. 隋唐至两宋	白、黄、黑、赤/红、青、紫、绿
	7. 元明清	白、黄、黑、红、青、紫、绿
	8. 现代	白、红、黑、黄、绿、蓝、紫、灰

姚小平是国内介绍基本颜色词理论及研究汉语颜色词发生顺序的第一人，有引介和开创之功。吴建设对汉语颜色词演变断代划分得更详细，语料量更全面（涉及经、史、诗、文）。综合两人的研究成果，我们可以看到汉语基本颜色词历时发展的大概面貌。二人的研究结论有很多不谋而合的地方，如，都认为殷商时期"幽"是黑范畴的基本颜色词；"红"变成红范畴基本颜色词的时间是唐宋时期；"灰"是出现较晚的一个基本颜色词等。二人研究结论的不同体现在两方面。

第一，某些颜色词何时成为基本颜色词的。如对于颜色词"青"，姚小平认为，殷商时期就已经是基本颜色词了，吴建设则认为"青"成为汉语基本颜色词的时间是战国时期；又如姚小平认为，颜色词"灰"的使用从晋代开始频繁起来，而吴建设认为，"灰"虽然开始作为颜色词使用始见于《宋史》，但是直到现在还处于向基本颜色词转化的过程末期。

第二，某些颜色词是否是基本颜色词。姚小平认为，颜色词"褐"从唐代开始就成为基本颜色词，"棕"和"橙"是现代基本颜色词；吴建设则认为，这三个颜色词直到现在还不是基本颜色词。

关于某一颜色词到底是不是基本颜色词或何时成为基本颜色词的问题，我们可以参考以某一颜色范畴或某一颜色词为研究对象的历时演变研究。这些研究因为极大地缩小了研究对象，因此更细致，结论也更有说服力。如赵晓驰通过考察上古到中古汉语赤类颜色词系统的演变，发现中古时期"红"在"使用频率、搭配对象、构词能力等方面都体现出取代'赤'的强劲势头，而这是与'红'的义值从浅红义到一般的红色义转变相对应的"①。这一结论印证了姚小平和吴建设的研究。又如徐朝华用训诂学的方法详细论述了"青"分别表"绿""蓝""黑""灰"等颜色出现的时期，对于判断"青"何时成为基本颜色词有一定的参考价值②。

关于某一发展阶段基本颜色词具体成员的问题，我们可以参考基本颜色词的断代研究。这些研究可以帮助我们了解某一具体历史时段颜色词的使用状况。如赵晓驰研究了隋前颜色词，认为上古基本颜色词分别是"赤""玄、黑""白""青""黄"，中古基本颜色词分别是"赤""黑""白""青""黄"③。从事此类研究的学者还有徐朝华④、刘丹青⑤、许嘉璐⑥、解海江⑦等。

认知语义学还重视从意义到意义的延伸路径，认为隐喻和转喻是人类认识世界的基本认知方式。人们倾向于通过隐喻和转喻，用具体理解抽象，用已知理解未知。斯威彻尔提出"以身喻心"的隐喻（Mind-as-Body Metaphor），解释"hear"表示听从，"grasp"表示理解，"bitter anger"表示强烈的愤怒，"sweet personality"表示善良的、亲切的个性等用法。身体对外部世界的感觉经验是表述心理状态的重要来源，从身体感知到情感反应是从具体到抽象的单向演变，这种演变是有身心基础的隐喻。如前面提到的，斯威彻尔列举英语用颜色词表示人道德品行好坏的例子：英语用"白（white）"表示"道德高尚"，用"黑（black）"表示"道德败

---

① 赵晓驰.上古到中古赤类颜色词词汇系统的演变［J］.汉语史学报，2012，11（1）：213-225.

② 徐朝华.析"青"作为颜色词的内涵及其演变［J］.南开学报（哲学社会科学版），1988（6）：8.

③ 赵晓驰.隋前汉语颜色词研究［D］.苏州：苏州大学，2010.

④ 徐朝华.析"青"作为颜色词的内涵及其演变［J］.南开学报（哲学社会科学版），1988（6）：8.

⑤ 刘丹青.现代汉语基本颜色词的数量及序列［J］.南京师大学报（社会科学版），1990（3）：4.

⑥ 许嘉璐.说"正色"：《说文》颜色词考察［J］.古汉语研究，1994（S1）：5-7.

⑦ 解海江.汉语基本颜色词比较研究［J］.鲁东大学学报（哲学社会科学版），2008（1）：65-70.

坏",用"灰（grey）"表示"介于道德的边缘地带"①。

近几年，汉语颜色词的认知研究取得了丰富的成果。张旺熹提出颜色词通过表达相应的色彩概念而把客体、色彩、主体三方面联系在一起，通过联觉而产生联想意义②。这是较早注意到认知方式对颜色词词义影响的论文。其他用认知语言学的观点解释汉语颜色词使用现象的代表性研究还有于逢春强调了人文性对汉语颜色词造词、联想、发展的重要意义③；李燕用隐喻、转喻论述了现代汉语基本颜色词多义现象形成的认知理据④；杨文全、李媛媛讨论了"贵族蓝""吉祥红"等现代汉语新兴颜色词产生的认知机制⑤。

北京师范大学的马燕华教授带领她的研究团队，致力于用认知语义学相关理论研究汉语古典韵文体文学语言颜色词的历时演变。研究语料包括汉魏骈赋⑥⑦、唐诗⑧⑨、宋词⑩、元曲⑪、明代戏剧唱词⑫、清诗⑬⑭等，旨在从历时研究的视角了解颜色词在韵文体文学语言中的使用概况、语义系统和语用状况。

---

① 斯威彻尔. 从语源学到语用学：语义结构的隐喻和文化内涵 [M]. 北京：北京大学出版社，2002：28-30.

② 张旺熹. 色彩词语联想意义初论 [J]. 语言教学与研究，1988（3）：11.

③ 于逢春. 论民族文化对颜色词的创造及其意义的影响 [J]. 吉林大学社会科学学报，2000（5）：90-94.

④ 李燕. 汉语基本颜色词之认知研究 [J]. 云南师范大学学报（对外汉语教学与研究版），2004，2（2）：4.

⑤ 杨文全. 隐喻认知视角下新兴颜色词的多维描写与调查分析 [J]. 语言文字应用，2013（1）：11.

⑥ 潘晨婧. 汉赋颜色词研究 [D]. 北京：北京师范大学，2011.

⑦ 郝静芳. 魏晋南北朝骈赋颜色词研究 [D]. 北京：北京师范大学，2015.

⑧ 夏秀文. 李白诗歌颜色词研究 [D]. 北京：北京师范大学，2010.

⑨ 程江霞. 唐诗颜色词语研究 [D]. 北京：北京师范大学，2015.

⑩ 董佳. 宋词颜色词研究 [D]. 北京：北京师范大学，2010.

⑪ 汪琦. 元曲颜色词研究 [D]. 北京：北京师范大学，2014.

⑫ 吴剑. 明代戏剧唱词颜色词研究 [D]. 北京：北京师范大学，2014.

⑬ 杨福亮. 清诗颜色词研究 [D]. 北京：北京师范大学，2016.

⑭ 戴新月. 清末民初汉语古典诗歌颜色词研究 [D]. 北京：北京师范大学，2017.

二、清末、民国词汇研究概况

曾经较长一段时间内，古代汉语和现代汉语相对"各自为政"。清末、民国成为汉语史上的"两不管"地带，导致对清末、民国语言现象分析不深入，语料挖掘不全面。长期以来，以1919年为分界的断代研究，将清末至民国末年几十年的时间人为地割裂为古代汉语和现代汉语两个阵营，这种做法掩盖了此期汉语发展的连续性，违背了语言客观事实[①]。

清末至民国北京话词汇研究使用的语料可分为两类：一是文学作品，主要是小说；一是域外汉语教材。

用于清末、民国北京话词汇研究的文学作品可分为两类：一类是清代早期白话小说，以《红楼梦》《儿女英雄传》为代表；一类是京籍作家群创作的京味儿小说，以蔡友梅、老舍等的作品为代表。

用于清末、民国北京话词汇研究的域外汉语教材主要有三个方向，其一是"欧化"教材，以《语言自迩集》（1867年）为代表；其二是"日化"教材，以日本明治时期编纂的《官话指南》（1881年）、《官话急就篇》（1904年）、《日清会话语言类集》（1905年）为代表；其三是朝鲜教材，以《华音启蒙谚解》（1883年）为代表[②]。

词是形、音、义、用四位一体的语言单位。整体看，清末至民末北京话研究在词的形、音、义、用方面均有建树。

（1）北京话词汇的语音研究。蔡瑛纯通过对朝鲜时代各种对译汉音资料中的词汇语音进行考察，推断译音与现代官话方言中的北京音与洛阳音关系最为密切。文章大量的翔实语料反映了清末北京官话的语音特点[③]。李无未、杨杏红根据日本明治时期官话课本的注音符号分析清末北京官话语气词的发音情况[④]。

---

① 刁晏斌. 试论清末民初语言的研究[J]. 励耘学刊（语言卷），2008（2）：218-232.
② 佟淑玲，佟福奇. 清末民初北京官话词汇研究述评[J]. 临沂大学学报，2015，37（3）：124-127.
③ 蔡瑛纯. 试论朝鲜朝的对译汉音与中国官话方言之关系[J]. 语言研究，1999（1）：83-101.
④ 李无未，杨杏红. 清末民初北京官话语气词例释：以日本明治时期北京官话课本为依据[J]. 汉语学习，2011（1）：96-103.

(2) 北京话词汇的语义研究。张美兰介绍了《语言自迩集》中大量北京口语词的词义注释,揭示其辞书编纂和文献价值[①]。

(3) 北京话词汇的语法研究。陈晓讨论了清末、民国北京话里表"完全、彻底"义副词"所"的结构特点和语法意义[②]。金红梅以清末、民国京籍作家作品为语料,对北京话特殊副词进行了较全面的考察[③]。清末、民国副词研究较为深入和广泛,其他研究还有郑剑平[④]、郑燕明[⑤]、武振玉[⑥]、钱毓英[⑦]、周泽龙[⑧]等。

(4) 北京话词汇的语用研究。陈明娥和李无未对清末域外汉语教材中的口语体词汇做了介绍和分类[⑨]。张美兰、陈思羽考察了清末、民国北京口语话题标记,指明语气词的话语功能,介词的篇章衔接功能等[⑩]。邓苗雯考察了《官话指南》中特色词的交际用法[⑪]。周建设、薛嗣媛研究了清末京味儿小说《春阿氏》中未被辞书收录的22个AABB式性状类形容词的语用效果[⑫]。

综合看,清末、民国北京话词汇的研究主要集中在语法视角和语用视

[①] 张美兰. 明治期间日本汉语教科书中的北京话口语词 [J]. 南京师范大学文学院学报, 2007 (2): 146-167.

[②] 陈晓. 清末民国北京话里的程度副词"所" [J]. 中国语文, 2013 (2): 163-169, 192.

[③] 金红梅. 清末民初北京话特殊副词研究 [D]. 杭州: 浙江师范大学, 2015.

[④] 郑剑平. 《儿女英雄传》的副词"索性"用法研究 [J]. 西南民族学院学报 (哲学社会科学版), 2001 (9): 212-213.

[⑤] 郑燕明. 析《儿女英雄传》中的程度副词"最" [J]. 兵团教育学院学报, 2004 (3): 20-22.

[⑥] 武振玉. 《儿女英雄传》中的程度副词述评 [J]. 绥化师专学报, 2003 (4): 98-102.

[⑦] 钱毓英. 《儿女英雄传》中的副词"才" [D]. 成都: 四川师范大学, 2005.

[⑧] 周泽龙. 析《儿女英雄传》中的"很" [J]. 淮北煤炭师范学院学报 (哲学社会科学版), 2007 (2): 134-136.

[⑨] 陈明娥, 李无未. 清末民初北京话口语词汇及其汉语史价值: 以日本明治时期北京官话课本为例 [J]. 厦门大学学报 (哲学社会科学版), 2012 (2): 56-63.

[⑩] 张美兰, 陈思羽. 清末民国北京口语中的话题标记: 以100多年前几部域外汉语教材为例 [J]. 世界汉语教学, 2006 (2): 63-73, 3.

[⑪] 邓苗雯. 《官话指南》词汇研究 [D]. 成都: 四川外国语大学, 2013.

[⑫] 周建设, 薛嗣媛. 北京话AABB形容词的语用研究: 以清末民初京味小说《春阿氏》为例 [J]. 语言文字应用, 2014 (3): 78-86.

角上。词汇语义研究还浮于对域外汉语教材中口语词释义的举例性分析。另外，重白话轻文言的趋势明显。本书兼顾文言、白话的语料，系统地分析颜色词语义、语用，希望可以为清末、民国北京话词汇研究向纵深方向发展助力。

第六节 语料来源与整理

一、语料来源

语料取自四种体裁：汉语古典诗歌、京味儿小说、北京话教科书、北京话报刊时评。从语体看，大致可分为文言和白话两类。细究之，文言又可分为典型的文言和"浅近"的文言。如以郑珍、何绍基为代表的"宋诗派"，王闿运为代表的"汉魏六朝诗派"等，他们的作品讲究用典、追求古意，所用的是典型的文言；而以黄遵宪、梁启超等为代表的"诗界革命"倡导者则主张"我手写吾口"，创作了一大批旧风格、新内容的古典诗歌，所用的是浅近的文言。

（一）汉语古典诗歌

清末、民国诗歌"产生在中国社会急剧变化，民族灾难空前深重的时期。它带着这个历史时期所有的鲜明的时代特征，在中国古典诗歌的发展史上，留下了极其光辉的篇章"[1]。从1840年到1919年，诗歌流派林立，创作的诗歌数量众多。按照历史进程和文学风貌，清末、民国汉语古典诗歌的创作可以分三个阶段。

第一阶段：鸦片战争爆发至太平天国运动失败（1840—1864年）。鸦片战争爆发前，一少部分清末文人从文治武功、呈朝盛世的美梦中惊醒，"摒弃汉学和宋学烦琐、空疏学风的束缚，揭起经世致用的旗帜，自觉地把目光转向社会现实。他们的诗文，充溢着锐利而深刻的社会批判思想，弥漫着深沉而灼人的忧患意识"[2]。其中的杰出代表是龚自珍、林则徐和魏

---

[1] 钱仲联. 近代诗钞 [M]. 南京：江苏古籍出版社，1993：1.
[2] 任访秋. 中国近代文学史 [M]. 开封：河南大学出版社，1988：31.

源。鸦片战争爆发后，"不少诗人亲历了战争的洗礼，从风雨如磐的黑夜中惊醒，正视了国家的危急，民族的灾难。他们跳出了个人生活的狭隘天地，改变了以往吟风弄月、应对酬唱的无聊诗风，写出了深刻反映这一历史现实的一代史诗……外国的侵略，中国人民抗击侵略者的斗争，成为这一时期的重要主题"①。代表诗人有张际亮、姚燮、朱琦、鲁一同等。这一阶段诗坛上还有一个较活跃的宋诗派，"以学杜甫、韩愈、苏轼、黄庭坚为号召，追求清苦幽涩、奇绝险怪的诗风"②。代表诗人有郑珍、何绍基等。

第二阶段：太平天国运动失败至中国同盟会成立（1864—1905年）。太平天国运动失败以后，清王朝苟延残喘，资产阶级登上政治舞台。"为了扩大文化战线上的阵地，开展了诗界革命运动。"③ 代表诗人是黄遵宪、康有为、梁启超、谭嗣同等。但是"传统诗文并未因为资产阶级文学改良运动的兴起而从诗坛文坛消失，相反，仍拥有相当的作家群"。如以陈衍、李三立为代表的"同光体"是对宋诗派的继续和发展。"此外，则有王闿运为代表的汉魏六朝诗派、樊增祥、易顺鼎为代表的中晚唐诗派……拟古是他们的共同特点。"④ 词方面，常州词派是这个阶段独占词坛的一家，代表人物是况周颐、谭献等。

第三阶段：中国同盟会成立至新文化运动前（1905—1919年）。20世纪初的20年发生了很多重大政治历史大事件，如八国联军攻占北京，群众运动迭起，各地武装起义爆发，辛亥革命建立资产阶级政权又遭到失败，等等。在这个历史背景下，涌现出一批资产阶级思想家、文学家。代表诗人有章炳麟、秋瑾及以高旭、柳亚子、苏曼殊为代表的南社诗人群体。另外，这个时期的大学者王国维的诗词创作也是文学史不可忽视的一部分。

清末、民国汉语古典诗歌比较著名的诗选有三部，按照出版时间先后分别是《近代诗钞》（陈衍选编，1923年）、《近代诗选》（北京大学中文

---

① 钱仲联. 近代诗钞 [M]. 南京：江苏古籍出版社，1993：4.
② 任访秋. 中国近代文学史 [M]. 开封：河南大学出版社，1988：33.
③ 钱仲联. 近代诗钞 [M]. 南京：江苏古籍出版社，1993：8.
④ 任访秋. 中国近代文学史 [M]. 开封：河南大学出版社，1988：174.

系编选，1963 年）和《近代诗钞》（钱仲联编选，2001 年）。三本诗选各有所长，陈衍版所收诗家最多，共 370 人；钱仲联版次之，共 100 人；北大中文系版最少，共 50 人。虽然陈衍版所收诗人最多，但是这个选本的局限性在于仅收宋诗派、同光体的诗。北大中文系版和钱仲联版在各自的前言部分都提到这一点："这个选本（指陈衍版选本）的局限性和缺点也是显而易见的。首先表现在入选的诗人和作品明显地体现了同光体派的观点，收录的诗人虽很广泛，但仍以宋诗派为主，而一大批代表了进步潮流或艺术成就卓越的其他流派却很少甚至没有选入。"① "对于魏源以后一系列进步诗人的诗，则很少兴趣，诗钞甚少，甚至根本一首不录。"②

　　北大中文系版诗选的缺点是诗家少，诗作数量少。该选本收录 50 人共 300 余首诗。优点是随诗注释，利于阅读理解。另外，此版本中还收录了十余首太平天国领袖的诗。这是其他两个版本中没有收录的。

　　钱仲联版的缺点是没有注释，优点是所收诗家多，所收诗作数量大。他遴选了 100 位清末、民国诗人及他们的诗作共计 4 300 余首。该选本的前言里，编者讲到选诗标准："入选者各派，以政治上进步、艺术上高明，在近代诗坛上确有成就、有特色、有影响、能自成一家为准则。"③《近代诗钞》所收诗人情况如下：

　　初期宋诗派诗人及后期同光体诗人 25 人、汉魏六朝派诗人 4 人、唐宋派诗人 6 人、诗界革命派诗人 8 人、南社诗人 10 人、西昆体派诗人 5 人、革命女诗人 1 人、诗僧 2 人、不列宗派者 42 人。

　　经过以上的比较，我们认为，钱仲联《近代诗钞》，无论从收录诗人、诗作数量，还是从所收诗歌的内容，都是一部能反映近代诗歌艺术成就、特色和流派概貌的选本。我们以此选本为基础，与北大中文系版诗选配合使用，加上了北大版收录而钱版未录的诗文。

　　除此之外，另挑选出 11 位在清末、民国文学史上具有重要地位的诗

---

① 钱仲联. 近代诗钞 [M]. 南京：江苏古籍出版社，1993：21.
② 北京大学中文系文学专门化一九五五级《近代诗选》小组. 近代诗选 [M]. 北京：人民文学出版社，1963：36.
③ 钱仲联. 近代诗钞 [M]. 南京：江苏古籍出版社，1993：25.

人或词人，对他们的诗词作品进行穷尽式搜集。这 11 位诗人及诗集见表 1-2。

表 1-2 部分语料来源

诗人	诗集或全集名称	作品数量	出版信息
黄遵宪	《黄遵宪集》	诗 1 137 首、词 5 阕	天津人民出版社，2003 年
张际亮	《思伯子堂诗文集》	诗约 2 000 首	上海古籍出版社，2007 年
王闿运	《湘绮楼诗文集》	诗约 1 500 首	岳麓书社，1996 年
梁启超	《梁启超诗词全注》	诗 424 首、词 64 阕	广东高等教育出版社，1998 年
康有为	《康有为全集》	诗约 1 400 首	中国人民大学出版社，2007 年
谭嗣同	《谭嗣同全集》	诗约 100 首	中华书局，1981 年
况周颐	《蕙风词话·蕙风词笺注》	词约 386 阕	巴蜀书社，2006 年
秋瑾	《秋瑾诗文集》	诗 165 首、词 38 阕	浙江古籍出版社，2013 年
高旭	《高旭集》	诗约 700 首、词约 200 阕	社会科学文献出版社，2003 年
苏曼殊	《曼殊大师全集》	诗 172 首	上海教育书店，1947 年
王国维	《王国维全集》	诗 192 首、词 115 阕	浙江教育出版社，2009 年

（二）京味儿小说

清末，伴随着思想启蒙运动和民族民主革命运动，产生了大量白话报刊。1904 年，彭翼仲在北京创办《京话日报》，"通篇概用京话，以浅显之笔，述朴实之理，纪紧要之事"①。类似的报纸还有《进化报》《盛京时报》《爱国白话报》《北京爱国报》等。为了达到开启民智、宣传新知的目的，这些白话报刊集中了一大批小说作家，如蔡友梅、穆儒丐、冷佛、剑胆、彭翼仲等，他们做小说傲鉴世人、讽刺社会、提倡改良。这些作品生动地记录了当时的北京社会样貌，保留了当时的北京语言风貌，为我们研究早期北京话提供了宝贵资料。

---

① 彭翼仲. 发刊词 [N]. 京话日报，1904-08-16.

北京大学中国语言学研究中心组织编纂的《早期北京话珍稀文献集成》，收录、整理、校注了从清中叶到民国末年具有鲜明北京话特色的文献。其中，《清末、民国京味儿小说书系》整理了49部作品，为研究者提供了极大材料便利。49部作品的作者，或是生于北京，长于北京的汉人，或者旗人，北京方言特点鲜明，具有典型性。因此，我们对这些作品中的颜色词进行了穷尽性搜集（见表1-3）。

表1-3 部分语料来源表

作者	作品	写作时间
穆儒丐	《北京》	民国二年十二月十六日起连载于《北京爱国报》
王冷佛	《春阿氏》	1923年2月28日至同年9月20日，分169集，连载在《盛京时报》的《神皋杂俎》栏目
尹箴明	《曾友于》	《群强报》六百六十四号至六百九十一号
	《花姑子》	《群强报》六百九十二号至七百十八号
	《婴宁》	《北京新报》一千六十四号至一千九十一号
	《胭脂》	待考
	《凤仙》	待考
	《云翠仙》	《北京新报》一千六十四号至一千九十一号
	《陈锡九》	《群强报》
	《细侯》	《群强报》
	《青蛙神》	《群强报》
	《夜叉国》	《群强报》
徐剑胆	《花鞋成老》	《京话日报》醒睡录系列小说：1918年10月13日至11月8日
	《阜大奶奶》	《京话日报》醒睡录系列小说：1918年3月20日至5月5日

续表

作者	作品	写作时间
徐剑胆	《何喜珠》	《白话捷报》1913年9月7日至10月13日
	《劫后再生录》	《白话捷报》1913年10月14日至11月5日①
	《张铁汉》	1911年5月7日至1911年6月4日
	《李傻子》	《正宗爱国报·附张》1911年6月9日至6月26日
蔡友梅	《小额》	1907年连载于《进化报》，1908年，《小额》单行本由位于北京东单牌楼西观音寺的和记排印书局发行②
	《过新年》《土匪学生》《苦家庭》《势力鬼》	1918年2月至1920年12月连载于《北京益世报》
	《姑作婆》《苦哥哥》《理学周》《麻花刘》《库缎眼》《刘军门》《苦鸳鸯》《张二奎》《一壶醋》《铁王三》《花甲姻缘》《鬼吹灯》《赵三黑》《张文斌》《搜救孤》《王遁世》《小蝎子》《曹二更》《董新心》《非慈论》《贞魂义魄》《回头岸》《方圆头》《酒之害》《五人义》《鬼社会》	1919年7月至1921年10月，蔡友梅在《京话日报》上共连载了"新鲜滋味"系列小说27种，目前存世26篇，缺第23篇

注：①顾迎新. 清末民初北京小报小说研究［D］. 上海：复旦大学，2008.
② 刘云，王金花. 清末民初京味儿小说家蔡友梅生平及著作考述［J］. 北京社会科学，2011（4）：70-75.

我们的语料库中还包含了京味小说的代表老舍先生的作品。老舍先生在多篇文章里提到过自己的小说创作追求简单、自然和通俗："我写作小说也就更求与口语相合，把修辞看成怎样能从最通俗的浅近的词汇去描写，而不是找些漂亮文雅的字来漆饰。用字如此，句子也力求自然，在自然中求其悦耳生动。我愿在纸上写的和从口中说的差不多。"① 如何做到简单、自然和通俗呢，老舍先生认为北平方言帮了他很大的忙。"我要恢复我的北平话。它怎么说，我便怎么写。怕别人不懂吗？加注解呀。无论怎说，地方语言运用得好，总比勉强地用四不象的、毫无精力的、普通官话强得多。至于借用外国文法，我不反对别人去试验，我自己可是还无暇及此，因为我还没能把自己的语言运用得很好哇！先把握住自己的话，而后再添加外来的材料，也许更牢靠一些。"②

老舍先生勤耕不辍，一生写了约计 800 余万字的作品，囿于时间和精力，我们的语料库只选取了老舍先生 12 部长篇小说，总计约 189 万字。这 12 部小说创作于老舍先生 27 岁（1925 年）至 52 岁（1949 年），具有全面性和代表性（见表 1-4）。

表 1-4　部分语料来源表

作品名	写作时间
《老张的哲学》	1925 年完成，1926 年 7 月 10 日至 1926 年 12 月 10 日在《小说月报》连载
《赵子曰》	1926 年夏天完成，1927 年 3 月 10 日至 1927 年 11 月在《小说月报》连载
《二马》	1928 年开始，1929 年春完成；1929 年 5 月 10 日至 1929 年 12 月 10 日在《小说月报》连载
《小坡的生日》	1929 年开始，1930 年完成；1931 年 1 月 10 日至 1931 年 4 月 10 日在《小说月报》连载
《猫城记》	1932 年 8 月 1 日至 1933 年 4 月 1 日在《现代》连载
《离婚》	1933 年 7 月 15 日完成，上海晨光出版公司 1947 年 9 月出版

---

① 老舍. 老舍谈写作 [M]. 南昌：百花洲文艺出版社，2019：110.
② 老舍. 老舍谈写作 [M]. 南昌：百花洲文艺出版社，2019：110.

续表

作品名	写作时间
《牛天赐传》	1934年3月23日动笔，1934年8月10日完稿；1934年9月16日至1935年10月16日在《论语》连载
《骆驼祥子》	1936年7月中旬动笔，1936年9月16日至1937年10月1日在《宇宙风》连载
《火葬》	1943年夏天动笔，12月21日完稿；1944年1月20日至1944年6月20日在《文艺先锋》连载
《四世同堂》第一部《惶惑》	1944年1月动笔，1944年11月10日至1945年9月2日在《扫荡报》连载；上海良友复兴图书印刷公司1946年1月出版
《四世同堂》第二部《偷生》	1945年5月1日至1945年12月15日在《世界日报》"明珠"副刊连载
《四世同堂》第二部《饥荒》	作于1949年，1950年5月至1951年1月在《小说》连载

资料来源：甘海岚.老舍年谱[M].北京：书目文献出版社，1989.

（三）北京话教科书

随着中外交流不断加深，出于传教、商业往来等目的，汉语学习需求不断高涨，各国在此阶段编纂了不少汉语官话、方言教材。颜色词是汉语基本词汇的重要组成部分，是大部分教材的必备内容。有的甚至专门为颜色词单列章、节、课。例如，日本汉语教材《华语跬步》在19个"事物类"中单设一章"颜色类"，罗列了北京官话中的38个颜色词，并附38个口语例句。又如《官话类编》在第147课至第149课的课文中集中安排了青、黛、红、黄、皎、皎黄、皎蓝、苍、苍黄、苍白、天蓝、翠蓝、品蓝、雪白、漂白、漆黑、乌黑、墨黑、澈白、绛紫、血紫、蜜黄、显青、绯红、乔白、天青、绛、绯、粉红、水红，共30个颜色词。又如老舍参与编写的伦敦大学东方学院汉语教材《言语声片》第19课（上）以裁缝铺所卖绸缎为线索，编入红、紫、青、蓝等颜色词。

19世纪末的第二语言教学以"语法翻译法"为主流，清末、民国正好处在这一历史时期，因此，此时的汉语教材课文后往往附有完全对译的译文，这些译文为我们确定某一颜色词具体表示何种颜色提供第三方视角。例如：

> 有边儿有边儿真有边儿，
> 蓝布的大衫儿，
> 青坎肩儿，
> 时兴花儿的裤子赛粮船儿。
>
> (She is first rate, first rate, really first rate! —with a great bodice of azure cloth-and a brown waistcoat-and trousers with a new pattern, as large as a rice junk.)
>
> ［意］威达雷《北京儿歌》(Pekinese Rhymes)，1896 年

"青"和"蓝"一直是较难界定具体颜色的汉语颜色词，根据意大利外交官威达雷的译文，"青坎肩儿"的"青"是深棕色（brown）的背心。"蓝布的大衫儿"是"天蓝色"（azure）的外罩衣。

另外，由于中国文人对口语有一种"天然的厌恶"①，因此很难从传世的书本看到日常说话的语言面貌，如《汉语笑话集：汉语口语初级读本》的作者，意大利外交官威达雷在该书前言中所提到的，即使是笑话这种典型的口耳相传的民间故事，也是用文章语体记录的。而清末、民国的汉语教材"非为人之学文而作，乃为学话而作也，且所编之话语，亦非效法书中句法，特以工雅为贵，乃模仿口中句法，以自然为贵也"②。例如，《汉语笑话集：汉语口语初级读本》，"除了从清游戏主人编《笑林广记》中选用素材外，也从明浮白斋主人《雅谑》、明冯梦龙《广笑府》、明赵南星《笑赞》、清石成金《笑得好》等其他几部明清笑话集中搜集了一些思想健康、文笔纯熟的篇目，只是威达雷将文言改编成了当时的北京话……改编后的文本，简洁易懂，口语色彩明显"③。又如《北京儿歌》，收录了170 首童谣、儿歌、顺口溜，其中 40 首是威达雷请他的中文老师帮忙收集的，其余 130 首是他住在京郊寺庙时与当地人交谈时收集的。再如张廷彦

---

① 威达雷. 北京儿歌 [M]. 北京：北京大学出版社，2018：3.
② 狄考文. 官话类编：上 [M]. 北京：北京大学出版社，2017：2.
③ 威达雷. 北京儿歌 [M]. 北京：北京大学出版社，2018：4

为日本学习者编写的《北京风土编》，开篇设定了两个人物，学生请老师"按着叙事的口气，或述说的口气"①，讲述北京的风土人情，老师说学生写，由此编成这本北京官话读本；《北京事情》设定了"两个人物，一个是初到北京的一个汉语水平较高的日本人，二个是一个在北京'久住'的人，以此二人一问一答对话的形式，详细介绍了当时北京城及周围近郊地区的天时地势、风土人情"②；《北京风俗问答》采用二人对话的编排形式，将作者藤镰三郎在"北京留学期间，相关的当地人情风俗、世间情态，以及同当时的老师恩霖先生谈笑所得之语"③编写成稿。无论是改写，还是撰写、记录对谈，这些早期汉语教材的谈话语体特征都十分突出，收录了不少北京方言的口语颜色词，很大程度上丰富了我们对清末、民国北京地区颜色词使用的了解。

基于以上原因，我们从《早期北京话珍稀文献集成》中筛选了12本涉及颜色词较多的北京话教科书，对其中的颜色词语料进行了穷尽性收集和分析（见表1-5）。

表1-5 部分语料来源表

国别	教材名称	编著者	出版年份
日本	《华语跬步》（增补第9版）	［日］御幡雅文	1911
	《北京风土编》	［清］张廷彦	1898
	《北京事情》	［清］英继 ［日］宫岛吉敏	1906
	《北京风俗问答》（第六版）	［日］加藤镰三郎	1939
朝鲜	《速修汉语大成》	李源生	1918
	《中语大全》	［韩］李祖宪	1932
	《修正读习汉语指南》（第四版）	［韩］柳廷烈	1921

---

① 张廷彦.北京风土编［M］.徐菁菁，陈颖，翟赟，校注.北京：北京大学出版社，2018：7.

② 英继，宫岛吉敏.北京事情［M］.徐菁菁，陈颖，翟赟，校注.北京：北京大学出版社，2018：37.

③ 加藤镰三郎.北京风俗问答［M］.徐菁菁，陈颖，翟赟，校注.北京：北京大学出版社，2018：201.

续表

国别	教材名称	编著者	出版年份
英国	《语言自迩集》(第二版)	[英] 威妥玛	1886
	《汉英北京官话词汇》	[英] 傅多玛	1911
	《言语声片》(第二卷中文部分)	老舍等	1930
意大利	《汉语口语初级读本》	[意] 威达雷	1901
	《北京儿歌》	[意] 威达雷	1896
法国	《北京官话初阶》(第三版)	[法] 微席叶	1928
美国	《官话类编》	[美] 狄考文	1900

(四) 北京话时评

时评是一种产生于清末的报刊文体样式，主要是对当下发生的一些事件、现象发表评论，由上海《时报》主编陈冷血所创，为了解决八股味重，不能吸引读者的问题。"清廷本来有'不准议论政事，不准臧否人物'的禁令。后来办《官书局报》，总理大学堂大臣孙家鼐请开除禁令，奏折里面有'仿陈诗之观风，准乡校之议政'等语。清廷批准了，报纸才公开的能有论文了。但是那时科举还没有全废，所做的论文，总不免有些八股气味。加以出初办报，人才少，做论文的，多半是些半路出家的文人。报纸的使命如何，不一定都能知道。报纸上的论文，颇有一些没有多大意思，只图凑足几百字了事的。因此看报的人，多有嫌论文长，表示不愿意看的。上海《时报》主笔陈冷血先生，感觉到社会中有这样一种烦闷，他就创出一种短评来，作为这事的补救。一时果然有些效力，冷血的短评，很能轰动当时看报人的耳目。这是中国报纸由论而评的一个阶段。各报看见《时报》的短评能够动众，也就一个一个地仿照起来。久而久之，长篇的论文的地位，就这被短评占据去了。"①

时评篇幅一般较短，比鸿篇巨制的社论更加贴近现实，能够反映当下的社会现实，为后世了解清末、民国的民间生活留下了宝贵的历史资料；

---

① 程仲文，郭步陶. 民国丛书：第5编 [M]. 上海：上海书店，1990：32.

另外，时评的语言能够反映当时最鲜活的语言使用面貌。为了吸引读者，时评不用艰涩难懂的词语，提倡使用"浅近的文言和现在通行的国语"，写出的时评"词句要简明，意义要显露，凡是能识普通文义的人一看便能明白，这才算合于评论的本意"①。鉴于以上两点，我们的语料中也包含了一部分时评。为了突出北京话特点，我们选取了北京作家蔡松龄1919年11月21日至1921年10月1日发表在《北京益世报》上的581篇时评。这些时评经刘一之和矢野贺子校注后，以《益世余谭——民国初年北京生活百态》和《益世余墨——民国初年北京生活百态》的名称分别于2014年和2017年出版（见表1-6）。

表1-6 部分语料来源表

语料来源	作者	写作时间	篇数
《益世余谭——民国初年北京生活百态》	蔡松龄（署名梅蒐）	1919年11月21日至1921年1月16日	383
《益世余墨——民国初年北京生活百态》	蔡松龄（署名梅蒐）	1921年1月17日至1921年10月1日	198

二、语料搜集与整理

我们从四类语料中析出含颜色词语的语料14 109条。这里需要说明的是，以下七种颜色词语不予收录或合并收录。

第一，诗或词题目中的颜色词。

第二，"彩""锦""紫了（刺）毫青"这样的杂色；"黼"这样半白半黑的花纹；"浅色""深色"这样只有明暗，没有具体所指的颜色。

例1 他不老老实实地走路，满街上乱跑，瞧摔得这个紫了毫青的，脑袋上来个大包。（金受申《北京话语汇》）

用于表示深浅明暗的"黑""灰""黪""银"等作为语素，与其他颜色语素的组合，如"灰红""黪绿""银灰"，与多色混杂的状态有别，故仍收录。

---

① 程仲文，郭步陶. 民国丛书：第5编 [M]. 上海：上海书店，1990：149，135.

第一章　绪论

第三，人名中的颜色词，地名中的颜色词，如白云观的"白"，"黄村"的"黄"；翻译地名中的颜色词，如"红海"的"红"，"黑海"的"黑"。

例 2　此外逢节按年，由正月初一的白云观说起，甚么大钟寺，厂甸儿，黑、黄寺打鬼，蟠桃宫要逛三天。(蔡友梅《苦家庭》)

例 3　在他的知识里，他晓得京西一带，像八里庄，黄村，北辛安，磨石口，五里屯，三家店，都有养骆驼的。(老舍《骆驼祥子》)

例 4　红海此门户，强英先据攫。(康有为《过亚丁至红海》)

例 5　西与黑海相接，东与大西洋相通。(康有为《地中海阁》)

第四，一些专有名词中的颜色词，如白马羌的"白"，《红门寺》的红，《青石洞》的"青"。

例 6　邮亭尚记金牛峡，部落空传白马羌。(何绍基《宁羌州》)

白马羌是古氐羌人的一支，"白"在其中颜色义的理据难以考证，故此类颜色词不收。

例 7　她也爱听了武戏，而且不是杨小楼的武戏文唱的那一种，她喜欢了《红门寺》《铁公鸡》《青石洞》一类的，毫无情节，而专表现武功的戏。(老舍《四世同堂》)

第五，用作假借字的颜色词。

例 8　胡太尊因为儿子高中，本就得意，刘军门如今一捧场，更要显白显白儿子啦。(蔡友梅《刘军门》)

显白，北京话，意为炫耀。其中的"白"用来记音，并不表示颜色。

例 9　十字困雅素，双林病末尼。(文廷式《谈仙诗》)

"雅素"是耶稣的音译。

例 10　只抱着瓶子"灰色剂"对着"苏打水"喝，越喝越懊恼。(老舍《赵子曰》)

"灰色剂"是民国时威士忌酒(whisky)的音译，"灰色"并不表示颜色。

例 11　丽琳拿出匣朱鸪绿糖来，文博士选了一块，觉得好不是劲儿。在美国，在恋爱的追求期间，是男人给女子买这种糖。现在，礼从外来，他反倒吃起她的糖来，未免太泄气。可是，她既有钱，而他什么也没有，只好就另讲了。(老舍《文博士》)

"朱鸹绿糖"是朱古力（chocolate）的音译，"朱""绿"都不表示颜色。

第六，颜色词连用的，分情况收录或不收录。连用表示一种颜色的，收录。

例12 天安门的，太庙的，与社稷坛的红墙，红墙前的玉石栏杆，红墙后的黑绿的老松，都是那么雄美庄严。（老舍《四世同堂》）

"黑""绿"连用表示深绿近黑，用来形容老松的颜色。故"黑绿"收录为一个颜色词语。

连用表示多种颜色的，不收录。

例13 晓荷告诉仆人换一换捆束礼物的红绿线。（老舍《四世同堂》）

"红""绿"虽连用，但表示两种不同的颜色，故"红绿"不收为一个颜色词语。

第七，以下两种情况合并收录。

同音异形的，例如，"黑骨隆咚"和"黑咕隆咚"合并，"红朴朴""红扑扑""红铺铺"合并。儿化和非儿化合并，例如，"紫色"和"紫色儿"合并。

我们将收集到的语料录入表格，建立中国语文转向期颜色词语料库。语料库设置了15个参数。语料参数设置如图1-2所示，语料分析示例如表1-7所示。

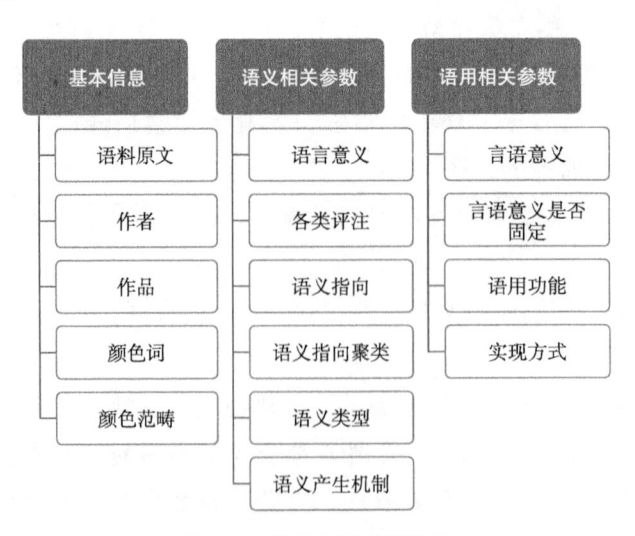

图 1-2 语料分析参数设置

表 1-7 颜色词语料分析示例表

语料	红叶比花艳，白云如水流	偏于嫩绿残红外，宿草茫茫一怆思	近年文术更革命，白话之位摩苍穹	金发玉肌女，流血迹淋漓
作者	易顺鼎	谭嗣同	赵熙	康有为
作品	《宿顶诗十首》	《武昌踏青词》	《半疯诗》	《游各国蜡人院，巴黎最胜妙矣》
颜色词	红	绿	白	金
颜色范畴	红范畴	蓝绿范畴	白范畴	黄范畴
各类评注	无	无	无	无
语义指向	枫叶	嫩草	语言	白人女子的头发
语义指向聚类	植物	植物	抽象物	人体部分
义项归纳	红色的	绿色的事物	通俗易懂的	像金子一样的亮黄色
语义类型	原型语义	非原型语义	非原型语义	非原型语义
非原型语义产生机制	无	转喻	隐喻	转喻
言语意义是否固定	是	否	是	是

第七节 研究方法

一、方法概述

研究首先对语料整理分类，进而描写、归纳义项，分析语用特征，并对一些与颜色词相关的语言现象做出解释。

第一，利用 Excel 软件建立中国语文转向期汉语颜色词语料库。为语料设置 15 项参数。由于客观条件的限制，清末、民国的古典诗歌、小说、教科书和部分报纸暂时没有电子语料检索系统，有些诗集和在报刊上连载的小说，甚至没有电子版本，因此我们的语料全部采用纸质文本阅读，手动搜集、录入的办法。这样的缺点是工作量大、耗时长，但是好处是扎实可靠，可以规避电子搜索因主观先入为主导致遗漏颜色词的情况，因为语用颜色词和颜色的词汇语用表达现象，往往是作家的创造性表达，具有个别性和临时性，必须通过阅读纸质文本才能发现。

第二，基于自建的语料库，计算颜色词数量、使用频率，计算颜色词语义显著度和广义度。

第三，比较的方法将贯彻到各部分。通过比较，我们可以得知颜色词在各范畴的分布及使用频率。通过同范畴成员之间的语义对比，可以发现同范畴成员的细微差别；通过比较不同范畴颜色词非原型语义，可以发现颜色词语义延伸的方向和规律。

二、语义分析的框架和操作方法

（一）颜色词语义分析的框架：原型语义和非原型语义

本书对颜色词语义的分析建立在对大量语料的具体分析上，从使用状态的言语语义概括归纳出颜色词的义项。对于有多个相关义项的颜色词，我们将多个相关义项看作是一个意义范畴。其中有一个意义是最核心的，未经过隐喻和转喻，称之为原型语义，基于原型语义，通过认知或文化赋予机制产生的其他意义，称之为非原型语义。

语义的显著性和语义指向的广泛性是确定颜色词原型语义的两个维度。显著度和广义度都高的义项是多义词的原型语义。

迪尔文和弗斯波尔提出判断显著度最高的意义的三种方式：一是说到某词，人们首先会想起的那个意义；二是使用频率最高的意义；三是能够作为阐明范畴内其他意义的基础[①]。

具体到本书，我们无法通过实验的方法得知清末、民国的汉语使用者对颜色词各义项的熟悉度，故第一种方式无法借助。本书主要采用后两种方式：若某个义项，使用频度最高，且是其他相关意义得以理解的基础，则判定这个义项是显著度最高的义项。

词的广义性是指，词的某一义项能适用的物类和事类往往不止一种[②]。

---

① DIRVEN, VERSPOOR. Cognitive exploration of language and linguistics [M]. Amsterdam: John Benjamins, 2004: 30-31.

② 王宁. 论词的语言意义的特性 [J]. 北京师范大学学报（社会科学版），2011（2）：35-36.

能适用的物类和事类越多,广义度越高。广义度是检验一个成员是否是原型的有效手段。柏林和凯(1969)在判断一个颜色词是否是基本颜色词时提出,基本颜色词必须是那些不被限定在少数几个事物上的颜色,如金(blond),因限于指发色、肤色和家具色而被排除在基本颜色词之外。同理,一个词的多个义项组成一个意义范畴,语义广义度窄的意义肯定不是原型语义。

《现代汉语分类词典》把名物分为生物(人、动物、植物、微生物、生物部分);具体物(概称、自然物、材料、器具、建筑物、生活用品、文化用品、食用品);抽象事物(事情、属性、意识、社会、政治、军事、经济、科教、文体卫生、数量单位);时空(时间、空间)4大类25小类。

根据语料的实际情况,颜色词在清末、民国语料中能适用的对象有3大类8小类,分别是:

生物(人体部分、动物、植物)
  人体部分:瞳、血、颜、发、髯、耳、唇……
  动物:蟹、鹭、鹤、蚁、蛾、牛、犬……
  植物:苔、草、柏、叶、茎、竹、梅花……
具体物(自然物、建筑物、生活用品、食用品)
  自然物:日、月、铜、火、尘、电……
  建筑物:楼、墙、门、墀、棂、扉、瓦……
  生活用品:烛、裙、杯、船、灯、幡……
  食用品:樱桃、葡萄、酒、椒、糖、茶……
抽象物:军容、文化、神话中的人和物、意识……

本书所说的颜色词广义度是指,某个颜色词表示颜色的义项对上述3大类8小类事物的适用范围。能适用的事类、物类越多,词义的广义度越高。若某个颜色词表示颜色的义项在上述8个事物类中均有用例,那么该词颜色义的语义广义度为100%;若在其中4个事物类中有用例,那么该词颜色义的语义广义度为50%。

然而,对语义广义度的分析不能止步于此。因为到目前为止的分析只能反映某个词颜色义项指向的范围。然而,语言事实是,即使两个颜色义项语义指向范围相同，具体在每个小类的适用分布有可能是不平均的，例如，"红"和"丹"颜色义的广义度都是100%，分析至此还是无法根本区分二者。具体看二者的语义指向分布，如对植物类，"红"可指向花、柳树、枫叶等，其中，花类就有荷花、杜鹃花、芍药花、海棠花、梅花、石榴花、茶花、罂粟花等；而"丹"只指向梅花和牡丹。"红"和"丹"语义虽然都能指向植物类名物，但明显"红"对植物类的适用性要强于"丹"。因此对语义广义度的分析要深入到语义适用的具体事类、物类。

判断义项对某个义类的适用性强弱不能完全依据使用频率。如，"沧"在自然物类中的使用频率为100%，但是全部指向水色。"翠"在自然物类中的使用频率低于"沧"，但是语义可以指向水（翠波、翠海、翠浪、翠澜……）；山（翠屏、翠嶂、翠岭、翠岩）；天空（翠空）；原野（翠野）；雾（翠雾）等。因此，颜色义对某个义类的适用性要具体到语境看能适用的物类数量，而不能简单依靠使用频率。

为了反映颜色义对某个义类的适用性强弱，我们规定，颜色义适用于某一义类的具体事物在1~5种的，我们称之为弱适用，用符号+1表示；6~10种，为一般适用，用符号+2表示；11种及以上的，为强适用，用+3表示。

综上，我们把一个颜色词的多个义项看作是一个意义范畴，依据语义的显著度和广义度确定其中最核心的原型语义。对非原型语义我们重点分析它们的产生机制。

（二）颜色词语义描写方式

颜色词意义相对空灵抽象，描写难度较大。为了相对客观准确地描写颜色词语义，我们借鉴了符淮青归纳的性状词释义方式。

表性状词的释义方式主要有五种类型：①同义、近义词释义；②准定义式和定义式；③"（适用对象）+性状的说明描写"式；④"形容……"式；⑤"……的"式。

其中③"（适用对象）+性状的说明描写"适用范围较广，"用别的方式释义的许多词也可以用此式释义，可视为（释性状词的）基本式"①。

---

① 符淮青."词义成分—模式"分析（表性状的词）[J].汉语学习，1997（3）：31-35.

对于表性状的词来说，能找到它的准上位词的，如颜色、味道等，都可能用准定义式释义。准定义式具体指，性状的说明描写+准上位词。"红"是"浅红""淡红"的上位词。"颜色"和"红""黄"等颜色词所属词类不同，不算严格意义的上下位关系。符淮青参考莱昂斯把"甜、酸、苦"称为"味道"的准下位词（quasi-hyponym）的做法①，把"颜色"称为"红""黄"等颜色词的准上位词②。

基于以上，我们把"准定义式"和"（适用对象）+性状的说明描写式"结合起来，沿用符淮青（1997）文章中的符号，"n"代表"适用对象"，"t"代表"性状的说明描写"，L'代表上位词或准上位词。将颜色词语义描写框架定为：[（n）+t] +L'。

$$\frac{[（适用对象）+性状的说明描写]+（准）上位词}{[\quad (n) \quad + \quad t \quad]+ \quad L'}$$

具体操作中，有时适用对象（n）不出现。这是因为有些颜色词适用对象很广泛，没有什么使用限制；有时，（准）上位词（L'）不出现，这种情况多用来描写由颜色义产生的其他表性状的意义，没有合适的上位词。如"红男绿女"的"红"表示服饰鲜艳华丽。

"适用对象（n）"和"（准）上位词（L'）"有时可以空位，但是"对颜色性状的说明（t）"是必不可缺的。参照符淮青关于表形状词的释义方式③，规定对颜色性状的说明和描写有三类：一是指称式，用个别表示一般，直接指出某种事物现象所具有的该词表示的性质特征。这种描写方式常用在适用范围特别广泛的颜色词上，如"红，像石榴花、火的颜色"。二是描述说明颜色词所表示的情状，突出颜色词的形象感，如"绿油油，指浓而润泽的绿色"。三是指出现这种颜色的原因，如"酡，脸部因饮酒而呈现的红色"。

综合上述语义描写方法，以"白皙"的语义描写为例（见表1-8）。

---

① LYONS. Semantics [M]. Cambridge : Cambridge University Press, 1977: 297, 299.
② 符淮青. 汉语表"红"的颜色词群分析（上）[J]. 语文研究，1988（4）：28-35.
③ 符淮青. 词的释义方式 [J]. 辞书研究，1980（2）：158-169.

表 1-8 语义描写框架示例表

颜色词	适用对象(n)	性状的说明描写(t)	上位词(L')	释义
白皙	皮肤	白而干净的	颜色	皮肤白而干净的颜色

第二章 中国语文转向期颜色词语概况

第一节 颜色范畴的划分与范畴原型的确立

一、颜色范畴的划分

我们从语料库中统计出表达颜色的语言单位407个,其中,词汇形式97个,组合形式291个,重叠形式19个。我们将所有语言单位分入红、蓝绿、黑、白、黄5个颜色范畴。关于颜色范畴的划分,有以下三点说明。

第一,蓝绿范畴。已有众多文献证明,蓝色和绿色作为一个颜色进行范畴化和词汇化具有跨语言的普遍性[1][2][3]。具体到清末、民国语料,较之"青"和"绿","蓝"的使用频率较低,有273条语料,青1 166条,绿823条。其次,范畴是由一个中心和一些非中心的外延组成的,是有层次的,且边界模糊的集合。若将"蓝"单列一个范畴,范畴成员则仅有"蓝"和以"蓝"为词根语素的若干组合,没有中心和非中心之分,更没有层次。因此,我们没有单立蓝范畴,而是将"蓝"及其派生形式归入蓝绿范畴。

第二,是否单立紫范畴的问题。"紫"从隋唐时期开始成为汉语基本

---

[1] 赵晓驰. 跨语言视角下的汉语"青"类词 [J]. 古汉语研究, 2012 (3): 73-79, 96.
[2] 谭志满. 土家语的颜色词 [J]. 中央民族大学学报(哲学社会科学版), 2008 (3): 109-113.
[3] 吴宝柱. 论满语颜色词 [J]. 满语研究, 1992 (2): 31-42, 115.

颜色词①②。具体到清末、民国语料,"紫"的使用频率不算低:在红范畴中位列第 2,总计 328 次;"紫"具有一定的能产性:以"紫"为词根语素的派生形式有 15 个。但是基本颜色词是否等同于颜色范畴是一个待讨论的问题。首先,紫的使用频率(328)虽在红范畴中排第 2,但是与其他范畴原型如红(2 222)、青(1 166)、黑(1 169)、白(2 652)、黄(1 263)相比,相差甚远。其次,与单列蓝范畴的困境相似,紫范畴不满足范畴成立的层级性条件。因此,我们认为与其把"紫"单立一个范畴,不如把"紫"及其派生形式处理为红范畴的非中心成员。

第三,"青""苍""粉"等表示多种颜色的颜色词归类问题。我们认为,颜色范畴分类应依据意义而非字形,因此,本书对这类颜色词语的处理方式是,按照在具体语境里所表示的颜色分别归入各自所属的范畴,为了区分,在字形的右下角标出所属的颜色范畴。如苍$_{白}$、苍$_{蓝绿}$、苍$_{黑}$。这样的颜色词还有:青$_{蓝绿}$、青$_{黑}$、鹤$_{白}$、鹤$_{红}$、绿$_{黑}$、粉$_{红}$、粉$_{白}$。

二、范畴原型的确立

原型是范畴中最典型的成员。每种语言都有一系列表达颜色的语言单位,其中的一些语素单一、具有独立的颜色义、运用广泛、心理上显著、处在中心位置③。参考上述标准,结合清末、民国颜色词语料的实际情况,我们认为,一个颜色范畴的原型应该同时具备六个条件:①单语素词;②表示的颜色单纯,无混色;③原型语义表颜色,并具有与颜色义相关的非原型语义;④使用频率高;⑤适用范围广;⑥能产性高(这里的能产特指构成其他颜色词语的能力)。

根据以上标准和语料实际,清末、民国汉语五大颜色范畴和原型为:红[红]、蓝绿[青$_{蓝绿}$]、黄[黄]、黑[黑]、白[白]。方括号外为颜色范畴名,方括号内为范畴原型。

---

① 吴建设. 汉语基本颜色词的进化阶段与颜色范畴 [J]. 古汉语研究, 2012 (1): 8.
② 程江霞. 唐诗颜色词语研究 [D]. 北京: 北京师范大学, 2015.
③ BERLIN, KAY. Basic color terms: their universality and evolution [M]. Berkeley: University of California Press, 1991.

第二节　颜色词语类型、数量和使用频率

我们将所有表示颜色的语言单位分入各范畴（见表 2-1 至表 2-5），相关说明如下。

第一，按词汇形式、组合形式、重叠形式的顺序排列。词汇形式按语义颜色词、语用颜色词和颜色的词汇语用表达的顺序排列；组合形式按语义颜色词的组合、语用颜色词的组合、语义与语用颜色词的组合、名物与颜色的组合、名物与名物的组合、名物与"色"字的组合、颜色与"色"字的组合、性状成分与颜色的组合、多重组合的顺序排列；重叠形式按 AA 式、ABB 式、其他的顺序排列。

第二，除"性状成分与颜色的组合"栏外，每栏的语言单位按照频率高低先后排列。"性状成分与颜色的组合"栏，按照颜色的"深""浅""明""暗""纯净""润泽""干枯""透明""不透明""娇艳""模糊""来源""感觉"先后排列。

第三，圆括号内或无括号的数字表示总数量或频次；方括号内斜杠前的数字表示文言语料中的数量或频次，斜杠后加粗并下划线的数字表示白话语料中的数量或频次。若某语言单位只在文言或白话语料中出现，则直接将频次标注在圆括号内，用加粗并下划线对语料来源加以区分。

从形式分布看，清末、民国颜色词语由词汇形式、组合形式和重叠形式构成。其中，组合形式数量最多，291 个；词汇形式次之，97 个；重叠形式最少，19 个。词汇形式由 48 个语义颜色词、23 个语用颜色词和 26 个词汇语用表达构成，其中，语义颜色词的数量最多（见图 2-1）。

从以上数据可以看出，清末、民国时期表示颜色的词汇形式明显少于组合形式。407 个颜色词语中，词汇形式仅占总数的 24%，组合形式占 71%，但并不意味着组合形式的颜色词语取代了词汇形式的优势地位，因为虽然词汇形式的语言单位数量少，但使用频率非常高，如，占总数两成以上的词汇形式，使用频率却占总数的 93%，其中文言语料占 52%，白话语料占 41%，说明词汇形式在当时的文言和白话中都保持着很高的活跃度（见图 2-2）。

表 2-1 清末、民国红范畴颜色命名形式总表

颜色词词语类型 个数 [文言/白话]	颜色词语（词频）[文言语料词频/白话语料词频]	词频 [文言/白话]
词汇形式 30		
语义颜色词 15 [15/7]	红(2 222)[958/**1264**] 紫(328)[**255/73**] 赤(164)[**151/13**] 丹(151)[**150/1**] 朱(145)[**134/11**] 绛(41)[**22/1**] 赪(23)[**21**] 棕(11)[**1/5**] 绀(19) 殷(17) 酡(15) 粉红(15) 绯(14) 褪(15)	3 197 [1 829/**1368**]
语用颜色词 4 [2/3]	血(22) [**7/15**] 血丝胡拉(1) 茜(8) 粉红	46 [15/**31**]
颜色的词汇连用表达 11 [10/4]	桃花(9) [**2/7**] 火(7) [**5/2**] 樱(含桃)(4) [**2/2**] 石榴(花)(1) 酒糟(2) 鹤(2) 珊瑚(2) 枣(1) 鳖(1) 红藻(1) 檀(1)	33 [20/**13**]
语义颜色词连用 7 [2/5]	赤红(8) 绯红(7) 朱红(4) 丹红(1) 朱殷(1) 绛紫(1)	26 [5/**21**]
语用和语义颜色词连用 5 [0/5]	血红(6) 灰红(4) 血紫(1) 墨紫(1) 银红(1)	13 [0/**13**]
名物与颜色的组合 11 [4/7]	桃红(3) 玫瑰紫(2) 橘红(1) 猩红(1) 樱桃红(1) 血痕红 (1) 藕荷(1) 高粱(1) 珊瑚红(1) 铜紫(1) 紫酱	16 [4/**12**]
名物与名物的组合 1 [0/1]	藕荷(1)	1 [0/**1**]
名物与"色"的组合 9 [4/5]	酱色(4) 玫瑰色儿(3) 桃花色(1) 枣色(1) 火色(1) 杨妃色(1) 猪肝色(1) 豆沙色(1) 函萱色(1)	14 [7/**7**]
颜色与"色"的组合 6 [0/6]	紫色(儿)(6) 粉色(4) 红色儿(3) 赤色(1) 红颜色(1) 血色(2)	17 [0/**17**]
性状成分与颜色的组合 26 [5/22]	深紫(12) [**7/5**] 通红(4) 粉不剌唧(1) 浅绯(5) 浅粉(3) 微微(3) 紫微微 红灼灼(1) 浅紫(1) 紫够够(1) 够(1) 大红(2) 浅红(1) 真红 亮红(1) 暗红(1) 鲜红(1) 洋红 嫩红(4) 娇红(1) 焦红(1) 紫英英(1) 涩红(1) 紫荣荣(6) 铺铺(1) 妖红(1) 红朦朦/扑扑/铺铺	83 [14/**69**]
组合形式 68		
多重组合 3 [1/2]	粉红色(11) 浅桃红(2) 莲粉红(1)	14 [1/**13**]
重叠形式 7		
AA式 3 [2/1]	红红(16) 朱朱(1) 绯绯(1)	18 [2/**16**]
ABB式 3 [0/3]	红赤赤(2) 紫红红(1) 紫乌乌(1)	4 [0/**4**]
A里个A式 1 [0/1]	红里个红(1)	1 [0/**1**]

第二章 中国语文转向期颜色词语概况

表 2-2 清末、民国蓝绿范畴颜色命名形式总表

颜色词语类型 个数 [文言/白话]		颜色词语（词频）[文言语料词频/白话语料词频]	词频 [文言/白话]
词汇形式 15	语义颜色词 8 [8/6]	青(1166) [25/**248**] 翠(235) [**233**/2] 绿(823) [409/**414**] 苍(159) [**155**/4] 碧(366) [**82**/1] 沧(83) 蓝(273) 缥(9)	3 114 [2 174/**940**]
	语用颜色词 3 [2/1]	葱(8) 恶逐(5) 靛(2)	15 [**13**/2]
	颜色词汇语用表达 4 [3/2]	竹布(8) [**5**/1] 翡翠(6) 葱碧(5) 苍翠(4) 艾(1)	19 [**10**/9]
	语用颜色词连用 6 [1/5]	碧绿(9) 翠碧(5) 缥碧(4) 胶蓝(2) 苍翠(2)	23 [2/**21**]
	语义颜色词连用 7 [2/5]	灰绿(5) 雪青(4) 葱心绿(2) 青葱(2) 黛绿(1) 墨绿(1)	17 [2/**15**]
组合形式 93	名物与颜色的组合 18 [4/15]	豆绿(6) [1/5] 月白(6) 天青(5) 天蓝(5) 茶青(1) 虾青(1) 豆青(2) 蛋青(2) 豆瓣绿(2) 荷叶青(1) 竹根青(1) 雪湖(1) 绿(1) 菱青(1) 菠菜绿(1) 桑树绿(1) 波菜绿(1)	43 [8/**35**]
	名物与"色"的组合 3 [1/2]	菜色(4) 湖色(4) 青袍色(1)	9 [1/**8**]
	颜色与"色"的组合 6 [4/3]	绿色(儿)(13) [6/7] 翠色(2) 蓝色(2) 青色(2) 碧色(1) 苍色(1)	20 [10/**10**]
	性状成分与颜色的组合 47 [15/34]	深碧(23) [11/**12**] 深碧(4) 深翠(2) 深蓝(2) 浓绿(11) [**10**/1] 绿沉(1) 二蓝(1) 三蓝(1) 青刺嘎唧(1) 浅竹(1) 浅碧(**11**) 浅蓝(2) 浅绿(1) (8) 浓绿(3) 浓蓝(1) 暗绿(3) 幽绿(7) 骠碧(6) 骠蓝(**11**) 大绿(1) 鲜绿(1) 油绿(2) 绿油油(4) 绿油儿(1) 亮蓝(1) 碧溶溶(2) 涅蓝(1) 汪汪(3) (1) 翠鲜鲜(4) 蓝鲜鲜(5) 娇绿(5) 娇绿(2) 碧生生(1) 青汪汪(1) 绿汪汪(1) 蓝汪汪(1) 蓝个阴阴(1) 碧森森(1) 碧森森(1) 颜绿(7) 青泠泠(2) 绿森森(2) 绿阴阴(1) 青(1)		154 [**61**/93]
重叠 3	多重组合 6 [1/5]	浓茶青(1) 深碧色(1) 浅碧色(1) 蔚蓝色(1) 浓蓝色(1) 深蓝色(1)	6 [1/**5**]
	AA式 3 [2/2]	青青(8) [4/4] 苍苍(1) 蓝蓝(1)	10 [5/5]

表 2-3 清末、民国黑范畴颜色命名形式总表

颜色词词语类型个数[文言/白话]	颜色词词语（词频）[文言语料词频/白话语料词频]	词频[文言/白话]
词汇形式 20		
语义颜色词 14 [14/4]	黑(1169)[229/940] 绿黑(20) 玄(42)[2/11] 黔(17) 青黑(32) 缁(31)[11/21] 苍黑(24) 元(13) 默(5) 黝(16)[12/4] 焦黑(13) 皂(13) 黯(1)	1 420 [444/976]
语用颜色词 6 [6/3]	灰(126)[20/106] 乌(65) 墨(52/13) 漆(47)[27/20] 黛(12) 鸦(14)(5)	269 [130/139]
颜色的词汇活用表达 0	—	
组合形式 52		
语义颜色词连用 3 [2/1]	黝黑(4) 黛艳(2) 黛黑(1)	7 [3/4]
语用颜色词连用 2 [0/2]	银灰(1) 灰黑(1)	2 [0/2]
语用和语义颜色词连用 6 [2/4]	漆黑(14) 乌黑(12) 灰黑(3) 墨黑(2)	33 [3/30]
名物与颜色的组合 4 [1/3]	葡萄灰(1) 竹色灰(1) 燕尾青(1) 鹁鸽青(1)	4 [1/3]
名物与名物的组合 0	—	
名物与"色"的组合 3 [2/1]	烟色(1) 铁色(1) 死灰色(1)	3 [2/1]
颜色与"色"的组合 5 [3/2]	灰色(35) 黑颜色儿(5) 青黑色(2) 黧色(1) 元色(1)	44 [4/40]
性状成分与颜色的组合 24 [2/23]	深灰(8) 黑喽喽(1) 黑魆魆(1) 黑洞洞(9) 黑忽忽/糊糊(1) 黑不溜啾(7) 黑不喑的(1) 黑骨泱泱(2) 灰不剌啷(1) 灰不溜丢(1) 灰不喑唧(1) 青颏颏(1) 昏黑(5) 黑暗(16)[6/10] 黑黢黢(4) 黑喀喀(1) 灰树糊(1) 浅灰(4) 黑漫漫(1) 油黑(3) 洋灰(1) 黑从从(1) 深灰色(2) 漆浸乌黑(2) 乌喀巴黑(2) 浅葡萄灰(1)	82 [10/72]
重叠 4		
多重组合 5 [0/5]	深灰色(2) 漆浸乌黑(2) 乌喀巴黑(2) 浅葡萄灰(1) 乌油儿黑(1)	7 [0/7]
AA 式 2 [2/1]	黑黑(8) [2/6] 黝黝(1)	9 [3/6]
ABB 式 2 [0/2]	黑黝黝(2) 黑漆漆(1)	3 [0/3]

第二章 中国语文转向期颜色词语概况

表2-4 清末、民国白范畴颜色命名形式总表

颜色词语类型 个数 [文言/白话]		颜色词语（词频）[文言语料词频/白话语料词频]	词频 [文言/白话]
词汇形式 23	语义颜色词 9 [9/2]	白 (2652) [1050/**1602**] 素 (159) [148/**11**] 华 (33) 皓 (19) 苍白 (19) 皑 (18) 皑皑 (18) 皚皚 (15) 皚皚 (1)	2 934 [1 321/**1613**]
	语用颜色词 8 [8/**5**]	银 (131) [109/**22**] 粉白 (92) [25/**67**] 雪 (57) [55/**2**] 糈 (52) 玉 (32) [25/ 7] 缟 (20) 鹤 (8) [6/**2**] 秋 (5)	397 [297/**100**]
	颜色的词汇连用表达 6 [6/**2**]	冰 (3) [2/**1**] 琼 (3) [2/**1**] 素 (2) 缟 (1) 梨 (1) 翁 (1)	11 [9/**2**]
	语义颜色词连用 3 [3/**2**]	白皙 (12) [10/**2**] 苍白 (5) [3/**2**] 皎白 (1)	18 [14/**4**]
	语用和语义颜色词连用 4 [1/**3**]	—	
组合形式 33	名物与颜色的组合 4 [1/**3**]	雪白 (51) 银白 (12) 灰白 (**10**) 粉白 (1)	74 [1/**73**]
	名物与名物的组合 0 [0/**3**]	乳白 (1) 鱼白 (1) 脂白 (1)	3 [0/**3**]
	名物与"色"的组合 2 [1/**1**]	牙色 (1) 玉色 (1)	2 [1/**1**]
	颜色与"色"的组合 3 [2/**2**]	白颜色儿 (8) 雪色 (2) 银色 (2) [1/**1**]	12 [3/**9**]
	性状成分与颜色的组合 18 [6/**15**]	白不泄咧 (1) 浅白 (7) [1/**6**] 白晃晃 (1) 白亮亮 (1) 白花花 (7) 白生 惨白 (1) 煞白 (**11**) 刷白 (**2**) 死白 (**3**) 纯白 (**2**) 亮白 (**2**) 混白 (**1**) 白生 生 (1) 白苍苍 (1) 皎白 (1) 皎洁 (21) [**8/13**] 洁白 (14) [**8/6**]	78 [21/**57**]
	多重组合 0	—	
重叠 2	AA式 2 [1/**1**]	白白 (**13**) 皓皓 (4)	17 [4/**13**]

| | | | 3 546
[1 671/**1875**] |

表 2-5 清末、民国黄范畴颜色命名形式总表

颜色词词语类型 个数 [文言/白话]	颜色词词语（词频）[文言语料词频/白话语料词频]				词频 [文言/白话]
词汇形式 9	语义颜色词 2 [2/1]	黄 (1263) [798/465]	绷 (5)		1 268 [803/465]
	语用颜色词 2 [2/1]	金 (319) [193/126]	杏 (6)		325 [199/126]
	颜色的词汇语用表达 5 [2/4]	鹄 (3) [2/1]	蜡 (1)	香 (1)	柿饼子 (1)	茶 (1)	7 [3/4]
	语义颜色词连用 2 [0/2]	皎黄 (2)	苍黄 (1)		3 [0/3]
	语用颜色词连用 0	—			
组合形式 45	语用和语义颜色词的组合 3 [0/3]	灰黄 (13)	金黄 (12)	杏黄 (4)	29 [0/29]
	名物与颜色词的组合 7 [0/7]	鹅黄 (8)	土黄 (6)	蚕黄 (2)	草黄 (1)	米黄 (1)	松香黄 (1)	蜜黄 (1)	20 [0/20]
	名物与"色"的组合 0	—			
	名物与颜色的组合 8 [1/8]	土色 (6)	古铜色 (4) [1/3]	肉色 (3)	驼色 (2)	米色 (1)	香色 (1) 秋香色 (1)	19 [1/18]
	颜色与"色"的组合 3 [1/2]	香颜色 (1)	黄杨色 (1)	金色 (2)	黄金色 (1)	9 [1/8]
	性状成分与颜色的组合 20 [7/18]	黄颜色儿 (1)	黄不唧 (1)	浅黄 (10) [5/5]	淡黄 (12) [3/3]	明黄 (6) [6/6]	深黄 (9) [4/5]	微黄 (7) [5/2]	小黄 (2)	轻黄 (1)	黄登登 (1)	鲜黄 (2)	娇黄 (1)	金煌煌 (1)	惨黄 (1)	昏黄 (4)	焦黄 (11)	黄腊腊 (1)	黄嫩嫩 (1)	黄生生 (1)	黄盈盈 (1)	77 [26/51]
重叠 3	多重组合 2 [0/2]	黄 (3) 嫩黄 (2)	浓蜜色 (1)	浓黄色 (1)		2 [0/2]
	AA 式 1 [0/1]	黄黄 (6)			6 [0/6]
	ABB 式 2 [0/2]	金黄黄 (1)	黄橙橙 (1)		2 [0/2]
					1 767 [1 033/734]

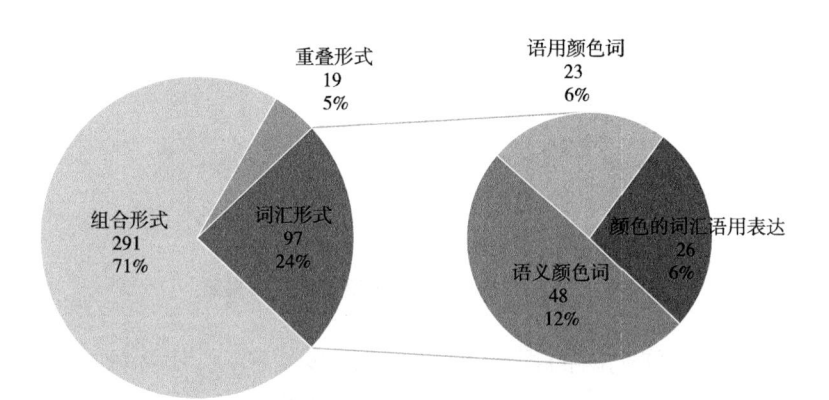

图 2-1　清末、民国颜色词语形式构成分布

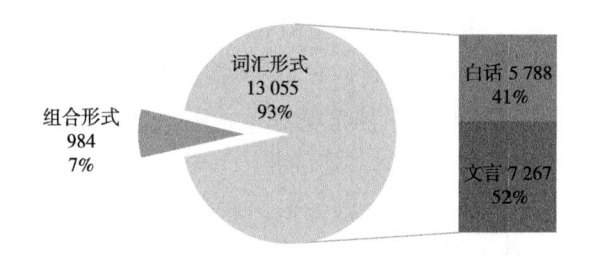

图 2-2　词汇形式颜色词语使用频率来源

组合形式颜色词语数量占总数的 71%，但仅贡献了 7% 的使用频率，其中 5.5% 出自白话语料，1.5% 出自文言语料（见图 2-3），说明清末、民国时期组合形式的颜色词语词项数量激增，在白话语料中活跃度更高。但从整体来看，使用频率占主导的仍旧是单音节颜色词。这个结论与其他学者关于这个历史时期语言研究的结论一致。如刁晏斌指出："清末、民国，特别是在 18 世纪后半叶，文言文仍然占据统治地位。"[①] 王晨露、毕文竹、吴帆通过对清末、民国白话报纸上的词汇进行调查发现，清末、民国白话报中，单音节词语与双音节词相比明显占优[②③④]。

---

① 刁晏斌. 试论清末民国语言的研究 [J]. 励耘学刊（语言卷），2008（2）：218-232.
② 王晨露.《安徽白话报》白话词汇研究 [D]. 济南：山东师范大学，2015.
③ 毕文竹.《竞业旬报》白话词汇研究 [D]. 济南：山东师范大学，2015.
④ 吴帆.《绍兴白话报》白话词汇研究 [D]. 济南：山东师范大学，2015.

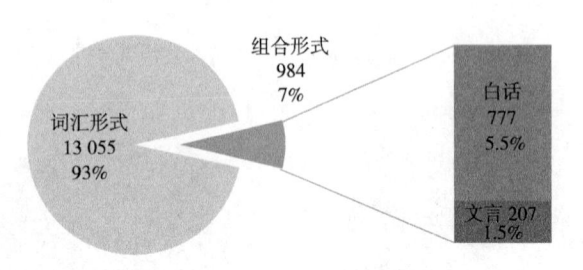

```
              组合形式
               984
               7%
  词汇形式                        白话
  13 055                        777
   93%                          5.5%

                               文言 207
                                1.5%
```

图 2-3　组合形式颜色词语使用频率来源

分范畴看，红范畴的词汇形式数量最多（30），其余依次是白范畴（23）、黑范畴（20）、蓝绿范畴（15）和黄范畴（9）。蓝绿范畴的组合形式数量最多（93），其余依次是红范畴（68）、黑范畴（52）、黄范畴（45）、白范畴（33）。从使用频率上看，白范畴、红范畴和蓝绿范畴的使用频率较高，其中，白范畴最高，在语料库中共出现了 3 546 次，红范畴 3 483 次，蓝绿范畴 3 430 次。黑范畴和黄范畴的使用频率相对较低，分别出现 1 883 次和 1 767 次。值得一提的是，词语数量与使用频率不成正比，即有的颜色范畴成员多，使用频率却低；有的颜色范畴成员少，使用频率却高。如白范畴，成员数量少（58），使用频率却最高（3 546）（见图 2-4）。

从词汇形式的种类分布看，语义颜色词的数量最多（48），颜色语用表达次之（26），语用颜色词数量最少（23）。除黄范畴外，各范畴语义颜色词数量都多于语用颜色词和颜色语用表达。黄范畴只有两个语义颜色词"黄""缃"，却有 2 个语用颜色词和 5 个临时用来表示颜色的名物词。语义颜色词数量最多的是红范畴（15），其余依次是黑范畴（14）、白范畴（9）、蓝绿范畴（8）和黄范畴（2）。语用颜色词数量最多的是白范畴（8），其余依次是黑范畴（6）、红范畴（4）、蓝绿范畴（3）和黄范畴（2）。颜色的词汇语用表达数量最多的是红范畴（12），其余依次是白范畴（6）、黄范畴（5）和蓝绿范畴（4），黑范畴暂未发现词汇语用表达用例（见图 2-5）。

黑范畴（269）、白范畴（397）和黄范畴（325）的语用颜色词频率表现突出，这些范畴往往包含一个或多个高频语用颜色词，如黄范畴的"金"（319），白范畴的"银"（131）和黑范畴的"灰"（126）等。这些

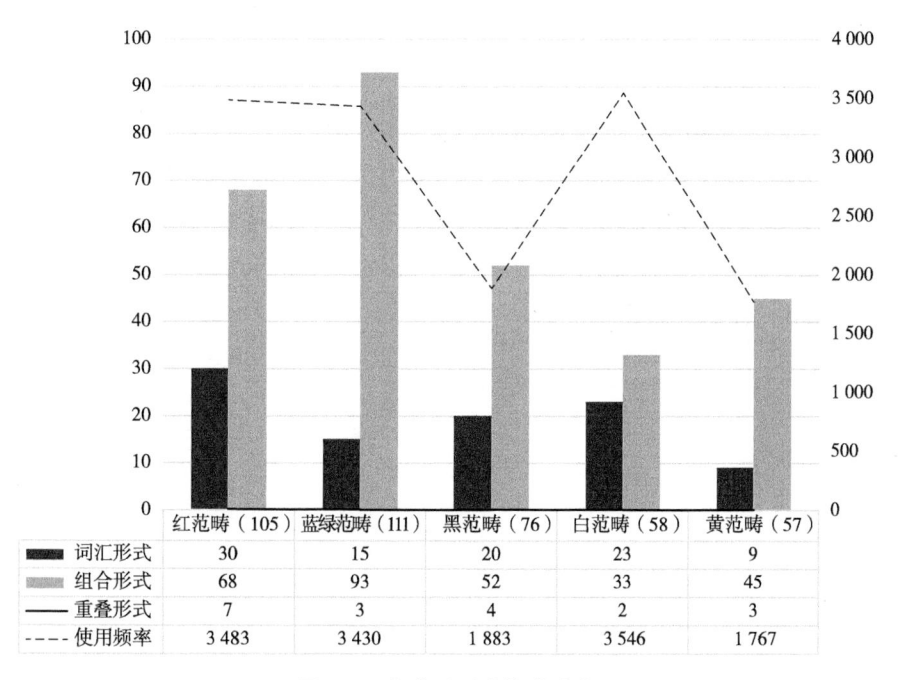

第二章　中国语文转向期颜色词语概况

	红范畴（105）	蓝绿范畴（111）	黑范畴（76）	白范畴（58）	黄范畴（57）
词汇形式	30	15	20	23	9
组合形式	68	93	52	33	45
重叠形式	7	3	4	2	3
使用频率	3 483	3 430	1 883	3 546	1 767

图 2-4　各范畴形式构成分布

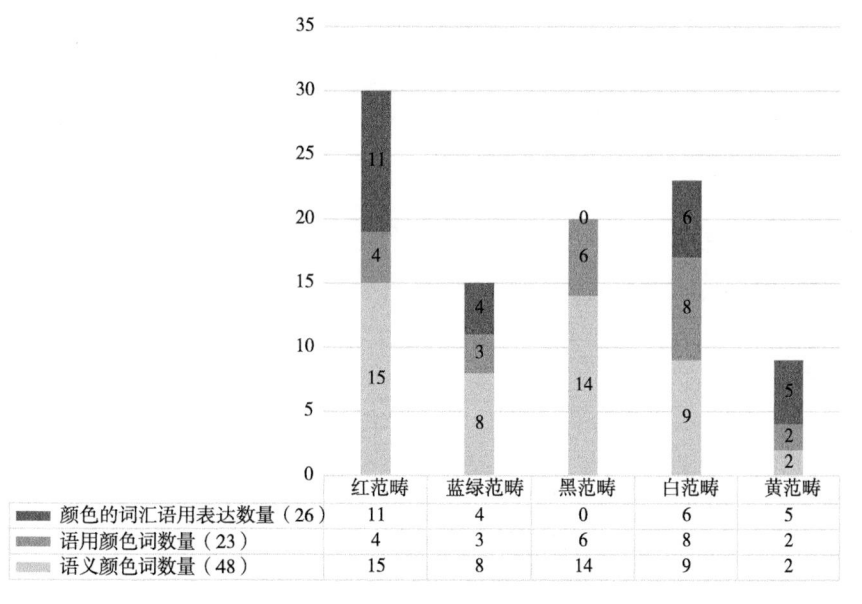

	红范畴	蓝绿范畴	黑范畴	白范畴	黄范畴
颜色的词汇语用表达数量（26）	11	4	0	6	5
语用颜色词数量（23）	4	3	6	8	2
语义颜色词数量（48）	15	8	14	9	2

图 2-5　各范畴颜色词语数量分布

词的颜色义显著，使用频率高，处在从语用颜色词向语义颜色词演变的过渡阶段。

综合以上，清末、民国颜色命名系统以组合形式和词汇形式为主，重叠形式为辅，各颜色范畴特色突出，蓝绿范畴和红范畴在成员数量上占优势，使用频率也相对较高。白范畴成员数量少，使用频率却最高，且为拥有数量最多的语用颜色词。黄范畴颜色命名的语用手段，无论从数量还是频率看都最突出。

第三章 红范畴颜色词语描写与分析

第一节 语义颜色词语

一、红

"红",红范畴原型,共有10个义项,其中,颜色义占比最高,语义指向范围最广,是原型语义(见表3-1)。

表3-1 "红"原型语义和非原型语义显著度、广义度对比

红		语义显著度		语义广义度							
		使用频率	占总数的比率(%)	生物			具体物				抽象物
				人体部分	动物	植物	自然物	建筑物	生活用品	食用品	
原型语义	像桃花、火、血等,深浅不一的系列颜色	2 028	91.27	+1	+1	+3	+2	+2	+3	+1	+1
非原型语义	表面或显著特征是红色的事物	91	4.09	—	—	+1	—	—	+1	—	—
	服饰等鲜艳华丽,建筑富丽	30	1.35	—	—	—	—	+1	+1	—	—
	尘世、场面喧嚣哄闹的样子	20	0.9	—	—	—	—	—	—	—	+1
	(人)受宠信,生意、手艺等受欢迎	18	0.81	+1	—	—	—	—	—	—	—
	真诚、忠诚	11	0.5	—	—	—	—	—	—	—	+1
	年轻、美丽的女性	10	0.45	+1	—	—	—	—	—	—	—
	好处、利益	7	0.32	—	—	—	—	—	—	—	+1
	赢	4	0.18	—	—	—	—	—	—	—	+1
	与婚礼有关的	3	0.13	—	—	—	—	+1	—	—	—

(一)原型语义

"红"可以表示像桃花、火、血等深浅不一的一系列颜色,适用范围非常广泛,覆盖了颜色词可适用的所有义类,其中,植物、生活用品类是"红"颜色义的强适用类(见表3-2)。

表3-2 "红"原型语义广义度统计

语义指向事类		语义指向示例	适用值	语义广义度(%)
生物	人体部分	皮肤、血、西方人的毛发和胡须、唇	+1	
	动物	鸵鸟、蜻蜓、蛾子、马	+1	
	植物	花(荷花、杜鹃花、芍药花、海棠花、梅花、石榴花、茶花、罂粟花)、柳树、枫叶	+3	
具体物	自然物	天象(旭日、落日、霞)、火、土、岩崖、靺鞨	+2	100
	建筑物	墙、桥、垣、僧楼、瓦、门	+2	
	生活用品	交通工具(舲、舸)、乐器(牙板、拍板)、照明工具(烛、灯)、化妆工具(胭脂、簪子)、丝织品与服饰(线、丝绦、氍毹、毯、旗、绡、绫、裳、裙、襦、帕首、巾、缨、绒、鞋、被)、其他(藤簟、纸、箱、印泥)	+3	
	食用品	粟、椒、梨、樱桃、荔枝、曲	+1	
抽象物		五行元素"火"对应的颜色	+1	

1. 语义指向人体

"红"颜色义对人体类词语的适用性较弱,具体有脸颊、血、唇,西方人的皮肤、毛发、胡须等。

例1 谁家奴子汗面红,主人急令趋城东。(何绍基《骡车谣同杨达夫作》)

"红"指车夫因出力发热,脸颊显得通红。

例2 雾暗军氛墨,波飞战血红。(黄遵宪《天津纪乱十二首》)

"红"指血色。

例3 红毛叫啸总戎走,峨峨舟山弃不守。(朱琦《朱副将战殁他镇兵遂溃诗以哀之》)

例4 红髯碧眼知何意,挈镜来登最上头。(自注:是日有西人登楼者)(黄遵宪《上岳阳楼》)

以上两例中的"红"指西方人的毛发、胡须的颜色,具体指淡黄中泛红的颜色。

例5 庙门儿对着庙门儿,里头住着小姐人儿,白脸蛋儿,红嘴唇儿,扭扭捏捏爱死个人儿。([意]威达雷《北京儿歌》)

"红"指向唇色。

2. 语义指向动物

"红"颜色义对动物类词语的适用性较弱,具体用例有鸵鸟、蛾子、蜻蜓、马等。

例6 鸵园环式畜千鸵,长幼开年各一窝。红羽可骑亦异种,中台落日看山河。(康有为《游埃及开罗京》)

"红"指鸵鸟羽毛的颜色。

例7 他的倭瓜花上也许落着个红的蜻蜓。(老舍《四世同堂》)

"红"指蜻蜓的颜色。

3. 语义指向植物

"红"颜色义对植物类词语的适用性强,具体用例有花(荷花、杜鹃花、芍药花、海棠花、梅花、石榴花、茶花、罂粟花、夹竹桃花)、枝条(柳、松)、叶(枫叶)、果实(杏、枣、山楂、樱桃、西瓜瓤)。

例8 站在窗外,望着院子花草,红石榴花开似火,玉簪等花含苞未放,只有洋杜鹃花儿,当着毒日之下,开得很是有趣。(王冷佛《春阿氏》)

"红"指石榴花的颜色。指大红或红色偏黄的颜色。

例9 新蒲与老柳,深秋杂黄红。(康有为《游汤山温泉,瞻行宫静寄山庄》)

"红"指深秋老柳枝条的深红色。

"红"还可以用来表示植物变红。

例10 残碑补壁苔犹绿，独树当关叶早红。（易顺鼎《二月二十四日，雪中独游邓尉元墓，宿圣恩寺还元阁，得绝句》）

4. 语义指向自然物

"红"颜色义对自然物的适用性一般。具体有天象（旭日、落日、霞、光、云）、火、土、岩、崖、靺鞨。

例11 比方太阳一出来，若比往常红，今儿天一定很热。（张廷彦《北京风土编》）

例12 火光激水水能飞，红日西斜无还时。（黄遵宪《东沟行》）

以上两例"红"分别指旭日的颜色和落日的颜色。

例13 铺床紫氍毹，贴锦红靺鞨。（朱琦《癸卯九月朔日，集万柳堂，宴姚石甫丈，席间闲话台湾事慨然有作》）

靺鞨，"宝石名。即红玛瑙，色红，隐晶质，产靺鞨，故称"①。

5. 语义指向建筑物

"红"的颜色义对建筑物的适用性一般，具体有墙、桥、垣、僧楼、瓦、门。"红"描写建筑色时都指正红色。中国古代建筑，特别是宫殿建筑，从春秋时期起，已开始使用强烈的原色②。

例14 湖西寂寞古行宫，柳外宫墙一带红。（林纾《过行宫》）

6. 语义指向生活用品

生活用品是"红"颜色义适用性最强的义类。可适用于交通工具（舲、舸）、乐器（牙板、拍板）、照明工具（烛、灯）、化妆工具（胭脂、簪子）、丝织品与服饰（线、丝绦、氍毹、毯、旗、绡、绫、裳、裙、襦、帕首、巾、缨、绒、鞋、被）、其他（藤簟、纸、箱、印泥）。

例15 遍地红藤簟，泼眠先生凉。（黄遵宪《番客篇》）

"红藤簟"指新加坡华人婚礼上，由苇或竹编成的红色粗席。

例16 主人意气豪且粗，华灯四照红氍毹。（李慈铭《拟古乐府四首并序》）

---

① 罗竹凤. 汉语大词典：第12册 [M]. 上海：汉语大词典出版社，1993：189.

② 刘敦桢. 中国古代建筑史 [M]. 北京：中国建筑工业出版社，1984：17.

"红氍毹"指红色的毛织地毯,旧时演戏多用来铺在地上或舞台上。

例17 比方一交了立春,这算是一年的起头儿,俗言说:"春为一岁首。"家家儿都用红纸,写四个大字贴在墙上。甚么字?是"立春大吉"。(英继 宫岛吉敏《北京事情》)

"红"指向纸。

7. 语义指向食用品

"红"的颜色义对食用品的适用性一般。具体有粟、椒、梨、樱桃、荔枝、葡萄酒、曲。

例18 以犒牙齿终年枯,浓炙红椒浇鲤鱼。(梁启超《荷广除夕牙痛作诗调之》)

"红"指辣椒的颜色。

例19 我翁一官系朝廊,年年红粟分太仓。(何绍基《十一月初八日舟中夜坐饥甚》)

红粟指"储藏过久而变为红色的陈米。亦指丰足的粮食"①。

8. 语义指向抽象物

"红"在清末、民国诗歌里表示五行元素"火"对应的颜色。

例20 我来再换红羊劫,景阳冷尽龙鸾血。(梁启超《桂园曲》)

红羊劫指国难。"古人以为丙午、丁未是国家发生灾祸的年份。宋代柴望作《丙丁龟鉴》,历举战国到五代之间的变乱,发生在丙午、丁未年的有二十一次之多"②。按照阴阳五行的说法,天干"丙""丁"和地支"午"属火,对应五色中的红色。地支"未"在生肖上是羊,故将每六十年出现一次的"丙午丁未之厄"称为"红羊劫"。

(二)非原型语义

1. 表面或显著特征是红色的事物

"红"经过转喻,在语料中指红色织物、花、血、胭脂等。

例21 老曹向来得人,那溜儿街坊,不差甚么他都给作过活,大家攒了个公议儿,弄了两块红,送了四扇挑一付对子,还有一包茶叶。(损公

---

① 罗竹凤. 汉语大词典:第9册 [M]. 上海:汉语大词典出版社,1993:711.
② 罗竹凤. 汉语大词典:第9册 [M]. 上海:汉语大词典出版社,1993:705.

《曹二更》)

此处的"红"指红幛、红绸,"可写有吉利颂词。逢结婚、开业等喜事时,常'挂红'庆祝"①。

例22 峭碧何巉巉?枯红尚焰焰。(汤鹏《秋怀九十一首》)

"枯红"指秋天因缺水而干枯的花。类似的用例还有"繁红""飞红""红雨""春红""残红""坠红""稠红"等。

例23 田主一何怒,送县施鞭刑。念家有乳妇,啼饿依竹屏。那更异顽骰,鞭血飞红腥。(江湜《寓斋即事》)

"飞红腥"指鞭刑时飞舞的血液。

例24 垂红结彩球,绯绯数尺长。(黄遵宪《番客篇》)

"垂红"指新加坡华侨婚礼现场挂垂的红色丝带。

例25 冠太太的脸上也有不少的皱纹,而且鼻子上有许多雀斑,尽管她还擦粉抹红,也掩饰不了脸上的褶子与黑点。(老舍《四世同堂》)

此处的"红"指红色的胭脂。

2. 服饰等鲜艳华丽,建筑富丽

"红"由颜色义经过隐喻,表示服饰鲜艳美丽,建筑华美富丽。常出现在"红楼""红袖""红男绿女"等组合中。如:

例26 红男并绿女,个个明月璫。(黄遵宪《番客篇》)

"红男""绿女"泛指穿着颜色鲜艳,装饰华丽服装的年轻男女。

例27 春风不动秋千索,独上红楼北一层。(康有为《登箱根顶浴芦之汤》)

"红楼"泛指装饰富丽的楼阁。

3. 尘世、场面喧嚣哄闹的样子

"红"的这个意义适用于抽象物,如纷扰的尘世生活、喧闹热烈的场面等,是从颜色域向感觉域的隐喻。常出现在"红尘""软红""闹红"等组合中。

例28 十丈软红还恋否,湖山大好且登临。(陈宝琛《颖生自浙寄示烟台小泊二律即次其韵》)

---

① 损公. 新鲜滋味:卷三 [M]. 北京:北京大学出版社 2018:3.

"软红"与"湖山"相对，分别指投身世事和退隐归山两种生活选择。

例29 一舸闹红出阊阖，凄凉秋草虎丘山。(康有为《漫游苏州，名园多废，只余宋苏子美沧浪亭、元倪云林狮子林，其虎丘、灵岩莫不零落，惟明拙政园尚无恙耳。不胜阅劫之感》)

"一舸闹红"与"凄凉秋草"形成对比。前者描写船上歌妓酒宴的热闹欢场，后者写岸边凄凉的真娘墓。

例30 万花世界将红洗，六代湖山要白描。(易顺鼎《金陵雪后独游》)

大雪将花花世界的喧嚣和凡尘一洗干净，六朝古都南京的湖山，被白雪覆盖，只留下黑色边缘，看起来像是变成了白描画。"红"在这句诗里指都市的繁华，尘世的纷扰。

4. 人受宠信，生意、手艺等受欢迎

"红"的这个义项用于人和差使时，表示非常受到上级或长辈的宠信和偏爱。

例31 王溥说："你得带我回家。现在老爷子跟前就是你红，你给我说两句好话，或者好一点。你没见大哥这些时受的这宗气吗？吃饭都得起脊梁骨下去。我又该受罪啦。"王明说："二哥不用着急，我同你回家，再再的劝劝老爷子就是了。"(蔡友梅《势力鬼》)

用于生意、手艺等时表示非常受消费者欢迎。

例32 始而他一挂牌，对于老街坊倒是很谦和，要不著的，他也真尽义务。后来买卖一红，又有几个阔主顾，脾气大长。(损公《曹二更》)

5. 真诚、忠诚

例33 虎爷不会作诗，没有排场，不懂什么，可是有一颗红的心。(老舍《牛天赐传》)

四虎子是《牛天赐传》中的一个善良、侠义的人物形象，是牛家的佣工，牛家掌门人相继去世，生意破产，家产被亲戚瓜分后，他没有抛弃牛家的幼子天赐，把天赐带到他生活的大杂院，做小买卖抚养、照顾天赐。所以天赐说虎爷有一颗"红的心"。

6. 年轻、美丽的女性

"红"的这个意义常出现在"红粉""红闺""红语""黛谢红零"

"绿怨红啼"等组合里。

例34 桄榔面涩椰酒甜，蛮姬红语娇胜莲。（金天羽《艺林九友歌》）

"红语"不是红色的说话声，而是指年轻美丽的异域女子娇媚的说话声。

7. 好处，利益

例35 听说大刀王不算暗赚，酬劳金就是五百，这下子使着了。这小子瞧出红来了，跟着就给寒露儿提亲，提的是他外甥女儿。（损公《二家败》）

红，便宜①。

例36 父亲的收入是仗着年底分红。（老舍《四世同堂》）

红，红利，商品交易的赢利。

8. 赢

例37 他叔叔叫阿林部，一听侄儿被人打死，续娶的媳妇，居然替夫鸣冤，官司打红了，又得这些个家产，又难受又喜欢，把李二妞接到家中相认。（损公《驴肉红》）

官司打红了，官司打赢了。

例38 钰福道："嘿，德子，你给我参谋一回。我不是爱犯财迷，莫非北衙门里，阿氏画供了吗？"德树堂道："若真定准了谋害亲夫，咱们的话，就算押宝押红啦。"（王冷佛《春阿氏》）

9. 与婚礼有关的

例39 孙氏娘家的父亲，叫作孙胖子，是个久站红白口的厨子头儿。（蔡友梅《势力鬼》）

红白口，喜事、丧事的时候。

二、紫

"紫"共有3个义项，其中，颜色义占比最高，语义指向范围最广，是原型语义（见表3-3）。

---

① 刘一之，矢野贺子. 清末民国北京话语词汇释［M］. 北京：北京大学出版社，2018：220.

表 3-3 "紫"原型语义和非原型语义显著度、广义度对比

紫		语义显著度		语义广义度						
		使用频率	占总数的比率（%）	生物			具体物			抽象物
				人体部分	动物	植物	自然物	建筑物	生活用品	食用品	
原型语义	紫色，紫色的	265	80.79	+1	+1	+2	+2	—	+3	+1	+3
非原型语义	表面或显著特征是紫色的事物	36	10.98	+1	—	—	+1	—	—	—	+1
	非正道的	27	8.23	—	—	—	—	—	—	—	+1

（一）原型语义

"紫"颜色义适用范围广泛，覆盖了除建筑物外颜色词可适用的所有义类，其中生活用品和抽象物是"紫"颜色义的强适用语义类（见表3-4）。

表 3-4 "紫"原型语义广义度

语义指向事类		语义指向示例	适用值	语义广义度（%）
生物	人体部分	受伤的皮肤、凝固的血	+1	
	动物	紫燕、紫貂、紫蝶、紫蟹、蚯蚓	+1	
	植物	牵牛花、紫薇花、紫藤、丁香、梅花、荷花、茎	+2	
具体物	自然物	紫电、紫霞、紫烟、紫澜、云气、铁锈、矿物质	+2	87.5
	建筑物	—	—	
	生活用品	紫标、紫袖、紫泥、紫绶、紫袍、紫冠、紫丝、紫荷囊、紫衣、紫罗襦	+3	
	食用品	葡萄、肉桂、鸦片膏、茄子	+1	
抽象物		紫皇、紫诏、紫宸、紫殿、紫阁、紫盖、紫塞、紫气、紫泥、紫眉、紫府、紫凤	+3	

1. 语义指向人体

"紫"颜色义对人体类词语的适用性较弱,具体有受伤的皮肤、凝固的血等。

例40 是人非人鬼非鬼,手脚皲瘃皮肉紫。(徐子苓《乞丐行》)

这句描写了乞丐的惨状。"紫"指冻伤的皮肤色。

例41 可怜四十不封侯,旧战团袍血花紫。(朱铭盘《赠邱大履平》)

战袍上的血迹凝固后呈紫色。

2. 语义指向动物

"紫"颜色义对动物类词语的适用性较弱,具体有紫燕、紫貂、紫蝶、紫蟹、蚯蚓等。

例42 玄蜂赤蚁苍梧野,紫蟹黄花绿苇庄。(易顺鼎《续咏怀诗六首》)

例43 黄莺接叶啼难歇,紫蝶寻香故自飞。(康有为《送春》)

例44 陌莫陌兮青蛙鸣,曲莫曲兮紫蚓行。(汤鹏《放歌行》)

3. 语义指向植物

"紫"颜色义对植物类词语的适用性一般,具体有牵牛花、紫薇花、紫藤、丁香、梅花、荷花等。

例45 浥露层层翠作堆,迎风潋潋紫霞杯。(陈曾寿《牵牛花五首》)

"紫霞杯"喻牵牛花,"紫"指牵牛花的颜色,"杯"指牵牛花的形状。

例46 红兰发紫茎,众草失容颜。(程潜《郴州杂诗四首》)

"紫茎",深紫色的花茎。

4. 语义指向自然物

"紫"颜色义对自然物类词语的适用性一般,具体有紫电、紫霞、紫烟、紫澜、云气、铁锈等。

例47 云涛如墨泼船窗,声断遥天雁几双。赖有电光时一紫,照人归梦渡湘江。(易顺鼎《长沙登舟作》)

"紫"描写闪电色。

例48 深林苍翠幕烟紫,穿出矶头看日西。(康有为《己亥夏秋文岛杂咏十九首》)

"紫"描写暮霭色。

5. 语义指向生活用品

"紫"颜色义对生活用品类词语的适用性强，具体有紫标、紫袖、紫泥、紫绶、紫袍、紫冠、紫丝、紫荷囊、紫衣、紫罗襦等。

例49 前导青罗伞，后引绛节幢，驾车四骝马，一色紫丝缰。（黄遵宪《番客篇》）

"紫"指缰绳的颜色。

例50 紫标黄榜多豪富，府海官山少异才。（陈玉树《乙未夏拟李义山〈重有感〉》）

"紫标黄榜"指聚敛囤积之巨。

6. 语义指向食用品

"紫"颜色义对食用品类词语的适用性弱，具体有葡萄、肉桂、鸦片膏等。

例51 跪捧银盘茶与糕，绿沉之瓜紫蒲桃。（黄遵宪《台湾行》）

例52 更有团圈人不识，银刀剖出紫花饧。（许瑶光《阿芙蓉咏》）

阿芙蓉，即鸦片。"紫花饧"即指深紫近黑的鸦片膏。

7. 语义指向抽象物

"紫"颜色义对抽象物的适用性强，具体有紫盖、紫塞、紫气、紫泥、紫眉、紫府、紫凤、紫皇、紫诏、紫宸、紫殿、紫阁等。可分为与帝王、道教和仙境相关的三类。

例53 被命紫阁下，持节黄河津。（鲁一同《三公篇》）

例54 飞弹直逼青琐门，快马齐奔紫宸殿。（孙景贤《正阳门行》）

"紫阁""紫宸"都指皇帝居住的宫殿。

例55 多谢紫皇恩，犹作钧天听。（康有为《屠梅君侍御谢官归，索诗为别》）

"紫皇"，道教的最高天神，元始天尊，此处指光绪皇帝。

例56 人间岂有此仙乡，神人紫府非渺茫。（康有为《三过落机山顶放歌》）

例57 天愍至诚割紫府，掷之桂林西南隅。（康有为《将至桂林望诸山石峰》）

以上两例诗人分别将美国落基山顶、桂林山水比作仙境。"紫府"，道教仙人所居之处。

(二) 非原型语义

1. 紫色的事物

"紫"的颜色义经过转喻可指紫色的绶带、紫色的花和紫色的云烟等。

例58 纡青拖紫半年少，气浮识暗疏老苍。（汤鹏《山阳诗叟行》）

"青""紫"，官员系官印的绶带色，这里指代绶带。"纡青拖紫"，喻官位高，地位显赫。

例59 嫣红姹紫满山春，采药寻香欲赠人。（康有为《止观自证》）

例60 砺寰接过花筹道："万紫千红总是春。"（王冷佛《春阿氏》）

"红""紫"皆指花。

例61 书声只在淙潺里，病骨全苏紫翠间。（王国维《定居京都奉答铃木豹轩枉赠之作并柬君山湖南君扔诸君子》）

"紫""翠"，山间云雾色，这里用颜色指代云雾。

2. 非正道的

儒家认为紫色不是正色。由此紫色通过隐喻和文化赋予，产生非正道的语义。

例62 纷纷蛙紫攻听睹，坐乱人意令失真。（何振岱《广意》）

蛙，蛙鸣，比喻俗物喧闹。紫，间色，非正色。"蛙""紫"合称指不是正路的学问，俗套和邪道。

例63 披艰扫紫氛，太清澄翳滓。（康有为《开年忽六十篇》）

"紫氛"，不正之风。

清末人们对紫色"非正道"的认定在服饰颜色上有所体现，不少白话小说中都提到"紫花"色的衣服是"当时的流氓打扮"[①]。如：

例64 四十儿到了十四五岁，先学提笼架鸟，跟着就是獾狗大鹰，十七八岁就打群架。夏天是一身紫花布裤子汗衫儿，说话摇头摇脑儿、发头卖项，整本大套的土匪。（蔡友梅《土匪学生》）

例65 忽见春英走来，穿一身紫花色的裤褂，蟠着紧花儿的辫发，手

---

① 蔡友梅. 过新年 [M]. 北京：北京大学出版社，2018：86.

提石锁，兴兴匆匆的自外走来。范氏道："看你这宗神气，怪不得你女人跟你吵嘴呢。"（王冷佛《春阿氏》）

三、赤

"赤"共有3个义项，其中颜色义的显著度最高，语义指向范围最广，是"赤"的原型语义（见表3-5）。

表3-5 "赤"原型语义和非原型语义显著度、广义度对比

赤		语义显著度		语义广义度							
				生物			具体物				
		使用频率	占总数的比率（%）	人体部分	动物	植物	自然物	建筑物	生活用品	食用品	抽象物
原型语义	明亮的鲜红色，又指血红色	131	79.88	+1	+1	+1	+2	+1	+1	+1	+1
非原型语义	（大地、手）空，（皮肤）裸露	19	11.59	+1	—	—	+1	—	—	—	+1
	（精神、心意）极其忠诚的	14	8.53	—	—	—	—	—	—	—	+1

（一）原型语义

"赤"的原型语义：明亮的鲜红色，又指血红色。

例66 赤阳渐东曜，六合方廓清。（姚燮《扬帆过鳖子门》）

"赤"描写初升的太阳色。

例67 昼坐当门怒眼赤，大声能作老枭吓。（金和《围城纪事六咏》）

"赤"表示因愤怒眼中充血，眼白发红。

"赤"颜色义适用范围非常广泛，覆盖了颜色词可适用的所有义类，其中，自然物是"赤"颜色义相对较强的适用语义类（见表3-6）。

表3-6 "赤"原型语义广义度统计

语义指向事类		语义指向示例	适用值	语义广义度（%）
生物	人体部分	血、眼、面、舌、西方人的头发	+1	100
	动物	鲩、蚁	+1	
	植物	松树的树干、梅花	+1	
具体物	自然物	太阳、火、云、焰、土、颜料	+2	
	建筑物	城、堺、桥	+1	
	生活用品	织物（帜、幰、旆）；灵符	+1	
	食用品	赤砂糖	+1	
抽象物		南方、火对应的颜色	+1	

1. 语义指向人体

"赤"颜色义对人体类词语的适用性弱，具体有血、眼、皮肤、舌、西方人的头发等。

例68 赤发狰狞遽突出，飞砲如雨从天来。（朱琦《狼兵收宁波失利书愤》）

"赤发"指代英国侵略军，"赤"描写英国人头发的颜色。

例69 水赤磨刀判伤手，月明绕树怨无枝。（梁启超《由奉天却至大连道中作》）

梁启超分别取意杜甫诗"磨刀呜咽水，水赤刃伤手"和曹操诗"绕树三匝，何枝可依"，表达壮志未酬，心绪不宁的悲壮急切的心情。"水赤"指在水边磨刀，心神不宁，割破了手，水被血染红。"赤"语义指向血色。

2. 语义指向动物

"赤"颜色义对动物类词语的适用性弱，具体有鲩和蚁等。

例70 超腾未拟赤鲩看，奸黠真同乌贼视。（金天羽《虾夷狂》）

"赤鲩"是"赤鲩公"的缩写，唐朝因避讳"李"姓，法律规定不得食用鲤鱼，并给鲤鱼起了个美称，即"赤鲩公"，"鲤，脊中鳞一道，每鳞有小黑点，大小皆三十六鳞。国朝律：取得鲤鱼即宜放，仍不得吃，号赤皖公。卖者杖六十,言鲤为李也"①。"赤"指红鲤的颜色。

3. 语义指向植物

"赤"颜色义对植物类词语的适用性弱,具体有松树的树干和梅花等。

例71 群帝朝天宴蕊珠,酒终遗却赤珊瑚。(朱铭盘《题画》)

此句后自注:红梅②。诗人将红梅比作赤珊瑚,"赤"描写梅花的颜色,"珊瑚"描写梅花堆叠的样貌。

4. 语义指向自然物

"赤"颜色义对自然类词语的适用性一般,具体有太阳、火、云、焰、山等。

例72 大火赤流屋,子夜吾生始。(康有为《开岁忽六十篇》)

例73 一朝赤焰嘘腾腾,摧陷之力比甲兵。(金天羽《七月十六夜弥罗实阁灾》)

"赤"字本义就是大火色,以上两例"赤"都是描写大火或火焰的颜色。从描写火色,扩大到如火的日色:

例74 赤阳渐东曜,六合方廓清。(姚燮《扬帆过鳖子门》)

例75 直上若登天,面对赤日午。(何绍基《舆夫》)

"赤阳"指初升的太阳;"赤日"指中午的烈日。

从描写自身火红的事物,"赤"的适用对象还进一步扩大到描写由火或太阳的光染红的云霞或山:

例76 西鳞不辨东鳞赤,知受金蛇百道光。(朱铭盘《龙女图为黄仲弢编修题》)

这首诗将绵延的山脊比作蛰伏的长龙,日初晓时山脊东边被朝阳染成赤色,西边背阴,模糊不清。

5. 语义指向建筑物

"赤"颜色义对建筑物的适用性弱,具体有城、堙、桥等。

例77 徐徐见贬谪,仍许游赤城。(康有为《屠梅君侍御谢官归,索诗为别》)

---

① 段成式. 酉阳杂俎 [M]. 金桑,选译. 杭州:浙江古籍出版社,1987:227.
② 钱仲联. 近代诗钞 [M]. 南京:江苏古籍出版社,1993:886.

"赤城"指帝王居住的宫殿,因城墙红,故称赤城。

例78 春山青四围,中显一桥赤。(易顺鼎《侍大人登岱敬和元韵八首》)

"赤"指桥色。

6. 语义指向生活用品

"赤"颜色义对生活用品的适用性弱,具体有织物(帜、幪、旆)、灵符等。

例79 仿古十字军,赤旆风飘扬。齐唱爱国歌,曼声音绕梁。(黄遵宪《纪事》)

"赤旆",赤色旗。

例80 垂垂赤灵符,滟滟琲交珰。(黄遵宪《番客篇》)

东南亚华侨婚礼上灵符的颜色。

7. 语义指向食用品

"赤"颜色义对食用品的适用性弱,语料中仅有一例。

例81 西人嗜糖嗜其白,贱卖赤砂改机制。(丘逢甲《汕头海关歌寄伯瑶》)

"赤"指红砂糖的颜色,颜色较深。

8. 语义指向抽象物

"赤"在清末、民国诗歌里表示南方、火对应的颜色。

例82 是时在朱夏,草木争蕃生。一径如绿天,赤帝不敢颓。(易顺鼎《冲虚观游朱明洞天》)

(二)非原型语义

1.(大地、手)空,(皮肤)裸露

段玉裁认为,"赤"的空、裸露义是从赤色亮度高,颜色通透引申而来的,"赤色至明,引申之,凡洞然昭著皆曰赤。如赤体谓不衣也,赤地谓不毛也"[①]。"赤"的这个意义适用于4种情况。

第一,因自然灾害,庄稼颗粒无收。

例83 道旁老弱尸纵横,赤地无苗动千里。(张佩纶《豫中蝗》)

1855年至1857年,河南地区发生严重的蝗灾,庄稼颗粒无收,饿殍

---

① 段玉裁. 说文解字注 [M]. 北京:中华书局, 2013.

遍野。

例84 祷雨膏回千里赤，盼晴风卷九秋云。（何绍基《九月登黔灵山》）

因干旱庄稼颗粒无收，诗人登高祈雨，希望大雨时降，寸草不生的大地重新变回沃野千里。

第二，因战争土地荒无人烟。

例85 赤地烟声战夕乌，江流无界割偏隅。（姚燮《项王故里》）

历史上的楚汉争霸，人民流离失所，荒无人烟。

第三，手上空着，没有任何辅助。

例86 赤手能擒虎，红头看烂羊。（黄遵宪《天津纪乱十二首》）

"赤手能擒虎"指不用任何辅助工具，空手能抓住老虎。

第四，没有服装遮盖皮肤。

例87 乱舞儴儴红黄缠，赤足绕车乞争先。（康有为《游迦怜拿六故回宫迦蓝罢觯出，览宫外气他那人居》）

"气他那人"是西班牙的一个流浪民族，多不穿鞋，光着脚。"欧人号为唛氏种，往以幕居游，所至乞掠，今土着矣。然不筑室，穴山为窑，比户而居，如古之陶复陶穴。门前必种蒺藜，山皆剥裂，男妇围坐于地，多无履。"①

2.（精神、心意）极其忠诚的

"赤子"一词本义是刚出生的婴儿。唐代时产生"百姓"义。在清末、民国产生"对国家忠诚的百姓"义。

例88 黄图余禁籞，赤子剩中涓。（王国维《隆裕皇太后挽歌词九十韵》）

"大好的江山只剩下小小的宫禁，忠心的子民也只有宫中的太监了。"②

例89 老管家伊罕，人很忠厚，颇有赤心。（蔡友梅《搜救孤》）

四、丹

（一）原型语义

"丹"有3个义项，其中，颜色义显著度最高，语义指向范围最广，

---

① 康有为. 康有为全集：第八集 [M]. 北京：中国人民大学出版社，2007：480.
② 王国维. 王国维诗词笺注 [M]. 陈永正，笺注. 上海：上海古籍出版社，2015：207-208.

是"丹"的原型语义（见表3-7）。

表3-7 "丹"原型语义和非原型语义显著度、广义度对比

丹		语义显著度		语义广义度						
				生物			具体物			
		使用频率	占总数的比率（%）	人体部分	动物	植物	自然物	建筑物	生活用品	食用品	抽象物
原型语义	红色，像丹砂一样的鲜红色	129	85.43	+1	+1	+1	+3	+3	+1	+1	+1
非原型语义	丹色的事物	10	6.62	—	—	—	—	—	+1	—	—
	（精神、心意）极其真诚的	12	7.95	—	—	—	—	—	—	—	+1

"丹"颜色义适用范围非常广泛，覆盖了颜色词可适用的所有义类，其中，自然物、建筑物是"丹"颜色义相对较强的适用语义类（见表3-8）。

表3-8 "丹"原型语义广义度

语义指向事类		语义指向示例	适用值	语义广义度（%）
生物	人体部分	脸色、口、唇	+1	100
	动物	丹顶鹤	+1	
	植物	树叶（柿子叶、枫叶）、花（梅花、荷花、牡丹）	+1	
具体物	自然物	矿物质（颜料、印、胭脂、丹砂）、天象（霓、霞、光、阳）、山（崖、壁）	+3	
	建筑物	丹宸、丹楼、丹阙、丹宫、丹陛、丹砌、丹廷、丹城、丹房、丹梯	+3	
	生活用品	织物（旐、头巾、缯）	+1	
	食用品	水果（荔枝、橘子）	+1	
抽象物		丹泉、丹凤	+1	

1. 语义指向人体

"丹"颜色义对人体类词语的适用性弱,具体有脸色、口、唇等。

例90 我乡我土大有好山水,犹能令我颜丹鬓绿不复齿发嗟凋零。(黄遵宪《放歌用前韵》)

故乡的山水使我的脸色变红,发变黑,重回青春。

2. 语义指向动物

"丹"颜色义仅用于一种动物,就是丹顶鹤。虽然"丹"颜色义对动物类词语的适用性弱,但是这类语料很重要,可以帮助我们确认清末、民国"丹"到底指什么颜色。

例91 汝幼多疾疹,母忧藉医药。居然幸长成,峨峨丹顶鹤。(康有为《六哀诗 故候选主事亡弟广仁》)

将刚成年的幼弟比作体态飘逸雅致的丹顶鹤。"丹"指仙鹤头上斑记的鲜红色。

3. 语义指向植物

"丹"颜色义对植物类词语的适用性较弱,具体有树叶(柿子叶、枫叶)、花(梅花、荷花、牡丹)等。

例92 吴江动我扁舟兴,叶叶霜枫想正丹。(陈衍《秋早视兰生》)

经霜的枫叶正要变红。

例93 冻萼微舒色正丹,十年小别见偏难。(曾习经《红梅》)

"丹"描写微微绽放的红梅色。

4. 语义指向自然物

"丹"颜色义对自然物的适用性强,具体有矿物质(颜料、印、胭脂、丹砂)、天象(霓、霞、光、阳)、山(崖、壁)等。

例94 白金二千一百万,三年分偿先削券。券书首请帝玺丹,大臣同署全权官。(金和《围城纪事六咏》)

此四句后诗人自注:"盟书首帝宝,次其国王印,次诸大臣押,次其酋长押,其酋长署衔,曰全权公使。"[①] 意思是,条约文书上先盖清朝皇帝的玉玺印,再盖英国国王印,接着是参加签订的大臣署名,最后是英国名

[①] 钱仲联. 近代诗钞[M]. 南京:江苏古籍出版社,1993:457.

为"全权公使"的官员签字。"丹"指清朝皇帝玉玺盖后的颜色。

例95 丹霞照灼白日丽,金碧万象光烛天。(黄燮清《秦汉瓦当拓本为竹里王锄园丈题》)

"丹霞"指红艳的云霞。

例96 乱山走回合,群峭重沓复。丹崖与翠嶂,壁立削碧玉。(康有为《龙洞》)

"丹崖"指颜色绚丽的岩壁。

5. 语义指向建筑物

"丹"颜色义对建筑物的适用性强,具体有丹宸、丹楼、丹阙、丹宫、丹陛、丹砌、丹廷、丹城、丹房、丹梯等。"丹"颜色义适用的建筑物大多是皇家建筑物。

例97 丹城紫禁犹可归,岂闻江燕巢林木?(王闿运《圆明园词》)

"丹城"与"紫禁"并列,指宫禁。

清末、民国,"丹"不仅适用于我国的皇家建筑,随着文人西游,"丹"还用来描写其他国家最高统治者的居所。

例98 中华宫坛有遗迹,沃架丹宫可以搜。(康有为《谒墨总统爹亚士于前墨主避暑行宫》)

例99 琼阙丹房曜彩霞,烂红玫瑰雨天华。(黄遵宪《己亥杂诗》)

以上两例的"丹宫""丹房"分别指墨西哥总统的庄园和英国维多利亚女王的宫殿。

值得注意的是,清末、民国"丹"适用于建筑物时已经没有严格限制在皇家建筑了,"丹"也适用于其他庄严肃穆的建筑。

例100 三重门阁敞清晖,碧殿丹墀对翠微。(王闿运《泰安岱祠》)

例101 森森桧柏覆丹砌,隐隐莓苔侵粉墙。(易顺鼎《南岳诗》)

6. 语义指向生活用品

"丹"颜色义对生活用品词语的适用性弱,适用于织物,如旐、头巾、缯等。

例102 可怜将军归骨时,白幡飘飘丹旐垂。(黄遵宪《降将军歌》)

此两句写送威海卫战役中兵败殉国的丁汝昌灵柩事。"丹旐",丧具,出丧时为灵柩引路之旗。

7. 语义指向食用品

"丹"颜色义对食用品的适用性弱,适用于水果(荔枝、橘子)。

例103 韵高争爱碧蚝油,内热少餐丹荔枝。(刘光第《送蒋达宣茂壁同年改官广东同知》)

"丹"描写荔枝的颜色。

8. 语义指向抽象物

"丹"常用来描写仙境和神话传说中的事物。具体有丹泉、丹凤等。

例104 织就锦鲸铺席罢,诏将丹凤送书来。(文廷式《闻道》)

"丹凤","传说中红色的凤鸟,又喻下达诏书的使者,称'丹凤诏'"①。

(二)非原型语义

1. 丹色的事物

"丹"表丹色物时具体指点勘书籍用的红色颜料、红色胭脂和道家炼制的红色仙药。

例105 罪言资贝锦,小隐托丹铅。(梁启超《南海先生倦游欧美,载渡日本,同居须磨浦之双涛阁,述旧抒怀,敬呈一百韵》)

"丹铅",指点勘书籍用的朱砂和铅粉。转喻校订之事。

例106 洗面去丹粉,露足非白霜。(黄遵宪《番客篇》)

"丹粉",指古代妇女所用的化妆用品胭脂和铅粉。

例107 华阳不是无丹诀,待得丹成海有桑。(曾广均《游仙诗和璧园艳体》)

后半句中的"丹"指道家炼制的仙药,前半句中的"丹诀"指炼丹术。类似的还有:"丹穴"指炼丹修道的岩穴,"丹灶"指炼丹用的灶,"丹鼎"指炼丹用的鼎。

2. (精神、心意)极其真诚的

例108 心事今谕白,精诚本自丹。(王国维《隆裕皇太后挽歌词九十韵》)

"她(指裕隆皇太后)的心事如今已大白于天下,她的精神本来就是

---

① 罗竹凤. 汉语大词典:第1册[M]. 上海:汉语大词典出版社, 2003: 689.

一片丹诚。"① 这个意义在现代汉语中常出现在"丹心""丹衷"等组合里。

五、朱

朱：大红色。"朱"的适用范围非常广泛，覆盖了颜色词可适用的所有义类，其中建筑物和生活用品是"朱"强适用语义类（见表3-9）。

表3-9 "朱"语义广义度统计表

语义指向事类		语义指向示例	适用值	语义广义度（%）
生物	人体部分	红润的脸色、血液、嘴唇	+1	100
	动物	蛐蛐	+1	
	植物	梅花	+1	
具体物	自然物	朱晖、朱霞、朱焰、朱明、朱崖	+2	
	建筑物	朱阑、朱陛、朱门、朱邸、朱甋、朱阙、朱楼、朱户、朱楣、朱墙	+3	
	生活用品	织物（朱绂、朱缨、朱旗、朱绳、朱衣）、交通工具（朱轮、朱盖、朱鞍）、书画工具（朱印、朱丝）、其他（朱棺、朱榜、朱墩、朱签、朱弦）	+3	
	食用品	朱樱、朱实、朱蟹	+1	
抽象物		与南方、夏季对应的颜色	+1	

（一）语义指向人体

"朱"对人体类词语的适用性弱，语料仅见描写红润的脸色、血液和嘴唇。

例109 最是人间留不住，朱颜辞镜花辞树。（王国维《蝶恋花》）

---

① 王国维. 王国维诗词笺注［M］.陈永正，笺注. 上海：上海古籍出版社，2013：213.

朱颜指年轻红润的脸色。在语境里较之"红颜""颜丹"更侧重强调年轻。

例110 安得宝刀莹鹕鹕,生斫其头左手提,风吹朱血腥河泥。(刘光第《闻人说永定河决堤之异》)

"朱"描写血色。

例111 此人年纪,在三十上下,虽然是徐娘半老,而妖娆轻佻,丰韵犹存;两道恶魇眉,一双圆杏眼,朱唇粉面,媚气迎人,挽着个龙蟠旗髻,梳着极大的燕尾,拖于颈后。(王冷佛《春阿氏》)

"朱"描写唇色。

(二)语义指向动物

"朱"对动物类词语的适用性弱,语料仅见描写蛐蛐。

例112 新近得了一个朱头三色儿的虫儿,约有八厘上下(斗蛐蛐讲究八厘够分量),某甲的少爷爱之如命。(蔡松龄《益世余墨——民国初年北京生活百态》)

"朱"描写某种蛐蛐头部的颜色。

(三)语义指向植物

"朱"对植物类词语的适用性弱,语料仅见描写梅花。

例113 朱朱白白谁差别,正好香闻鼻观知。(沈增植《红梅》)

(四)语义指向自然物

"朱"对自然物类词语的适用性一般,具体有朱晖、朱霞、朱焰、朱明、朱崖等。

例114 四海虽逢朱焰息,一木犹思危厦支。(陈去病《题郑延平战捷图》)

"朱焰"指战火。

(五)语义指向建筑物

"朱"对建筑物的适用性强。具体有朱阑、朱陛、朱门、朱邸、朱甓、朱阙、朱楼、朱户、朱楣、朱墙等。

例115 朱门酒肉如山高,主人慷慨奴子豪。(汤鹏《离歌六章》)

例116 犬衔朱邸焚余骨,乌啄黄骢战后疮。(樊增祥《闻都门消息》)

汉代，诸侯王宅第以朱红漆门，后世贵官府第称朱门或朱邸。

（六）语义指向生活用品

"朱"对生活用品的适用性强。具体有织物（朱绂、朱缨、朱旗、朱绳、朱衣）、交通工具（朱轮、朱盖、朱鞍）、书画工具（朱印、朱丝）、其他（朱棺、朱榜、朱墩、朱签、朱弦）等。

例117 伯雍向凤兮、子玖商量起分担新闻的事。子玖说："昨晚歆仁与你怎说的？"伯雍说："他教我担任文艺部。"子玖说："正好这一部分正没个专人，得你担任，将来一定可观。"伯雍说："你们先不必说这客气话。我现在还是外行，慢慢的学习吧。"于是打开报，三人参酌，用朱笔画出格式来。（穆儒丐《北京》）

"朱"指墨水的颜色。

例118 台前特设朱墩坐，为召昭仪读奏章。（文廷式《拟古宫词》）

"朱墩"，"红茵坐墩，表示尊贵"①。

例119 黄沙赤日路迢遥，青络朱鞍带佩刀。（张謇《病马》）

"鞍"，放在马背上的坐具。

（七）语义指向食用品

"朱"对食用品的适用性较弱，具体有朱樱、朱实、朱蟹等。

例120 多难今朝复相见，黄鸡朱蟹不须哀。（康有为《四月同璧女来槟侍膳，因与联句》）

"朱"，指煮熟的螃蟹色。

例121 郁郁穿绿林，林林缀朱实。（莫友芝《宿独树寄芙衣》）

"朱"指成熟果实的颜色。

（八）语义指向抽象物

根据五行说，与南方、夏季对应的颜色。

例122 是时在朱夏，草木争蕃生。（易顺鼎《冲虚观游朱明洞天》）

"朱夏"，即夏季。上古汉语"朱"为正色，在五行说中与方位里的南方、四季的夏季相对应。类似的用法还有"朱方"，指南方。

例123 离为火为日，正位在朱方。（金天羽《上南岳登祝融峰》）

---

① 曾文斌. 文廷式诗选注［M］. 北京：中华书局，2015：365.

"朱"还常用来描写仙界的神鸟和神兽。如朱鸟、朱鸢、朱麟等。

例124 朱麟忽斗阻日驭,赤乌饥啄金轮旁。(丘逢甲《日蚀诗》)

例125 关山血泪殉君国,化为朱鸟谁招魂。(金天羽《谒张苍水墓》)

以上的分析表明,"朱"表示的红色,较之"赤",颜色更纯;较之"丹",颜色更深,最接近我们所说的"大红色"。

六、绛

绛:深红色。

绛在人体、植物、自然物、生活用品、抽象物5个语义类中有用例,其中,生活用品是相对较强的适用语义类;动物、建筑物、食用品中没有用例(见表3-10)。

表3-10 "绛"语义广义度统计表

语义指向事类		语义指向示例	适用值	语义广义度(%)
生物	人体部分	女子唇色	+1	62.50
	动物	—	—	
	植物	樱花	+1	
具体物	自然物	霞光	+1	
	建筑物	—	—	
	生活用品	织物(绛帕、绛罗襦、绛袜、绛缨、绛蘘、绛纱、绛帐、绛节);其他(绛蜡)	+2	
	食用品	—	—	
抽象物		仙界的事物	+1	

(一)语义指向人体

"绛"对人体部分的适用性弱,语料仅见用于描写女子唇色。

例126 廿四桥头好明月,绛唇亦复咀宫徵。(金天羽《端阳至矣,开箧得钟进士四图,奇趣满抱,乘醉,命笔匪云讽议,聊致轩渠》)

此诗有四章，此句出自《吹箫图》，"宫徵"指乐曲，后半句意为：乐曲从红唇间流出。

(二) 语义指向植物

"绛"对植物的适用性弱，语料仅见用于描写花色。

例127 身入画图里，漫天飞绛雪。(高旭《上野公园看樱花》)

漫天飞舞的樱花像深红色的雪花。

(三) 语义指向自然物

"绛"对自然物的适用性弱，语料仅见用于描写霞色。

例128 落日照汀州，断霞媚林表。馀影朗去帆，流姿绛归鸟。(黄燮清《由新安江至严州舟行杂诗》)

诗人舟行所见，落日余霞映在江心洲和江边树林上，在水天间翱翔的归鸟也被染成了深红色。

(四) 语义指向生活用品

"绛"对生活用品的适用性一般，具体有织物（绛帕、绛罗襦、绛袜、绛缨、绛蘘、绛纱、绛帐、绛节）、其他（绛蜡）。

例129 前导青罗伞，后引绛节幢。(黄遵宪《番客篇》)

描写的是新加坡华人婚礼迎亲场面。迎亲队伍前面举着青罗伞，后面跟着深红色的旗帜仪仗。

例130 绛蜡高烧照别离，乌衣换毕出门时。(黄遵宪《日本杂事诗》)

日本人婚礼，诗人自注："大家嫁女，更衣十三。色先白，最后黑，黑衣毕，则登舆矣。母为结束，蕊五彩缕于髻。满堂燃烛，兼设庭燎，盖送死之礼，表不再归也。"①"绛蜡"表深红色的蜡烛。

(五) 语义指向抽象物

"绛"对抽象物的适用性一般，游仙诗中"绛"常用来描写仙界的自然物和仪仗。

例131 绛云宫阙集冠裳，扫荡群魔别有方。(张鸿《游仙诗》)

"绛云"指仙界深红色的云，而非现实世界的云。

例132 神仙绛节排云闼，虎齿戴胜骖鸾凤。(金天羽《登仙谣》)

---

① 黄遵宪. 黄遵宪集：上卷 [M]. 天津：天津人民出版社，2003：41.

诗人想象，神仙背后列队举着深红色的仪仗旗帜，头戴华贵头饰的西王母乘坐着鸾凤牵引的车子。

以上分析表明，"绛"适用范围较局限，表示的红色，纯度高，没有其他杂色，深度较之"朱"更深。

七、赭

赭：黄褐色或红褐色。

赭在人体、植物、自然物、生活用品四个语义类中有用例，在动物、食用品、建筑物、抽象物中没有用例（见表3-11）。

表3-11 "赭"语义广义度统计表

语义指向事类		语义指向示例	适用值	语义广义度（%）
生物	人体部分	面部肤色	+1	50.00
	动物	—	—	
	植物	花	+1	
具体物	自然物	霞色、土色、岩壁色	+1	
	建筑物	—	—	
	生活用品	服饰（赭衣、赭袍）	+2	
	食用品	—	—	
抽象物		—	—	

（一）语义指向人体

"赭"描写人体，限于面部。

例133 聂将军，名高天下闻。虬髯虎眉面色赭，河朔将帅无人不爱君。（黄遵宪《聂将军歌》）

"赭"用来描写聂士成将军那晒得黑红的脸色。将军脸晒得像红土一样，两道剑眉，脸上长着蜷曲的胡须，黄河以北地区的将帅没有一个不爱戴他的。

（二）语义指向植物

"赭"描写植物，限于花色。

例 134 松柏冬还比宋青，桃花春不关秦赭。（易顺鼎《喜晤樊山即题其游苏门诗后》）

（三）语义指向自然物

"赭"描写自然物，限于霞色、土色、岩壁色。

例 135 仰观压人头，怪壁剥丹赭。（朱铭盘《游蓬莱阁下石洞作》）

例 136 瘦松立旷野，赭花媚斜阳。旁有磊磊石，落衣染微黄。（张鸿《晚过小三台》）

"赭花"指被夕阳染成红黄色的花。

（四）语义指向生活用品

"赭"描写生活用品，限于服饰，多有特殊意义。如"赭衣"指囚犯的服饰，常指代罪犯；"赭袍"指皇帝所穿的赤黄常服，常指代天子。

例 137 赭衣元夔意难平，但祝啼鸟似有情。（孙景贤《客有道秋舫故妓事者感叹赋成四律》）

例 138 只怪常山赵延寿，赭袍龙凤向中原。（王国维《读史二绝句》）

"赭袍"，即赭黄袍。《汉语大词典》引《新唐书·车服志》注："至唐高祖，以赭黄袍、巾带为常服……既而天子袍衫稍用赤黄，遂禁臣民服。"[1]

以上分析表明"赭"表示的红色纯度低，杂黄或褐色。适用范围有限，常有固定适用对象。

八、赪

赪，红色。适用于人体、自然物、生活用品。在植物、动物、建筑物、食用品和抽象物中均没有用例（见表3-12）。

---

[1] 罗竹风. 汉语大词典：第9册 [M]. 上海：汉语大词典出版社，2003：1183.

表 3-12 "赪"语义广义度统计

语义指向事类		语义指向示例	适用值	语义广义度（%）
生物	人体部分	血、脸部肤色	+1	37.50
	动物	—	—	
	植物	—	—	
具体物	自然物	朝阳或火光	+1	
	建筑物	—	—	
	生活用品	盘子	+1	
	食用品	—	—	
抽象物		—	—	

（一）语义指向人体

"赪"对人体类词语的适用性弱，主要用于描写血色和脸色。

例 139 红炉赪素面，醉把貂裘缓。（王国维《菩萨蛮》）

烧得很旺的火炉使人感到温暖，白皙的面庞因此变红。

例 140 死卒堆驿堂，流血苔根赪。（姚燮《冒雨行》）

战争过后，血流成河，青苔的根都被染红了。

例 141 将军平日叱咤雷车殷，两臂发石无虑千百斤。此时面目灰死纹，赪如中酒颜熏熏。（金和《兰陵女儿行》）

将军的一名手下强行给兰陵一位女子留下聘礼，以女子家人性命胁迫女子嫁给将军。在婚礼现场，女子手持宝剑把将军挟为人质，质问他是否是受他人指使所为。当下，将军因惊吓而面如死灰，又因羞愧如醉酒，脸色通红。

（二）语义指向自然物

"赪"用于描写自然物色时，多指朝阳或火光使某物变红。

例 142 残灯对坐话潇晦，信宿望断晴窗赪。（陈宝琛《幼点风雨中，挐舟枉存，见和前作，并示去夏，寄太夷词再叠以答》）

诗人整夜未眠，眼看着天亮了，窗户被朝霞染红了。

例 143 红云楼阁天为赪，火凤四集张翅翎。（金天羽《七月十六夜弥

罗实阁灾》）

大火使黑夜变红了。

（三）语义指向生活用品

"赪"用于描写生活用品的用例，仅限于盘子。

例144 一酋捧赪盘，干腊秘以醅。（朱琦《癸卯九月朔日，集万柳堂，宴姚石甫丈，席间闲话台湾事，慨然有作》）

"赪盘"，红色的盘子。

以上分析表明，"赪"使用范围窄，适用于人体、自然物和生活用品，其中，表示脸色变红，多是指因温暖、醉酒或羞愧等原因而脸变红。

九、缇

缇，橘红色。适用范围单一，只适用于服饰类。

例145 缇骑苍黄捕，何殊戊戌秋。（康有为《闻宋芝栋侍御在陕被逮，为之惊感，闻得官救，改令看管，始放怀》）

"缇骑"，逮治犯人的禁卫吏役的通称。秦时掌京师治安、皇帝出巡之驾先导戒备的卫队，是穿着橘红色服装的骑兵，故称。后代相沿。《说文》："缇，帛丹黄色"。

"缇"表示的红色，纯度低，混有黄色，接近现今所说的橘红色。

十、绀

绀，青红色。适用于人体、自然物、生活用品和抽象物。在植物、动物、建筑物和食用品中没有用例。语义广义度为50.00%（见表3-13）。

表3-13 "绀"语义广义度统计

语义指向事类		语义指向示例	适用值	语义广义度（%）
生物	人体部分	头发	+1	50.00
	动物	—	—	
	植物	—	—	

续表

语义指向事类		语义指向示例	适用值	语义广义度（%）
具体物	自然物	矿物质	+1	50.00
	建筑物	—	—	
	生活用品	服饰	+1	
	食用品	—	—	
抽象物		神话中神鸟羽毛的颜色	+1	

（一）语义指向人体

"绀"描写人体，限于发色。

例 146 绿雾缯云海外山，青瞳绀发古时颜。（许瑶光《阿芙蓉咏》）

"绿雾缯云海外山"指英国，"青瞳绀发古时颜"指英国人的相貌。"绀发"指英国人头发深青带红的颜色。

（二）语义指向自然物

"绀"描写自然物，限于矿物质。

例 147 风荡轻烟热拂面，澜漪皱动成丹紫。浅黄深碧绀琉璃，微波五色生妙理。（康有为《黄石园歌》）

"浅黄""深碧""绀"都是描写黄石公园地热泉因矿物质沉积而呈现的颜色。

（三）语义指向生活用品

"绀"描写生活用品，限于服饰。

例 148 背后红丝绦，交辫成文章。新制绀绫袿，衣补亦宝装。（黄遵宪《番客篇》）

新加坡华侨婚礼上，新郎用红丝线和头发相杂编成辫子，拖在背后。穿着新作的绀色的绫绸马褂。

（四）语义指向抽象物

"绀"描写神话中神鸟羽毛的颜色。

例 149 南有赤翅鸟，嘴赤翼绀啄大鱼。（袁昶《地震诗》）

"赤翅鸟"是神话中的神鸟，鸟喙是赤色，翅膀是绀色的。

以上分析表明，"绀"使用范围较窄，主要用于描写西方人头发、矿物质、服饰和神鸟翅膀等事物的颜色。"绀"表示的红色，纯度不高，混有深青色。

十一、殷

殷，红黑色。适用范围窄，适用于人体类、植物类和生活用品类。在动物类、建筑物、自然物、食物类和抽象物类没有用例。语义广义度为 37.50%（见表 3-14）。

表 3-14 "殷"语义广义度统计表

语义指向事类		语义指向示例	适用值	语义广义度（%）
生物	人体部分	血	+1	37.50
	动物	—	—	
	植物	枫叶	+1	
具体物	自然物	—	—	
	建筑物	—	—	
	生活用品	服饰	+1	
	食用品	—	—	
抽象物		—	—	

（一）语义指向人体

"殷"语义指向人体，限于血色。

例 150　至人更卓绝，古井浩无澜。中夜搏嗜欲，甲裳朱且殷。（王国维《偶成二首》）

"至人更是超凡脱俗，他的心如枯井般深静无波。中夜时跟自己的嗜欲相搏斗，仿佛鲜血染满了战袍。"[①]"朱""殷"皆指血色，"殷"色深于"朱"。

（二）语义指向植物

"殷"语义指向植物，限于颜色较深的红叶。

---

① 王国维. 王国维诗词笺注 [M]. 陈永正, 笺注. 上海：上海古籍出版社，2013：60.

例 151 一曲悲歌动鬼神，殷殷霜叶照黄昏。（梁启超《秋风断藤曲》）

"殷殷"指深秋的霜叶，深红近黑的颜色。

（三）语义指向生活用品

"殷"语义指向生活用品的，限于服饰。

例 152 芙蓉当粉靓，茜草为裙殷。（张謇《玉山女》）

以上分析表明，"殷"适用范围窄，多用来描写血色、枫叶色和服饰色。"殷"表示的红色像凝固的血迹色，混有黑色。

十二、酡

酡，脸色红。适用范围较单一，主要适用于人脸色，偶见用于描写自然物的例子。在动物、植物、建筑物、生活用品、食用品和抽象物等语义类里没有用例。

"酡"描写脸色因不同情绪而浮现的红色。

例 153 左右百辈战色酡，生出门笑笑且呵。（金和《断指生歌》）

"战色"，敬畏的神色。这首诗记录了滁州一位儒生，不畏权贵，拒为其题字，在大堂之上自断手指以明志。左右立者皆惊而畏，脸色变红。

例 154 相逢笑我醉颜酡，大酺狂谈意若何。（柳亚子《寄铁厓海上》）

脸因醉酒而红。

例 155 春风吹绿红梨波，相逢一笑双颜酡。（柳亚子《红梨赠谭天风丈，即题其所著〈亨弧庐诗稿〉》）

老友相逢，脸因心情愉悦而红。

例 156 中有一枝难触手，文忠遗谥我颜酡。（文廷式《立春杂咏》）

脸因羞愧而红。

语料中"酡"用于自然物的语料仅 1 例。

例 157 从此楼船横海地，寒潮呜咽夕阳酡。（柳亚子《酒后有作，用联句第一首韵》）

"酡"描写海上落日的颜色。

以上分析表明，"酡"在清末、民国适用范围较单一，多用来表示脸因各种情绪而呈现出的红色。

十三、绯

绯，红色。

例158 曲江谪去绯衣代，流梯蔽水方蒸蒸。（陈宝琛《答丹曾叠韵见赠》）

"绯衣"，古代官员的朝服。

"绯"在清末、民国时期使用范围较窄，多用来描写官服色。

十四、赧

赧，脸色因羞愧而变红。"赧"适用范围单一，适用于人脸色。其他七类语义类中没有用例。

例159 囹圄寂寞空回首，泉路交游不赧颜。（仇亮《绝命诗》）

"囹圄"，指监狱。1914年，袁世凯称帝野心昭显，激起全国人民声讨，仇亮在筹划革命期间，被袁世凯侦知，不幸被捕。就义前写下绝命诗明志：在监狱里回顾自己短暂的一生，为自己所做的事业感到骄傲，无愧于心，纵然失去了生命，在黄泉路上，也没有什么事情会让自己因羞愧而脸红。

十五、棕

棕，同椶，像棕丝一样的颜色。棕丝指棕榈树叶鞘的纤维，红褐色[①]。"棕"的适用范围单一，用来描写花色。其他七类词语没有用例。

例160 红黑棕黄次第新，梨花最晚饯残春。（夏曾佑《无题二十六首选十》）

例161 红棕两种暗无色，更无寸土根难植。（高旭《舒氏斋头赏菊歌》）

[①] 罗竹凤. 汉语大词典：第4册 [M]. 上海：汉语大词典出版社, 2003: 1130, 1189.

第二节　语用颜色词语和词汇语用表达

一、语用颜色词语

（一）血

血的原型语义是人或动物体内循环的红色液体。《汉语大词典》"血"词目下第四个义项是"血红色"。

例162　香楠血柏无穷妍，以翔以集惟所便。（汤鹏《孤凤篇》）

血柏，一种树干呈血红色的柏树。

"血"还有一个变体，"血丝胡拉"。

例163　小大姐，才十八，满脸的锯子大疤拉，桃儿粉，任意儿搽，胭脂抹的血丝胡拉，梳着一个苏州纂儿，鬓角儿斜插一枝花，金莲多么大，横量二寸八。（［意］威达雷《北京儿歌》）

（二）茜（蒨）

"蒨"同"茜"，原型语义是一种可作红色染料的植物。《汉语大词典》"茜"词条下第二个义项是"绛红色"。

例164　玉镜遮开秋水明，茜纱窗启晓光迎。（黄遵宪《新嫁娘诗》）

"茜纱窗"，绛红色的纱窗。

例165　地隔衬蒨白，水纹铺流黄。（黄遵宪《番客篇》）

"《尔雅》：'茹芦茅蒐。'郭注：'今有倩也，可以染绛。'《说文》：'茅蒐茹芦，人血所生，可以染绛。'案：地隔衬蒨白，谓以花砖铺地，红白相间也。"[1]

（三）粉红

粉的原型语义是白色粉末。《汉语大词典》"粉"词条下的第六个义项是"白色的；带白色的；粉红色的"。我们的语料中"粉"表示白色的语料有92条，表示粉红色的语料15条。

例166　别人要说玫瑰是红的最香，她非说白的香得要命不可；至不

---

[1]　黄遵宪.人境庐诗草［M］.钱钟联，笺注.北京：中国青年出版社，2000：465.

济也是粉玫瑰顶香；其实她早知道粉玫瑰不如红的香。(老舍《二马》)

上例上下文中有白玫瑰，可以判断"粉玫瑰"的"粉"不是白色，而是粉红色。

例167 公园对面的旅馆全开着窗子，支着白地粉条，或是绿条的帘子，帘子底下有的坐着露着胳臂的姑娘，端着茶碗，赏玩着公园的晚景。(老舍《二马》)

如果"粉"是白色，"白地粉条"就是混白一片，没有意义，因此可以判断此处的"粉"指粉红色。

"粉$_红$"还基于粉红色产生了一个言语意义，表示与情色有关的。

例168 最使他们失败的是点少了"粉戏"。日本上司希望看淫荡的东西，而他们没能照样的供给。好多的粉戏已经禁演了二三十年，他们连戏名都说不上来，也不晓得哪个角色会演。(老舍《四世同堂》)

二、词汇语用表达

(一) 桃 (花)

桃树的花，在具体语境里可表示像桃花一样的颜色。

例169 桃腮檀口坐吹笙，春水难量旧恨盈。(苏曼殊《本事 (民国前二年) 》)

"桃腮"指女子脸颊的颜色像桃花一样白里透红。

例170 红熟桃花饭，黄封椰酒浆。(黄遵宪《新加坡杂诗十二首》)

钱仲联引《物类相感志》："桃花饭，做饭了，以梅红纸盛之，湿后去纸和匀，则红白相间。"①

(二) 火

物质燃烧时所发出的光和焰，在具体语境里可表示火光一样的颜色。常用来描写灯光、皮肤和花的颜色。

例171 火树银花向夕惊，途歌同庆自由生。(汪荣宝《法兰西革除日》)

"火树"，火红的树，指树上挂满彩灯；"银花"，银白色的花，指灯

---

① 黄遵宪. 人境庐诗草 [M]. 钱钟联，笺注. 北京：中国青年出版社，2000：452-453.

光雪亮。形容张灯结彩或大放焰火的灿烂夜景。

例172 富人们乘着火艳榴花，茧黄小蝶，增了几分雅趣。(老舍《老张的哲学》)

"火艳榴花"，即红艳的石榴花。

(三) 樱（含桃）

含桃，樱桃的别称①，一种红色的果实。在具体语境里可表示像樱桃一样的颜色。

例173 云华半弹樱唇启，正是新莺初啭时。(康有为《冶秋词》)

"樱唇"，指女子嘴唇像樱桃一样，小而红润。

例174 含桃颜色飞蓬首，毁容暗乞慈恩救。(孙景贤《宁寿宫词》)

"含桃"，用来描写脸色像樱桃一样红。

(四) 石榴

石榴树的花，色红。在具体语境里可表示像石榴花一样的颜色。

例175 赠尔多情诗一卷，他上重检石榴裙。(苏曼殊《本事（民国前二年）》)

"石榴裙"，指像石榴花一样红的裙子。

(五) 酒糟

酿酒后的剩余残渣，色红。在具体语境里可表示像酒糟一样的颜色。

例176 赵华臣有四十来岁，高身量白胖子，黄胡子，两支大近视眼，老戴着镜子，鲜红的一个酒糟儿鼻子。(蔡友梅《小额》)

"酒糟鼻"，也叫酒渣鼻，"慢性皮肤病，病因不明，鼻子尖出现鲜红色斑点，逐渐变成暗红色，鼻部结缔组织增长，皮脂腺扩大，成小硬结，能挤出皮脂分泌物。一种主要发生于面部中央的红斑和毛细血管扩张的慢性炎症性皮肤病"②。酒糟在这里既指病变皮肤的颜色，也指状态。

(六) 鹤红

一种白色羽毛，头上有红斑的鸟，在具体语境里可表示红色。

---

① 罗竹风. 汉语大词典：第3册 [M]. 上海：汉语大词典出版社，1991：227.
② 中国社会科学院语言研究所词典编辑室. 现代汉语词典：第7版 [M]. 北京：商务印书馆，2016：699.

例177 翠翎鹤顶城头堕，一将仓皇马革裹。(丘逢甲《海军衙门歌同温慕柳同年作》)

"鹤顶"，清朝大官的红色顶戴，颜色用以区别官员等级。

(七) 珊瑚

珊瑚虫的骨骼聚集物，色红。在具体语境里可表示像珊瑚一样的颜色。

例178 珠眉珊瑚舌，端拱俨列帝。(徐子苓《释迦寺》)

"珊瑚舌"，指佛像的舌头像珊瑚一样红。

例179 珊瑚颜色碎石街，入山数里净始揩。(陈衍《由星村桥冒雨入山至福井岩》)

雨中入山碎石小路的颜色像珊瑚一样。

(八) 檀

一种红色的木材，在具体语境里可表示像檀木一样的颜色。

例180 桃腮檀口坐吹笙，春水难量旧恨盈。(苏曼殊《本事（民国前二年）》)

"檀口"指女子嘴唇的颜色像檀木一样红艳。"檀口，红艳的嘴唇。多形容女性嘴唇之美。"①

(九) 枣

一种红色的果实，在具体语境里可表示像红枣一样的颜色。

例181 不如杜门且高卧，待取南窗五丈之枣朝阳烘。(刘光第《白雪吟》)

"枣"，描写朝阳像枣一样的红。

(十) 红蕖

红蕖，荷花的别称，在具体语境里可表示像荷花一样的颜色。

例182 不着红蕖袜，先夸白足霜。(黄遵宪《新加坡杂诗十二首》)

杜甫诗："罗袜红蕖艳"，指像红荷花一样的颜色。

(十一) 鳌

神话中大海里能负山的大鳌或大龟，两睛红赤，在具体语境里可表示

---

① 罗竹凤．汉语大词典：第4册 [M]．上海：汉语大词典出版社，1991：1347．

像鳌眼一样的颜色。

例 183 未甘华发老风尘,鳌眼波红更问津。(文廷式《长崎小泊》)

"鳌眼",红色的眼睛。当时作者正患眼疾,故称鳌眼。曾文斌引诗人的《东游日记》注:"辰刻开船,水色自黄而青而黑,舟行安稳。余左目红肿,避风不能登篷顶眺望。亦一苦也。"①

第三节 范畴成员综合分析

一、范畴原型的确立

前文提出,颜色范畴的原型应该同时具备六个条件:①单语素词;②表示的颜色单纯,无混色;③原型语义表颜色,并具有与颜色义相关的非原型语义;④使用频率高;⑤适用范围广;⑥能产性高。这里的能产特指构成其他颜色词语的能力。

赤、赭、缇、殷、棕等表混有其他颜色的红色,违背条件②;赪、绀、酡、绯等无非原型语义的颜色词违背条件③;血、火、枣等原型语义不表颜色,违背条件③。

经过前三条标准的筛选,剩下"红""丹"两个颜色词。"红"和"丹"都是单语素颜色词,表示的颜色都没有其他混色,且都具有与颜色义相关的非原型语义。这时就需要参考二者的使用频率和适用范围。

"红""丹"原型语义都是颜色义,颜色义显著度分别是 91.27% 和 85.43%。从使用频率看,"红"表示颜色的语料共 2 028 条,"丹"表示颜色的语料共 129 条。"红"的使用频率远大于"丹"(见表 3-15)。

表 3-15 "红""丹"颜色义使用频率和语义显著度对比

	总使用频次	颜色义使用频次	颜色义显著度(%)
红	2 222	2 028	91.27
丹	151	129	85.43

---

① 曾文斌. 文廷式诗选注[M]. 北京:中华书局,2015:237.

从适用范围看，虽然二者适用范围都较广，但"红"适用强度总值略高于"丹"。这说明"红"和"丹"的语义均可指向8个义类，但是"红"可指向的事类与物类总数大于"丹"（见表3-16）。

表3-16 "红""丹"颜色义适用范围对比

颜色词	适用对象								适用强度总值
	生物			具体物				抽象物	
	人体	动物	植物	自然现象	建筑物	生活器具	食品		
红	+1	+1	+3	+2	+2	+3	+1	+1	14
丹	+1	+1	+1	+3	+3	+1	+1	+1	12

结合使用频率和适用范围，"红""丹"二者中，"红"使用频率最高，适用范围最广，且符合"有一定的构词能力"的标准，确定为红范畴的原型。

二、语义综合分析

（一）原型语义综合分析

"红范畴"语义颜色词按所表示的具体颜色可分为两大类。

第一类，表示的颜色单纯，只有深浅明暗的区别，没有混合其他范畴的颜色，我们称之为纯色类。这类颜色词语有红、丹、朱、绛、绯、赪、酡、赧。

第二类，表示混合了其他颜色的红色，我们称之为混色类。这类颜色词语有赤、赭、缇、绀、棕、殷。

1. 纯色类

红范畴纯色类颜色词表示的红色只有深浅明暗的差别，没有混合其他颜色。其中，"赪""酡""赧"都能表示"脸部因某种原因而变红"，归为一类；余下的"红""丹""朱""绛""绯"归为一类。"赪""酡""赧"的区别在于适用范围和脸红的原因（见表3-17）。

表 3-17　"赪""酡""赧"语义对比

颜色词	适用对象			脸红的原因				
	人体	具体物		醉酒	惊吓	喜悦	羞愧	温暖
	脸	自然物	生活用品					
赪	+	+	+	—	—	—	—	+
酡	+	+	—	+	+	+	+	—
赧	+	—	—	—	—	—	+	—

"赪""酡""赧"三者，适用范围最窄的是"赧"，只描写脸色变红。其次是"酡"，"酡"除了用于描写脸色，还可以描写天象，如"夕阳酡"。"赪"适用范围最广，除了描写脸色和天象，还可以描写生活用品，如"天为赪""赪盘"。

从脸红的原因看，"赧"特指因羞愧而脸红；"酡"本来专指因醉酒而脸红，但在清末、民国诗歌里，"酡"适用范围扩大，泛指因各种情绪导致的脸红。

"丹""朱""绛""绯"的区别体现在两方面：第一，表示的红色各有侧重。"丹"指颜色较浅但是鲜艳的红色，如丹顶鹤、丹荔枝；"朱"的颜色较之"丹"更深，如朱印、朱门；"绛"的颜色最深，如绛纱、绛帐。第二，适用范围和对象不尽相同。适用范围由宽到窄依次是：丹＞朱＞绛＞绯。具体而言，"丹"的强适用语义类是自然物和建筑物；"朱"的强适用语义类是建筑物和生活用品类；"绛"相对较强的适用语义类是生活用品类；"绯"仅限适用于生活用品类（见表3-18）。

表 3-18　"红""丹""朱""绛""绯"适用范围对比

颜色词	适用对象								适用强度总值
	生物			具体物				抽象物	
	人体	动物	植物	自然物	建筑物	生活用品	食用品		
红	+1	+1	+3	+2	+2	+3	+1	+1	14
丹	+1	+1	+1	+3	+3	+1	+1	+1	12

续表

颜色词	适用对象								适用强度总值
	生物			具体物				抽象物	
	人体	动物	植物	自然物	建筑物	生活用品	食用品		
朱	+1	+1	+1	+2	+3	+3	+1	+1	13
绛	+1	—	+1	+1	—	+2	—	+1	6
绯	—	—	—	—	—	+1	—	—	1

"红""丹""朱"对建筑物的适用性都较强。但是在诗歌中各有侧重,"朱"侧重王公贵族或富贵人家的建筑,如朱门、朱邸、朱户、朱阙等,个别时候可以指皇家建筑;而"丹"则侧重皇家建筑,如丹宸、丹阙、丹墀、丹宫、丹陛、丹廷等;"红"侧重建筑的华美和居住者的性别,如红楼、红桥、红闺等。

"红""丹""朱"都适用于描写人的脸色。共性是都可以表达红润、年轻的脸庞。"红颜"和"朱颜"还可以表示女子美丽的容貌,"丹颜"无此义,"丹颜"侧重指人健康红润的气色。

"红颜"和"朱颜"的区别主要体现在性别指向和使用语境上。性别指向上,"红颜"和"朱颜"都既可以指向男性又可以指向女性。但是"红颜"明显偏重指向女性;"朱颜"明显偏重男性。清末、民国汉语古典诗歌颜色词语料中,含"朱颜"的语料有42条,语义指向女性的只有4条;指向年轻男性的有38条,占90.48%;含"红颜"语料46条,语义指向男性的有8条,仅占17.40%。

使用语境上,"朱颜"语义指向男性的语料,语境多是"感叹老之将至,青春不复"。或与"老"相对,或与"损""凋""换"共现表示青春不再。与此相对的是,"红颜"语义指向男性时,多是描写意气风发的年轻人。

2. 混色类

红范畴混色类颜色词有"赤""赭""缇""绀""棕""殷"。这类颜色词的共性是以红色为主,混合了其他范畴的颜色。红色混合了黄色的有"赤""缇";红色混合了褐色的有"赭""棕";红色混合了青色的有

"绀"；红色混合了黑色的有"殷"。

（二）非原型语义综合分析

红范畴语义颜色词里红、紫、赤、丹、粉$_\text{红}$具有以颜色义为基础的非原型语义。将这些非原型语义放在一起看，可以发现清末、民国时期人们对红范畴整体认知的一些特点。

第一，"真诚、忠诚"义是红范畴最显著的非原型语义。语料显示"真诚、忠诚"义是红范畴非原型语义中出现频率最高的一个，"红""赤""丹"均可以表示这个意思，文言语料和白话语料均有用例。这说明清末、民国时人们对红范畴的整体认知里这个非原型语义的显著度最高。

第二，非原型语义在白话、文言语料分布不平衡。一些义项只出现在白话语料里，另一些义项只出现在文言语料里。例如，"赢"（红）；"好处、利益"（红）；"受欢迎"（红）；"情爱"（粉$_\text{红}$）义只出现在白话语料里，"年轻、美丽的女性"（红）；"非正道"（紫）只出现在文言语料里。

三、语用颜色词和词汇语用表达的原型类别

红范畴语用颜色词和词汇语用表达的原型可分为 6 类，分别是植物、自然物、食物、动物、生活用品和人体，其中植物类最多，自然物、食物、动物次之，生活用品和人体最少（见表 3-19）。

表 3-19　红范畴语用颜色词和词汇语用表达的原型分类

类别	名物
植物	茜、桃花、樱桃、石榴、檀、枣、藕荷、红菓、橘、高粱、玫瑰
自然物	火、铜
食物	酒糟、猪肝、豆砂
动物	鹤、珊瑚、鳌
生活用品	粉$_\text{红}$
人体	血

第四章 蓝绿范畴颜色词语描写与分析

第一节 语义颜色词语

一、青_{蓝绿}

青_{蓝绿}为蓝绿范畴原型，共有三个义项，其中颜色义占比最高，语义指向范围最广，是原型语义（见表4-1）。

表4-1 "青_{蓝绿}"原型语义和非原型语义显著度、广义度对比

青_{蓝绿}		语义显著度		语义广义度						
				生物			具体物			
		使用频率	占总数的比率（%）	人体部分	动物	植物	自然物	建筑物	生活用品	食用品	抽象物
原型语义	指从浅绿到深蓝间的任何一种颜色	1040	89.19	+1	+1	+3	+3	+1	+3	+1	+2
非原型语义	表面或显著特征是青色的事物	84	7.2	—	—	+1	+1	—	+1	—	—
	（人）年轻的	42	3.61	+1	—	—	—	—	—	—	—

（一）原型语义

"青_{蓝绿}"可以指从浅绿到深蓝的任何一种颜色，适用范围非常广泛，覆盖了颜色词可适用的所有义类，广义度为100%，其中植物类、自然物类和生活用品类是"青_{蓝绿}"的强适用语义类（见表4-2）。

表 4-2 "青$_{蓝绿}$"原型语义广义度

语义指向事类		语义指向示例	适用值	语义广义度（%）
生物	人体部分	眼（西方人的瞳孔、病变后的眼睛）、中毒后面部皮肤	+1	100
	动物	青蛙、青鲨、青蝇	+1	
	植物	树（松、柏、柳、槐、榆……）、稻、竹、麦、薜、芦、芜、蒲、藤、荷叶……	+3	
具体物	自然物	山（山、峰、崖）、矿物（磷、铜、玉）、水（溪、流、湖）、天、光、烟、焰	+3	
	建筑物	青楼、青琐、青门	+1	
	生活用品	服饰（衫、袍、鞋、绢裳、笠、帻）、丝织品（纱、丝、毡）、旗（旗、幡）、刀具（锋）、交通工具（篷）	+3	
	食用品	野菜青、青李、青梅	+1	
抽象物		五行说东方对应的颜色、青阳、青春、青咒、青鸟、青龙、青女	+2	

1. 语义指向人体

"青$_{蓝绿}$"颜色义对人体类词语的适用性弱，具体有眼（西方人的瞳孔、病变后的眼睛）、中毒后面部皮肤。

例1 绿雾缯云海外山，青瞳绀发古时颜。（许瑶光《阿芙蓉咏》）

这句诗是诗人想象英国的地理环境，描写英国人的容貌。汉民族的"青瞳"或"青眼"指黑色眼仁，这里"青瞳"指的是英国人的瞳孔，故此处"青$_{蓝绿}$"，指介于蓝色和绿色之间的颜色。

例2 张籍青盲吾衍眇，玉川涕下石遗笑。（陈衍《月蚀诗》）

"青盲"即青光眼，症状是"瞳孔放大，角膜水肿，呈灰绿色……也叫绿内障"①。此处"青$_{蓝绿}$"指灰绿色。

---

① 罗竹风.汉语大词典：第11册 [M].上海：汉语大词典出版社，2003：521.

例3 一男中酖死，口鼻皆青红。一男毒较轻，白刃洞在胸。（金和《烈女行纪黄婉梨事》）

"青_{蓝绿}"，指中毒身亡后，面部皮肤呈现的颜色。

2. 语义指向动物

"青_{蓝绿}"颜色义对动物的适用性弱，具体有青蛙、青鲨、青蝇。

例4 春老山原尽插秧，青蛙阁阁满池塘。（赵熙《蛙》）

"青_{蓝绿}"，描写蛙色。

例5 自笑惊弓如野鸟，生憎逐臭是青蝇。（陈子范《有感三章》）

"青蝇"，指青铜色的飞蝇，又叫"绿头苍蝇"。颜色较深，油亮。

3. 语义指向植物

"青_{蓝绿}"颜色义对植物的适用性强，具体有树（松、柏、柳、槐、榆……）、稻、竹、麦、薛、芦、芄、蒲、藤、荷叶……

例6 早已熟的黄稻子和没熟的青稻子和路边儿上长的草木茂盛相交的就像铺开布帐似的，人马来往的是好像蚂蚁赶集的一样了。（[韩] 柳廷烈《修正读习汉语指南》）

"青_{蓝绿}"，描写还没成熟的稻子色。

例7 老树刺天青自直，空潭留日绿还沉。（林旭《礼莲池大师塔》）

"青_{蓝绿}"，描写参天古木的层叠繁茂的树冠，指深绿色。

"青_{蓝绿}"还可以用来表示植物变绿。

例8 空山一鹤断霜翎，北塞春来草未青。（黄节《为胡夔文题戴鹰阿山水画册十二首》）

塞外的春天虽然来了，但是草还没有变绿。

4. 语义指向自然物

"青_{蓝绿}"颜色义对自然物的适用性强。具体有山（山、峰、崖）、矿物（磷、铜、玉）、水（溪、流、湖）、天、光、烟、焰。

例9 天青土黄。（[法] 微席叶《北京官话初阶》）

"青_{蓝绿}"，指天空的蓝色。

例10 秋笳吹落关山月，驿路青磷照红雪。（梁启超《秋风断藤曲》）

人和动物尸体腐烂时，会分解出磷化氢，常在夜间田野中自燃，发生蓝绿色的光焰，古称"青燐"。

例 11　今日见丰湖，万顷青琉璃。(黄遵宪《游丰湖》)

平静清透的湖面像一块巨大的绿色琉璃。

5. 语义指向建筑物

"青_{蓝绿}"颜色义对建筑物的适用弱，具体有青楼、青琐、青门。

例 12　堂信说："……唯独他们行院楼房，永久只许油深蓝色，所为人家一望而知，不然怎么管娼寮叫青楼呢？"满生一听，说："原来对门是一家乐户，但不知他们有几个粉头？"(湛引铭《细侯》)

"青楼"，妓院。青，深蓝色。

例 13　老郎白首思青琐，鹓鹜蓬莱象宛然。(沈增植《雪霁石台晓望》)

钱仲联引《汉书·元后列传》注"青琐"："赤墀青琐。孟康曰：'以青画户边镂中，天子制也'。颜师古注：'青琐者，刻为连环文而青涂之也'。"① "青琐"原指汉代装饰皇宫窗户的青色连环花纹，后借指宫廷，如："一卧沧江惊岁晚，几回青琐点朝班。"(杜甫《秋兴八首》)

6. 语义指向生活用品

"青_{蓝绿}"颜色义对生活用品的适用性强，具体有服饰（衫、袍、鞋、绢裳、笠、帻、缎、洋绉）、织物（纱、丝、毡）、旗（旗、幡）、刀具（锋）、交通工具（篷）。

例 14　阿侬新病长卿渴，为买林檎蔗杆青。(许瑶光《阿芙蓉咏》)

"蔗杆"，吸食鸦片的工具，用竹子做成，色青。

文言语料中，"青_{蓝绿}"色服装多指学子、寒士、身份低者所穿的服饰。如青袍、青衫、青衣。

例 15　梦中惊入文场队，官烛青袍记似无。(康有为《八股废矣，寓槟屿督署，有印度卫兵廿人守护，朝夕传呼，惊入晓梦，犹似童子试八股场闻鼓角时也。结习未尽，患难犹如此，人之所遇所学，积久成因，亦可推矣》)

清末废除八股科举后，康有为梦到自己参加童试时的场景。当时所穿的服饰为"青袍"。

---

① 沈增植. 沈曾植集校注：上 [M]. 钱仲联，校注. 北京：中华书局，2001：205.

例 16　鬼官不解民所语，旁有青衣相尔汝。(姚燮《太守门》)

鸦片战争后，英军占领了宁波。在衙门里设置办公地。"青衣"在这里指为英军效力的汉奸翻译。

白话语料显示，"青_{蓝绿}色服装"是清末男性的日常服饰色，没有特别的身份象征。

例 17　伊老者穿一件青洋绉大衫儿，套一件蓝裕纱坎肩儿，青洋绉套裤，青缎子双脸儿鞋，拿一把黑面金字的扇子。(蔡友梅《小额》)

7. 语义指向食用品

"青_{蓝绿}"颜色义对食用品的适用性弱，具体有野菜青、青李、青梅。

例 18　青李黄甘烂熳堆，蒲桃浓绿泼新醅。怪他一白清如许，水亦轮回变化来。(黄遵宪《海行杂感》)

诗题后诗人自注："正月十八日，由横滨展轮往美利坚，二月十二日到。舟中无事，拉杂成此。""食果皆购自欧、美二洲，储锡罐，封固，出之若新摘者。水皆用蒸汽，一经变化，无复海咸矣。"① "青李"，指水果罐头中李子的颜色。

8. 语义指向抽象物

"青_{蓝绿}"的颜色义对抽象物的适用性一般，具体有青阳、青春、青兕、青鸟、青龙、青女。

根据五行说，季节春、方位东对应的颜色是"青"。

例 19　青春弄鹦鹉，素秋纵鹰鹍。(王国维《咏史》)

"青春"，指春天。"素秋"，指秋天。秋于五行中属金，其色白，故称。

例 20　不劳青鸟传消息，早有灵犀一点通。(梁启超《辛亥二月二十四日偕荷广及女儿令娴乘笠户丸游台湾二十八日抵鸡笼山舟中杂兴》)

"青鸟"，神话中为西王母取食、传信的神鸟，遂以"青鸟"为信使的代称。

---

① 黄遵宪. 黄遵宪集：上卷 [M]. 天津：天津人民出版社，2003：149-150.

(二) 非原型语义

1. 表面或显著特征是青色的事物

"青_{蓝绿}"颜色义经过转喻，表示青色物。语料中具体指植物（竹子皮、青草）、生活用品（竹简、织物、颜料）、自然物（青铜、蓝色的天空）。

例 21 俗口雌黄诮书簏，要与诗笺骚注同。想见杀青写定本，臣善手录傅臣邕。（张佩纶《以文选善注授阿复并简梦所》）

古代制竹简时，用火炙烤竹子，去汗，刮去青色表皮，这个过程称之为"杀青"。"青_{蓝绿}"指竹子的青色表皮。

例 22 欣然展青缃，古色媚幽独。（梁启超《双涛园读书》）

古代常用青色和浅黄色的布帛做书衣、封套，合称"青缃"，指书籍。"青_{蓝绿}"在这里代指青色的书衣。

例 23 纡青拖紫半年少，气浮识暗疏老苍。（汤鹏《山阳诗叟行》）

"青_{蓝绿}""紫"为古时公卿绶带之色，用颜色指代绶带，合称"青紫"，借指高官显爵。类似的用法还有"青紫拾芥"。

例 24 河间数青钱，婉彼姹女魂。（文廷式（《溽暑其四》））

"青钱"指用青铜制作的钱。"青_{蓝绿}"指青铜。

例 25 我来踏青禾城下，风和日暖剧潇洒。（高旭《游范蠡湖并调其祠》）

"踏青"指春天到郊野游玩。"青_{蓝绿}"指青草。类似的用法还有"逛青"。

例 26 他们上北陵逛青去了。（[英]傅多玛《汉英北京官话词汇》）

与"踏青"相对的是"辞青"。

例 27 紧接着就是九月九，是登高的日子。请几位朋友，一魄儿出城，喝酒作诗，看菊花。虽是学古人桓景避灾，也有辞青的意思。（张廷彦《北京风土编》）

"青"因为常用来指天空的颜色，随着"青天""青苍"的反复使用，沾染了"天空"的部分语义特征，具有了"天上的，高空的"的语义。

例 28 臣愚自蹈亡身祸，敢向青间诉不平。（康有为《偶感》）

"青闼"不是青色的宫殿门,而是指高空的宫殿,代指朝廷,政治地位最高的地方。

例29 金张与许史,甲第青云连。(蒋智由《朝乌叹》)

这首诗揭露了清末贫富分化的社会现象。金张、许史是豪门贵族的代称。这句是写豪门贵族的宅第之高,仿佛与高空的云相连。

例30 令郎少年发科,将来青云直上,实在不可限量。(蔡友梅《刘军门》)

"高空的云"进一步引申,表示高位。青云直上,表示仕途顺利,很快升至高位。

2.(人)年轻的,不成熟的

例31 他们多一半是年青的人,还有许多像作买卖的人。他们的腰里多一半也就有五十铜子,但是每人心里都怀一个狮子吃绵羊的雄心。(穆儒丐《北京》)

植物生长初期有发芽、成长的阶段,相似的,人也有幼年、成长的阶段,植物在这个阶段是绿色的,经过隐喻,用植物在发芽成长阶段的颜色表示人在幼年、成长的阶段。

例32 少日看花兴最浓,天香国色费评夸。五年万里边尘眼,随分回青到此花。(陈曾寿《牵牛花五首》)

诗人身在边塞,牵牛花使他仿佛回到年轻的时候,那时诗人看花兴致极高,常常花很多笔墨去夸赞那些美丽的花朵。"回青"指回到年轻的时候。

人年轻时不懂事,易冲动,若没有良好的教育和引导,会做出一些要横犯浑等不成熟的举动,北京话里的"青皮""三青子"就是指年轻的流氓、浑人、无赖。

例33 他手下有个跑账的小连,外号儿叫青皮连,没事竟要青皮,有二十多岁,小辫顶儿大反骨,有几个小麻子儿,尖鼻子,闻点儿鼻烟儿,两个小权骨儿,说话发头卖项,凭他一张嘴,就欠扛俩月枷,借着小额的势力,很在外头欺负人。那些个账户儿,没有一个不怕他的。(蔡友梅《小额》)

例34 青皮连说:"不是。您听见他这一套啦没有?拍上我啦。姓连的没受过这个。"紧跟着,又说了些个三青子的话。(蔡友梅《小额》)

二、绿

清末、民国语料显示,"绿"有四个语义,其中颜色义显著度最高,适用范围最广,是"绿"的原型语义(见表4-3)。

表4-3 "绿"原型语义和非原型语义显著度、广义度对比

绿		语义显著度		语义广义度							
		使用频率	占总数的比率(%)	生物			具体物				抽象物
				人体部分	动物	植物	自然物	建筑物	生活用品	食用品	
原型语义	茂盛植物的颜色	742	90.16	+1	+1	+3	+2	+1	+2	+1	+1
非原型语义	绿色的植物	45	5.47	—	—	+3	—	—	—	—	—
	服饰等鲜艳华丽	35	4.25	—	—	—	—	—	+1	—	—
	男性在婚姻中被背叛	1	0.12	—	—	—	—	—	—	—	+1

(一)原型语义

"绿"颜色义适用范围非常广泛,覆盖了颜色词可适用的所有义类,广义度为100%。其中,植物是"绿"的强适用语义类(见表4-4)。

表4-4 "绿"原型语义广义度

语义指向事类		语义指向示例	适用值	语义广义度(%)
生物	人体部分	眼睛、呕吐物	+1	100
	动物	鸭、虫子	+1	
	植物	树(杨柳、桑树、槟榔树、椰子树)、叶子(荷叶、芭蕉叶)、竹、草、萍、苔、花苞	+3	
具体物	自然物	烟雾(雾、霭、烟;水气)、烛花、翡翠	+2	
	建筑物	栏杆、壁瓦	+1	
	生活用品	绮、旗、绿袍、绿章、玻璃杯、窗纱、邮筒	+2	
	食用品	酒、豆	+1	
抽象物		鬼怪眼睛发出的光、春天	+1	

1. 语义指向人体

"绿"颜色义对人体的适用性弱,具体有皮肤、眼睛、呕吐物。

例35 英主教忽然翻眼睛一瞧他,两只眼睛灼灼有光,跟猫眼睛一个样,透着点绿色儿。(蔡友梅《五人义》)

英国人瞳孔的颜色。

2. 语义指向动物

"绿"颜色义对动物的适用性弱,具体有鸭、虫子。

例36 白鹅绿鸭容相就,蚯蚓虾蟆圣早知。(林旭《即目与拔可》)

"绿",描写鸭羽黑油发绿的颜色。

例37 三千神社尽巫风,帐底题名列桂宫。蚕绿橘黄争跪拜,不知常世是何虫?(黄遵宪《日本杂事诗》)

作者于诗后自注,日本的风俗喜敬神,尤其崇拜一种生长在橘子树上,身上绿色而有黑点的虫子。"昔有所谓常世虫者,产于橘树,如蚕,绿有黑点,有大生部多,能宠灵是虫,而诳人曰神也。于是巫觋奔趋,所在迎神,设几筵,罗供帐。神或语人曰:吾能福尔。于是相叫呼曰:福至矣"①。

3. 语义指向植物

"绿"颜色义对植物的适用性强,具体有树(杨柳、桑树、槟榔树、椰子树)、叶子(荷叶、芭蕉叶)、竹、草、萍、苔、花苞。

例38 初秋荷气清,晚萼红逾重。明月照绿房,修擎聚青汞。(黄节《秋夕》)

"绿房",指荷花的花苞。荷花还未开时,花苞为绿色,故称。

例39 井边橘柚冬犹绿,瓦面松杉老自荣。(康有为《蒁客舍制似北京院落,有感》)

康有为在墨西哥看到一处类似北京院落的客舍,院内井边种着橘子树、柚子树,冬天也绿油油的。

"绿"还可以用来表示植物变绿。

例40 春风最无赖,容易绿垂杨。(黄燮清《丹阳道中》)

---

① 黄遵宪. 黄遵宪集: 上卷 [M]. 天津: 天津人民出版社, 2003: 39.

"绿垂杨",指垂杨变绿。

4. 语义指向自然物

"绿"颜色义对自然物的适用性一般,具体有烟雾(雾、霭、烟、水气)、烛花。

例41 白日衔山继以烛,檐花荧荧烛花绿。(徐子苓《中秋后十日夜书啸和尚水灾诗后》)

"绿",形容烛焰蓝绿色。

例42 旋解冻痕生绿雾,倒涵高树作金光。(王国维《浣溪沙》)

过了不久,霜痕消释,护城河上生起了淡绿色的轻雾。"绿雾",指水面上形成的淡绿色的水雾。

例43 有点子绿货,珍珠、钻石、金首饰,也都运走啦。(蔡友梅《搜救孤》)

"绿货",翡翠。

5. 语义指向建筑物

"绿"颜色义对建筑物的适用性弱,具体有栏杆、壁瓦。

例44 ——有琉璃厂。专做琉璃砖瓦。
——盖房用么?
——平常人不能用,是预备皇上宫殿用的,或是坛庙、王府。皇宫砖瓦用黄色,王府用绿色。都是那厂里烧造的。(英继、宫岛吉敏《北京事情》)

王府所用的琉璃砖瓦为绿色。

例45 我游丹墨狱,华严若天堂。壁瓦皆绿白,砖石尽红黄。(康有为《请于丹墨国相颠沙告狱吏而观丹墨狱,庄严整洁,当为欧美之冠》)

康有为在丹麦参观当地监狱,所见监狱窗明几净,墙壁和瓦片都是绿色和白色的,砖石则是红色和黄色的。

6. 语义指向生活用品

"绿"颜色义对生活用品的适用性弱,具体有绮、旗、绿袍、绿章、玻璃杯。

例46 亦有绿旗制,甲仗如蜂屯。(袁昶《大沽口南北岸炮台行》)

清代由汉人编成的分驻在地方的武装力量,用绿旗作标志。

例47 今年把邮筒改良改良，从先是绿的，如今改成灰色，尺寸面积也都放大了。（梅蒐《益世余谭——民国初年北京生活百态》）

1920年12月24日，蔡松龄用梅蒐的名字在《益世报》上发表的时评《邮筒又坏了》。上例出自此篇，由此可知民国时邮筒的颜色经历了从绿色到灰色的变化。

7. 语义指向食用品

"绿"对食用品的适用性弱，具体有酒、豆。

例48 点白茶始尝，堆红果初熟，蕃舶从海来，葡萄泛新绿。（黄遵宪《游箱根》）

"绿"，描写白葡萄酒浅绿透明的颜色。

8. 语义指向抽象物

"绿"对抽象物的适用性弱，具体有鬼怪眼睛发出的光、春天。

例49 昌平云气郁桥山，荆渚愁波连漆室。何来地下摸金郎，鬼气所射绿眼芒。（刘光第《重葺张忠烈公墓诗并叙》）

"绿"，描写幽暗地宫里的盗墓者，像鬼怪一样，眼睛发着绿光。

例50 客中愁看绿春肥，莫恨东皇火速归。（孙景贤《海上口号》）

春天是万木初生的季节，到处看起来都是绿色的，故称"绿春"。

（二）非原型语义

1. 绿色的植物

例51 绿遮人面如闻唱，红谢春风不著痕（黄人《咏荷用新城先生秋柳韵》）

"绿"，指荷叶。

例52 但见嫩绿遮檐，落红满院，花飞莺老，倍切怀人。（徐剑胆《阜大奶奶》）

"嫩绿"，不是指娇嫩的浅绿色，而是指新生的植物嫩叶。

"绿"代指植物的用法还有"新绿""丛绿""众绿""万绿"等。

2. 服饰等鲜艳华丽

"绿"这个意义适用于服饰。常出现在"红男绿女""花花绿绿"等组合中。

例53 红男并绿女，个个明月珰。（黄遵宪《番客篇》）

例54 同时,那些无聊的男女,象大赤包与瑞丰,也打扮得花花绿绿的,在公园里挤来挤去。(老舍《四世同堂》)

"红男""绿女"并不是红色的男子,绿色的女子,也不是说穿着红色衣服的男子和穿着绿色衣服的女子,而是泛指穿着颜色鲜艳,装饰华丽服装的年轻男女。"花花绿绿"也是一样。

3. 男性在婚姻中被背叛

例55 姜三哥,也会过,绿靴子,绿帽子,绿袍子,绿套子。([意]威达雷《北京儿歌》)

上例出自意大利传教士威达雷编纂的《北京儿歌》,书中对"绿帽子"的释义为:"中文里绿色用来暗指被背叛的丈夫,短语'戴绿帽'的意思是婚姻里有了第三者(the green colour is in China reserved for deceived husbands, and the phrase 'to wear a green hat' means to have a partner in the marriage)"[①]。

三、碧

"碧"有三个义项,其中颜色义显著度最高,适用范围最广,是"碧"的原型语义(见表4-5)。

表4-5 "碧"原型语义和非原型语义显著度、广义度对比

碧		语义显著度		语义广义度						
		使用频率	占总数的比率(%)	生物			具体物			抽象物
				人体部分	动物	植物	自然物	建筑物	生活用品	食用品	
原型语义	像碧玉一样的颜色	340	92.90	+1	—	+2	+3	+1	+2	+1	+1
非原型语义	绿色的植物或水域	15	4.09	—	—	+1	+1	—	—	—	—
	蓝色的天空	11	3.01	—	—	—	+1	—	—	—	—

---

① 威达雷. 北京儿歌[M]. 北京:北京大学出版社,2018:150-151.

(一) 原型语义

"碧"本义指青绿色或青白色的玉。在搜集到的清末、民国语料中,"碧"共出现了412次,名物义出现了46次,占总数的11.17%;颜色义或由颜色义产生的相关语义出现了366次,占总数的88.83%,甚至"碧"可以作为颜色词修饰"玉"。

例56 盈盈碧玉卮,多半相思泪。(高旭《秋怀》)

这说明,清末、民国时"碧"的颜色义已取代名物义成为最显著的意义了。"碧"的颜色义适用范围较广,除动物外,适用于余下七个语义类,广义度为87.5%。其中自然物是"碧"的强适用语义类(见表4-6)。

表4-6 "碧"原型语义广义度

语义指向事类		语义指向示例	适用值	语义广义度(%)
生物	人体部分	西方人瞳孔	+1	87.50
	动物	—	—	
	植物	苔藓、竹林、碧桃、荷叶、树干、草	+2	
具体物	自然物	水(溪、海、流)、山(崖、嶂、山、石)、矿物(玉、磷)、火焰、天空;	+3	
	建筑物	廊、瓦、栏杆、琉璃	+1	
	生活用品	旗、帘幕、碧篁、纱幮、酒杯、颜料、绸裤	+2	
	食用品	酒、蚝油	+1	
抽象物		碧城、碧鸡	+1	

1. 语义指向人体

"碧"对人体的适用性弱,常用来描写西方人瞳孔的颜色。

例57 白人絜妇来,手携花盈筐,鼻端撑眼镜,碧眼深汪汪。(黄遵宪《番客篇》)

例句描写了新加坡婚礼上西方宾客的样貌:皮肤白,鼻梁上驾着眼睛,眼窝深陷,瞳孔蓝绿色。

2. 语义指向植物

"碧"对植物的适用性一般,具体有苔藓、竹林、碧桃、荷叶、树干、草。

例58 回看山石歇红药,湿尽松枝滴碧苔。(康有为《大吉山馆新筑草亭,开曲径,设竹阑,作柴床,藉草,名其亭曰须弥雪》)

"碧",描写苔藓色。

例59 嘉木出南方,碧干有润理。(康有为《铁君惠沙田柚盈舟,咏柚以赠铁君,惜其才侠不见用也》)

"碧",描写润泽深绿的柚子树树干。

3. 语义指向自然物

"碧"对自然物的适用性强,具体有水(溪、海)、山(崖、嶂、山、石)、矿物(玉、磷)、火焰、天空、埃。

例60 我行十里方出云,且兰早秋天正碧。(何绍基《飞云岩》)

"碧",描写秋天清朗的天空色,天蓝色。

例61 恒河郁壮殑伽长,扬子水碧黄河黄。(梁启超《二十世纪太平洋歌》)

"碧",描写长江水色,青绿色。

例62 碧海沉沉岛屿环,万家灯火夹青山。(康有为《九月二十四夜至马关,泊船二日,即李相国议和立约遇刺地也,有指相国驻节处者,伤怀久之》)

"碧",指夜晚的海水色,深绿色。

4. 语义指向建筑物

"碧"对建筑物的适用性弱,具体有廊、瓦、栏杆、琉璃。

例63 火齐珠悬照夜光,粉墙碧瓦第相望。白桑板记公卿姓,紫逻途联左右坊。(黄遵宪《日本杂事诗》)

这首诗描写的是日本社区井然有序的样子。"碧",指瓦片的颜色。

例64 千花红毵毵,四窗碧琉璃,金络水晶柱,银盘夜光杯。(黄遵宪《罢美国留学生感赋》)

"碧",描写美国建筑窗户上玻璃的颜色。

5. 语义指向生活用品

"碧"对生活用品的适用性一般,具体有旗、帘幕、碧簟、纱㡡、酒杯、颜料、绸裤。

例 65 绕屋烟霞此卧游,水纹碧簟睡痕秋。(许瑶光《阿芙蓉咏》)

"碧簟",绿色的竹席。

例 66 鱼皮装错碧晶莹,鹅膏淬涂气砮慄。(袁昶《观荷兰刀剑》)

荷兰刀的刀柄处,用鱼皮包裹装饰,颜色绿而光亮。

6. 语义指向食用品

"碧"对食用品的适用性弱,具体有酒和蚝油。

例 67 葡萄酿酒碧于烟,味苦如今不值钱。(吴俊卿《葡萄》)

葡萄酒的颜色,淡黄绿色。

例 68 韵高争爱碧蚝油,内热少餐丹荔枝。(刘光第《送蒋达宣茂壁同年改官广东同知》)

广东人喜食用牡蛎熬制而成的调味料,蚝油,深绿近黑的颜色。

7. 语义指向抽象物

"碧"对抽象物的适用性弱,具体有碧城、碧鸡。

"碧城","仙人所居之所,《太平御览》卷六七四引《上清经》:'元始(元始天尊)居紫云之阙,碧霞为城'。后因以'碧城'为仙人所居之处"①。

例 69 碧城十二无消息,空负栏杆万里心。(樊增祥《八月十六日城上望月》)

(二)非原型语义

1. 绿色的植物或水域

例 70 无言生古怀,命酒对丛碧。(何绍基《乱水》)

"丛碧",指丛密的绿色植物。

例 71 香厨石泉沁寒碧,松枝闲拾烹山茶。(丘逢甲《莲花山吟》)

"寒碧",指清冷的山泉水。

2. 蓝色的天空

"碧"描写天空的颜色,进而表示天空,随着使用,在一些固定组合里表示"在高空的"。

---

① 罗竹风.汉语大词典:第7册[M].上海:汉语大词典出版社,2003:1069.

例72 碧云乍合暮天平,衣袂轻寒渐渐生。(黄燮清《平山堂晚归》)
"碧云",不是碧色的云,而是指碧空上的云。

四、蓝

"蓝"有两个语义,其中颜色义显著度最高,适用范围最广,是原型语义(见表4-7)。

表4-7 "蓝"原型语义和非原型语义显著度、广义度对比

词		语义显著度		语义广义度						
				生物			具体物			
		使用频率	占总数的比率(%)	人体部分	动物	植物	自然物	建筑物	生活用品	食用品	抽象物
原型语义	像晴朗天空一样的颜色	269	98.53	—	—	—	+1	+1	+3	—	—
非原型语义	模糊	4	1.47	+1	—	—	—	—	—	—	—

(一)原型语义

"蓝"的颜色义,适用于自然物、建筑物和生活用品三个语义类。语义广义度为37.50%。其中,生活用品是"蓝"颜色义的强适用语义类(见表4-8)。

表4-8 "蓝"原型语义广义度统计

语义指向事类		语义指向示例	适用值	语义广义度(%)
生物	人体部分	—	—	
	动物	—	—	
	植物	—	—	
具体物	自然物	天、烟、焰、水	+1	37.50
	建筑物	墙壁	+1	
	生活用品	顶、衫、袍、瓷器、旗、翎、布、绸、纱、线	+3	
	食用品	—	—	
抽象物		—	—	

1. 语义指向自然物

"蓝"对自然物的适用性弱。具体有天、烟、焰、水。

例 73　顶蓝的天儿衬着有几块白云彩，真仿佛是到了画儿里头了。（［日］加藤镰三郎《北京风俗问答》）

"蓝"，描写晴朗天空的颜色。

例 74　戊戌亦流火，蓝焰祸先悖。（康有为《开岁忽六十篇》）

"蓝"，描写火焰的蓝绿色。

例 75　霞光由外铄，倒蘸水之湄。蓝滑如泼油，红艳如凝脂。（林旭《马房沟》）

霞光倒映在水草交界处，平滑的蓝色湖面上泼了油一样滑腻，加上霞光的倒影，整个湖面像一块鲜红艳丽的固态脂肪。

2. 语义指向建筑物

"蓝"对建筑物的适用性弱。

例 76　极目蓝白壁，色相亦奇新。（康有为《游摩洛哥宿当之三日，道曲市秽，腥臭呕人，作疾至头痛，乃知古人之地名"头痛身热坂"非误也。昔者欲环游万国、深探南美非之念遂沮矣，适除夕行》）

康有为在摩洛哥所见地中海风情的建筑，墙壁以蓝白为主，与中国传统建筑红墙碧瓦的配色截然不同，故曰"奇新"。

3. 语义指向生活用品

生活用品是"蓝"相对较强的适用类，具体有顶、衫、袍、瓷器、旗、翎。

例 77　呜呼！新楚军，统将谁？蓝翎游击杨载云。（吴德功《头份吊古诗》）

"蓝翎"，是"清代礼冠上的一种饰物，插在冠上，缀于冠后，用鹖羽制成，蓝色，故名。初用于赏赐官阶低而有功之人，后用于一般武官"[①]。游击，清代军官名。

例 78　镶铁方盘鏊白银，法蓝小盒蹙麒麟。（许瑶光《阿芙蓉咏》）

例 79　和尚们去后，周孝把丧事的计划跟姑太太一提，打算是搭头号

[①] 中国文物学会专家委员会. 中国文物大辞典：上 [M]. 北京：中央编译出版社，2008：641.

月台,堂罩要新的,景泰蓝的五供儿,三个院子起脊大棚,立头号大幡。(蔡友梅《过新年》)

"法蓝",是一种从西域传入的搪瓷嵌釉工艺,最早叫"珐琅",是音译词。因表面釉色多为蓝色,被称之为"法蓝",又因这种瓷器工艺技术制作在明代景泰年间达到巅峰,别名"景泰蓝"。

(二)非原型语义

清末、民国北京白话语料中"眼蓝"表示因生气、着急、嫉妒等原因视力变模糊。

例80 瑞氏道:"我的两只眼睛,都要气蓝了。你们别昏着心,拿我当傻子。平常我不肯说话,原是容让你们,谁叫是我的儿女呢?我这里刚一张嘴,你们就哭啊喊的不答应。以后我该是哑巴,什么话也不用说了,只由着你们性儿,哪怕是反上天去呢,也不许我言语。"春英央告道:"得了,太太,您少说几句罢。大热的天气,何必这么样起急呢?"(王冷佛《春阿氏》)

因生气着急,视力变得模糊。

例81 青山道:"……我在庙里当方丈,虽是有钱,就是没有妻子。虽然有几个小徒弟和你老人家不时帮忙,救我涸鲋,究竟是不痛快的。我平日最生气难平的,他们那些官僚政客动不动就是一个小老婆子,马车汽车的一同坐着逛。我和尚一看,不由得眼蓝。怎么他们也是不工不商,一切享用都是民脂民膏,每人弄八个老婆还以为不足。我和尚虽然是不工不商,这些庙产是历代庙主相传的,也是善男信女乐意布施的,怎么我和尚就不配娶个老婆?……"(蔡友梅《鬼吹灯》)

"眼蓝",嫉妒。

五、翠

"翠"有两个语义,其中颜色义显著度最高,适用范围最广,是原型语义(见表4-9)。

表 4-9 "翠"原型语义和非原型语义显著度、广义度对比

翠		语义显著度		语义广义度						
		使用频率	占总数的比率（%）	生物			具体物			抽象物
				人体部分	动物	植物	自然物	建筑物	生活用品	食用品
原型语义	像翠羽一样的蓝绿色	201	85.53	—	+1	+2	+3	+1	+2	—
非原型语义	表面或显著特征是翠色的事物	34	14.47	—	—	+1	+1	—	+1	—

（一）原型语义

"翠"本义指一种羽毛蓝绿色的雌鸟，后来指翠鸟的羽毛和蓝绿色的硬玉。在我们搜集到的清末、民国语料中，"翠"共出现了339次，"翠鸟"义和"玉"义共出现了104条，占总数的30.68%；颜色义或由颜色义产生的相关语义出现了235次，占总数的69.32%，甚至"翠"可以作为颜色词修饰"禽"。

例82 翠禽摘水作花飞，一行都上凤篁岭。（何振岱《孤山晓望》）

这说明，"翠"在清末、民国时颜色义已经取代名物义成为最显著的意义了。

"翠"颜色义适用范围较广，适用于动物、植物、自然物、建筑物、生活用品五个语义类，广义度为62.50%。其中，自然物是"翠"颜色义的强适用语义类（见表4-10）。

表 4-10 "翠"原型语义广义度统计

语义指向事类		语义指向示例	适用值	语义广义度（%）
生物	人体部分	—	—	62.50
	动物	鸟羽	+1	
	植物	树（松、柏、柳、桔、枝）、竹、萍、海带	+2	

续表

语义指向事类		语义指向示例	适用值	语义广义度（%）
具体物	自然物	水（波、海、浪、澜……）、山（屏、嶂、岭、岩）、天空、原野、雾	+3	62.50
	建筑物	翠槛、翠栋	+1	
	生活用品	织物（袖、襦、罗衾、幕）、颜料、化妆用品	+2	
	食用品	—	—	
抽象物		—	—	

1. 语义指向动物

"翠"指向动物仅限于描写翠鸟的颜色。

例83 日斜人影亦在水，惊醒翠禽栖一啼。（吴俊卿《野梅》）

2. 语义指向植物

"翠"对植物的适用性一般，具体有树（松、柏、柳、栝、枝）、竹、萍、海带。

例84 长啸答灵霞山寺，萧萧翠竹生清凉。（康有为《潭柘梵宫精丽，而山水平迤，无足观者。赋此腾嘲》）

"翠"，描写竹林的颜色，深绿色。

例85 天坛，公园中的苍松翠柏还伴着红墙金瓦构成最壮美的景色；可是北平的人已和北平失掉了往日的关系；北平已不是北平人的北平了。（老舍《四世同堂》）

"翠"，描写柏树的颜色，深绿色。

例86 紫带青条择海苔，如云昆布翠成堆。（黄遵宪《日本杂事诗》）

诗人诗后自注："昆布，吾辈呼为海带者也。"① 海带，色深绿有光泽。

3. 语义指向自然物

"翠"对自然物的适用性最强，具体有水（波、海、浪、澜……）、

---

① 黄遵宪. 黄遵宪集：上卷 [M]. 天津：天津人民出版社，2003：74.

山（屏、嶂、岭、岩）、天空、原野、雾。

例87 我行翠海中，不知已几里。（易顺鼎《东钱湖》）
"翠"，描写湖水深绿的颜色。

例88 青天静无声，翠壁俯寒湫。（王闿运《朱陵洞瀑》）
"翠壁"，指长满植物的深绿色岩壁。

4. 语义指向建筑物
"翠"对建筑物的适用性弱，具体有翠槛和翠栋。

例89 世界玻璃绝点尘，碧廊翠槛月为邻。（黄燮清《洋泾竹枝词》）
"翠槛"，绿色的栏杆。

例90 珠甍翠栋苦不足，营选长生别开殿。（丘逢甲《海军衙门歌同温慕柳同年作》）
"翠栋"，指宫殿里深绿色的横梁。这里指代豪华的宫殿。

5. 语义指向生活用品
"翠"对生活用品的适用性一般，具体有织物（袖、襦、罗衾、幕）、颜料、化妆用品。

例91 柳色黄于陌上尘，秋来长是翠眉颦。（樊增祥《八月六日过灞桥口占》）
古代女子用黛画眉，颜色青黑。"翠"，指画眉用品的颜色。

例92 垂杨深院，院落双飞燕，翠幕银灯春不浅。（王国维《清平乐》）
"翠幕"，深绿色的帷幕。

（二）非原型语义
"翠"颜色义经过转喻可指翠色的事物，具体可指代的事物有植物、山间云雾、水流、颜料。

例93 四维山翠厚，一品药苗香。（赵熙《理安寺》）
"翠厚"，指绿植繁茂。"翠"，指深绿色的植被。

例94 片云湘上送㳘麾，匹马征衫翠湿衣。（曾广均《铜柱行赋送潘琴轩中丞督防广西》）
"翠湿衣"，晨间郊野绿色的雾霭将衣服都打湿了。"翠"，指植物多的山间、郊野产生的云气、雾霭。类似的用法还有"空翠""湿翠"。

例95 飞翠泻叠彩，楼阁倚其缝。（康有为《重居风洞》）

"飞翠",指飞流直下的瀑布。"翠"指瀑布。

例96 眉心点翠额安黄,云鬓堆鸦学艳妆。(黄遵宪《日本杂事诗》)

这句诗描写的是清末、民国时期,日本女子的妆容。"眉心点翠",在眉毛中间点染翠色的颜料。

六、苍_{蓝绿}

"苍_{蓝绿}"有两个语义,其中,颜色义显著度最高,适用范围最广,是原型语义(见表4-11)。

表4-11 "苍_{蓝绿}"原型语义和非原型语义显著度、广义度对比

苍_{蓝绿}		语义显著度		语义广义度						
				生物			具体物			抽象物
		使用频率	占总数的比率(%)	人体部分	动物	植物	自然物	建筑物	生活用品	食用品	
原型语义	深绿色或蓝色	149	93.71	—	+1	+3	+3	—	+1	—	+1
非原型语义	天空	10	6.29	—	—	—	+1	—	—	—	—

(一)原型语义

"苍_{蓝绿}"的颜色义,适用于植物、动物、自然物、生活用品和抽象物5个语义类。语义广义度为62.50%。其中,植物类和自然物类是"苍_{蓝绿}"颜色义的强适用语义类(见表4-12)。

表4-12 "苍_{蓝绿}"原型语义广义度统计

语义指向事类		语义指向示例	适用值	语义广义度(%)
生物	人体部分	—	—	62.50
	动物	蝇	+1	
	植物	苔、藓、籐、根、松、柏、林、松针、树皮	+3	

续表

语义指向事类		语义指向示例	适用值	语义广义度（%）
具体物	自然物	山（岮、峻、山、崖）、水（波、湖、海）、云烟（气、烟）、天（天、穹、冥、昊）	+3	62.50
	建筑物	—	—	
	生活用品	头巾	+1	
	食用品	—	—	
抽象物		蛟、龙、狮、咒	+1	

1. 语义指向植物类

"苍_{蓝绿}"颜色义对植物的适用性强，具体有苔、藓、簏、根、松、柏、林、松针、树皮。"苍_{蓝绿}"适用于植物时，表示深绿色。

例97 殿前银杏参天苍，千载金元阅沧桑。（康有为《潭柘梵宫精丽，而山水平迤，无足观者。赋此腾嘲》）

"苍"，指潭柘寺大殿前参天的银杏树叶茂密呈深绿色。

例98 只见龙泉寺的苍松古柏，带着朝烟，正在那里舒展他们的奇恣劲态。（穆儒丐《北京》）

2. 语义指向动物

"苍_{蓝绿}"颜色义对自然物的适用性弱，具体有"苍蝇"。

例99 是个苍蝇药不死你，我恶心恶心你，就是这个主意。（蔡友梅《赵三黑》）

3. 语义指向自然物

"苍_{蓝绿}"颜色义对自然物的适用性强，具体有山（岮、峻、山、崖）、水（波、湖、海）、云烟（气、烟）、天（天、穹、冥、昊）。"苍_{蓝绿}"适用于山、云烟时，表示深绿色；适用于天时，表示蓝色；适用于水时，表示深绿色、蓝色，或介于蓝绿之间的颜色。

例100 苍厓碧草映红树，青山变作白头翁。（康有为《桂林风洞与门人看雪》）

南方植物经冬不凋，因此，下雪的时候山崖依然是深绿色的。

例 101 浩浩太平洋，神州一发苍。（蒋智由《浩浩太平洋》）

在浩荡的太平洋上看远处中国大陆边缘，像一根深绿色的头发丝一样。

例 102 突兀高殿直苍冥，崇阶百级排丹棂。（陈曾寿《大雨后同石饮至云林寺》）

云林寺内的高大建筑直插入蓝天。"苍冥"，蓝天。

例 103 炮垒洞山腹，旌旗表苍漠。（康有为《过亚丁至红海》）

"苍漠"，表示蓝色的大海。

4. 语义指向生活用品

"苍_蓝绿_"颜色义对生活用品的适用性弱，只适用于头巾。

例 104 左队龙武茅，右队苍头殳。（姚燮《佘文学梅听屠生说马僧事，证之随园所书者，纪以古诗，属余同作为制椎埋篇一章，并录佘君诗于后》）

"苍头"，用深绿色头巾裹头的军队。

5. 语义指向抽象物

"苍_蓝绿_"颜色义对抽象物的适用性弱，用于描写神话中仙界动物的颜色。具体有蛟、龙、狮、兕。

例 105 白虎为我瑟，苍龙为我箎。（袁昶《题仲弢所藏跨虎仕女图》）

例 106 苍蛟腾波走魖魅，朱凤振羽离鹭鸰。（汤鹏《山阳诗叟行》）

"苍龙""苍蛟"，神话传说中的神物。类似的用法还有"苍狮""苍兕"。

（二）非原型语义

"苍_蓝绿_"由颜色义经过转喻指蓝色的天空。进而指天地间的主宰者。

例 107 彼苍操纵人，威莫大生死。（梁启超《雪舫中年得一子，甫逾周晬而殇为诗以塞其哀》）

梁启超友人中年得子，但是不幸夭折，梁启超感叹，上天操纵人，威力最大的就是生与死。

七、沧

"沧"有两个语义，其中颜色义显著度最高，适用范围最广，是原型语义（见表 4-13）。

表 4-13 "沧"原型语义和非原型语义显著度、广义度对比

沧		语义显著度		语义广义度						
		使用频率	占总数的比率（%）	生物			具体物			抽象物
				人体部分	动物	植物	自然物	建筑物	生活用品	食用品	
原型语义	（海、河、江水等）深蓝或深绿色的	67	80.72	—	—	—	+1	—	—	—
非原型语义	大海	16	19.28	—	—	—	+1	—	—	—

（一）原型语义

"沧"的颜色义语义指向范围单一，专门用来描写水色，尤其是海水色。语义广义度为 12.50%（见表4-14）

表 4-14 "沧"原型语义广义度统计

语义指向事类		语义指向示例	适用值	语义广义度（%）
生物	人体部分	—	—	12.50
	动物	—	—	
	植物	—	—	
具体物	自然物	水	+1	
	建筑物	—	—	
	生活用品	—	—	
	食用品	—	—	
抽象物		-	—	

例108 碧月出沧海，隐跃江波间。(康有为《碧月》)

"沧"，描写海水深蓝色。

（二）非原型语义

"沧"有一个非原型语义是大海。

例109 殿前银杏参天苍，千载金元阅沧桑。(康有为《潭柘梵宫精丽，而山水平迤，无足观者。赋此腾嘲》)

例110　数十年的光景，人事代谢，沧海桑田，是在令人可叹。（蔡友梅《花甲姻缘》）

"沧桑"本是"沧海桑田"的缩写，随着在诗歌中的广泛使用，逐渐凝固为固定词组，表示世事变化。"沧"在这个语境里表示大海。

八、缥

缥，青白色。

例111　绛纱传讲座，缥笔拥书楼。（康有为《思旧诗五章》）

康有为的《思旧诗五章》是为怀念昔年交好的五位朋友所作。这首诗所写的陈梅坪，"通博精修，藏书甚富。吾少年多与借书论学，门下多佳士"①。梁启超曾跟随陈梅坪学习训诂学。"绛纱""缥笔"都是与开设讲坛讲学授徒有关的典故。

第二节　语用颜色词语与词汇语用表达

一、语用颜色词

（一）葱

葱的原型语义是一种叶绿茎白的植物。《汉语大词典》"葱"词条下第二个义项是"青绿色"。"葱"常用来描写茂盛的植物色。

例112　陂陀葱郁昔旧京，河厘湖波一碧平。（康有为《游德国波士淡旧京诸宫苑，于阿朗苏利宫前睹天仪五事，盖吾京师观象台仪器，元太史郭守敬制也。昔曾摩挲，不意绝国重抚之，感怀故国，泪下沾襟，乃作长歌》）

"葱"，指植物青翠，"郁"，指植物茂盛。

（二）瑟瑟

瑟瑟的原型语义是一种产自西域的碧色宝石。《周书·异域传下·波

---

① 康有为. 康有为全集：第八集 [M]. 北京：中国人民大学出版社，2007：310.

斯》:"(波斯国)又出白象、狮子……马瑙、水晶、瑟瑟"①。《汉语大词典》"瑟瑟"词条下第二个义项是"指碧绿色"。

例 113 碧波瑟瑟情无限,玉佩珊珊望不来。(刘光第《白莲》)
这里指水色像宝石一样绿。

(三)靛

靛的原型语义是一种深蓝色有机染料。《汉语大词典》"靛"词条下第二个义项是"蓝色和紫色混合而成的一种颜色"。

例 114 但见大恩子提溜着一个靛额儿笼子,轧着庄儿由北边儿就来啦。(蔡友梅《鬼吹灯》)

"额儿"是清末、民国时"一种极受欢迎的高级观赏鸟,鸣声婉转动听,羽色美丽,有红、蓝两色"②。

二、词汇语用表达

(一)竹布

竹布是清末、民国时流行的一种棉布,布纹致密,常用来做夏季服装,多呈淡蓝色。

例 115 伊老者穿一件青洋绉大衫儿,套一件蓝袷纱坎肩儿,青洋绉套裤,青缎子双脸儿鞋,拿一把黑面金字的扇子。善合是穿一件浅竹布衫儿,套着紫摹本缎坎肩儿,回子绒双脸儿鞋,库金口,拿一把十六根南矾面儿的扇子。爷儿俩都拿着旱伞,大摇大摆的去了。(蔡友梅《小额》)

上例描写了父子俩所穿服饰颜色和材质,其中"浅竹布衫儿"与"青洋绉大衫儿""蓝袷纱坎肩儿""紫摹本缎坎肩儿"并列,而且在"竹布"前有表示颜色深浅的成分,可以推断出"竹布"在这里既指服饰的材质,也指服饰的颜色。

(二)翡翠

翡翠是一种绿色的矿物,有时用来指"像翡翠一样的绿色"。北京有一道名菜:翡翠蛋羹。"一个汤碗里一边是蛋羹,一边是荠菜,一边嫩黄,

---

① 罗竹凤.汉语大词典:第8册[M].上海:汉语大词典出版社,1991:996.
② 损公.新鲜滋味:卷二[M].北京:北京大学出版社,2018:57.

一边碧绿，绝不混淆，吃时搅在一起。"① 这里翡翠指荠菜的颜色。

例116 山为翡翠山，水为翡翠水。峰阴黛易生，日色红无几。……更有翡翠禽，飞来与波似。(易顺鼎《东钱湖》)

"翡翠山"指被绿色植物覆盖的青山；"翡翠水"指像翡翠一样绿的湖水；"翡翠禽"指羽毛像翡翠一样绿的飞鸟。

(三) 春

春指四季之一，一般指农历正月至三月。春季是植物萌芽的时候，汉语古典诗歌中用"春"表示植物变绿。

例117 出门杨柳万条春，送我临歧意未申。(黄遵宪《出门》)

例118 鹈鴂先鸣草不春，天教翠墨与精神。(王国维《题族祖母蒋夫人画兰》)

"鹈鴂"，杜鹃鸟。

(四) 艾

艾是一种绿色植物，可以用来表示"像艾草一样的绿色"。

例119 与娘紫艾缨，为缘貂襜褕。(姚燮《佘文学梅听屠生说马僧事，证之随园所书者，纪以古诗，属余同作为制椎埋篇一章，并录佘君诗于后》)

"紫艾缨"，紫色和绿色的缨带。范晔《后汉书·冯鲂传》记载："帝尝幸其府，留饮十余日，赐驳犀具剑、佩刀、紫艾绶、玉玦各一。"李贤注："艾即鳖，绿色也，其色似艾。"②

第三节 范畴成员综合分析

一、范畴原型的确立

前文提出，颜色范畴的原型应该同时具备六个条件：①单语素词；②表示的颜色单纯，无混色；③原型语义表颜色，并具有与颜色义相关的

---

① 汪曾祺. 人间草木 [M]. 北京：中国友谊出版社，2023：79.
② 罗竹凤. 汉语大词典：第8册 [M]. 上海：汉语大词典出版社，1991：996.

非原型语义；④使用频率高；⑤适用范围广；⑥能产性高。

蓝绿范畴的单语素颜色词共八个：青_{蓝绿}、绿_{蓝绿}、碧、蓝、翠、苍_{蓝绿}、沧、缥。其中，"缥"表混色，无非原型语义，能产性低；"沧"能产性低，"碧""蓝""翠""苍_{蓝绿}"适用范围有限，被排除为蓝绿范畴的原型。余下两个单语素颜色词"青_{蓝绿}"和"绿_{蓝绿}"，都满足上述六个条件。

"青_{蓝绿}""绿_{蓝绿}"分别呈现出很强的活跃度。"青_{蓝绿}"的使用频率最高；"绿_{蓝绿}"使用最灵活，由"绿_{蓝绿}"构成的多音节颜色词语数量最多，准确地描写差别细微的绿色，如深绿、浓绿、鲜绿、黔绿等。值得注意的是，虽然"绿_{蓝绿}"的总体使用频率（823）低于"青_{蓝绿}"（1 166），但白话语料的频次（414）超过了"青_{蓝绿}"（271）。"青_{蓝绿}"的文言使用频次（895）贡献了总使用频次的76.80%，白话语料的使用频次（271）大幅下降，仅占23.20%（见表4-15）。以上数据表明，在这个阶段，整体上，尤其是文言使用上，"青_{蓝绿}"保持着高使用率和广适用度，"绿_{蓝绿}"紧随其后，并被语言使用者更多地用白话进行创造性地使用。各种迹象证明，清末、民国蓝绿范畴的原型正处在由"青_{蓝绿}"向"绿_{蓝绿}"的过渡期。

表4-15　"青_{蓝绿}"和"绿_{蓝绿}"颜色义显著度、广义度、构词能力对比

颜色词	使用频次		语义广义度（%）	组合能力
	文言	白话		
青_{蓝绿}	1 166		100	青刺嘎唧、显青、青泠泠、青汪汪
	895	271		
绿_{蓝绿}	823		100	深绿、浓（秾）绿、绿沉、浅绿、淡绿、鲜绿、品绿、洋绿、暗绿、幽绿、黔绿、灰绿、大绿、颇绿、嫩绿、娇绿、油绿、绿油油、绿汪汪、绿森森、绿荫荫
	409	414		
蓝	273		37.50	深蓝、涅蓝、蔚蓝、浅蓝、淡蓝、二蓝、三蓝、亮蓝、皎蓝、品蓝、宝蓝、蓝瓦瓦、蓝汪汪
	25	248		

已有相关研究证明，上古汉语中，绿色和蓝色是作为一个颜色进行范畴化的，而且这种现象具有跨语言的普遍性[①]。这种语言现象在清末、民

---

① 赵晓驰. 跨语言视角下的汉语"青"类词 [J]. 古汉语研究, 2012 (3)：73-79, 96.

国既有保留又有变化。保留表现在：仍有部分颜色词既指绿色，又指蓝色。如"青松""青草"，指绿色的植物；"青楼"指外墙漆成深蓝色的妓院，（见本章例12）；又如"碧"，"碧苔"指绿色的苔藓，"碧海""碧空"指蓝色的大海和天空。变化表现在，第一，由兼表蓝色和绿色的"青$_{蓝绿}$"构成的复合式颜色词语，不再兼表蓝色和绿色。如"空青""天青"表示像晴朗天空一样的蓝色，"回青"表示瓷器上常见的深蓝色；"荷叶青"则表示像荷叶一样的绿色。第二，专指蓝色的颜色词"蓝"使用频率有所增加（273），尤其是在白话语料里（248），"蓝"还表现出较强的构词能力，由"蓝"构成的多音节颜色词语数量仅次于"绿$_{蓝绿}$"。但"蓝"的适用广度（37.50%）与"青$_{蓝绿}$"（100%）、"绿$_{蓝绿}$"（100%）相比较低，仅见自然物、建筑物、生活用品的用例。

以上语言现象表明，早期汉民族把蓝色和绿色作为一个颜色进行范畴化的现象在清末有所变化：蓝色和绿色开始分化。但同时，早期汉民族把蓝色和绿色作为一个颜色进行范畴化的结果——"青$_{蓝绿}$""碧""翠""苍$_{蓝绿}$"等颜色词仍在此期文言中高频、广泛地使用着。这种现象的原因主要有两个：一是语言的层积现象（layering）；二是因为汉语古典诗歌极强的传承性。语言的演变不会是从一个阶段立刻变成另一个阶段，前后两个阶段常常会交叉重叠，在交叉重叠的过程中，语言的新、旧形式会并存很长一段时间。因此清末、民国，蓝色或绿色没有也不可能完全从原先混沌的蓝绿范畴中独立出来，"青$_{蓝绿}$"仍然可以指代从浅绿到深绿，从浅蓝到深蓝的任何一种颜色。

综上，我们认为，清末、民国时蓝色和绿色仍然属于一个颜色范畴，"青$_{蓝绿}$"仍然是这个范畴的原型，但是蓝色和绿色的分化已经发生了。

二、语义综合分析

（一）原型语义综合分析

"青$_{蓝绿}$""碧""翠""苍$_{蓝绿}$"是早期汉民族把蓝色和绿色作为一个颜色进行范畴化的结果。四者既可以描写植物的绿色，如青草、碧叶、翠竹、苍苔；也可以描写晴朗天空的蓝色，如青天、碧空、苍穹；还可以描写介于蓝绿之间的水色，如青溪、碧海、翠湖、苍漠（见表4-16）。

表 4-16   "青_蓝绿""碧""翠""苍_蓝绿"语义广义度对比

颜色词	适用对象								适用强度总值	语义广义度（%）
	生物			具体物				抽象物		
	人体	动物	植物	自然物	建筑物	生活用品	食用品			
青_蓝绿	+1	+1	+3	+3	+1	+3	+1	+2	15	100
绿_蓝绿	+1	+1	+3	+2	+1	+2	+1	+1	12	100
碧	+1	—	+2	+3	+1	+2	+1	+1	11	87.50
蓝	—	—	—	+1	+1	+3	—	—	5	37.5
翠	—	+1	+2	+3	+1	+2	—	—	9	62.50
苍_蓝绿	—	+1	+3	+3	—	+1	—	+1	9	62.50
沧	—	—	—	+1	—	—	—	—	1	12.5
总计	3	4	13	16	5	13	3	5	—	—

四者的具体区别主要为：

第一，"青_蓝绿"的语义适用广度值（100%）最高，"碧"（87.5%）次之，"翠"和"苍_蓝绿"相当（62.5%）。

第二，四者对植物和自然物都有很强的适用性；"碧""翠"相对"青_蓝绿""苍_蓝绿"而言，对植物的适用性稍弱于自然物。

第三，"碧"的语义指向的范围大于"翠"。"碧"除了没有指向动物的用例外（"翠"可以指向的其他义类），"碧"都有用例；而"碧"可以指向的人体、食用品和抽象物，"翠"没有发现用例。

第四，"翠"和"碧"对自然物类都有较强适用性，具体而言，"翠"多用于山色，"碧"多用于水色。"翠"指向山类词占57%，如"翠嶂""翠崖""翠屏""翠岭""翠岩""翠壁"；"碧"指向水类词占58%，如"碧海""碧波""碧水""碧江""碧溪""碧浪"等（见图4-1）。

（二）非原型语义综合分析

蓝绿范畴的颜色词几乎都能转喻蓝色或绿色的名物，例如，植物（踏青、新绿、丛碧、山翠）；水面（寒碧、飞翠、沧桑）和天空（碧云、苍黄）。范畴原型"青_蓝绿"可以指代的名物最多，如指植物（竹子皮、青

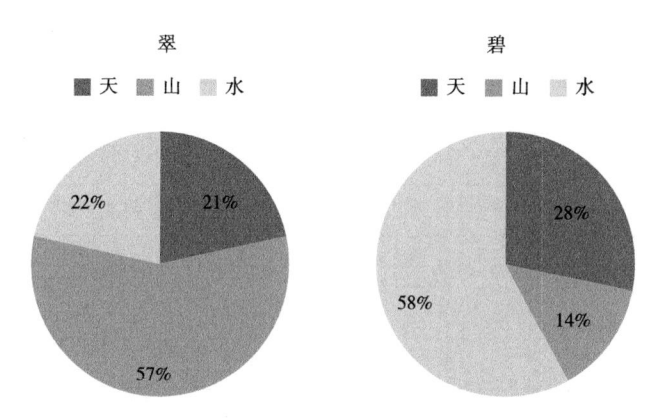

图 4-1 "翠""碧"语义指向天、山、水三类事物的分布对比

草)、生活用品(竹简、织物、颜料)、自然物(青铜、蓝色的天空)。"翠"次之,可指代植物、山间云雾、水流和颜料。"碧"再次之,可指代植物、水和天空。"绿$_{蓝绿}$"可转喻植物,"苍$_{蓝绿}$"可转喻天空,"沧"可转喻大海。

蓝绿范畴的颜色词经过隐喻产生的较显著的非原型语义是"年轻"义,北京话里的"青皮""三青子"指社会上无所事事的年轻无赖。

红范畴和蓝绿范畴在汉语里一直被作为相对范畴进行使用,例如,格律诗中红绿对偶:"日出江花红胜火,春来江水绿如蓝";成语中红绿对举:"花红柳绿""红男绿女""灯红酒绿"。基于相对的颜色义,红范畴和蓝绿范畴产生了相同的非原型语义:(服饰、建筑)鲜艳华丽。

另外,北京话里"蓝"有一个独特的非原型语义:模糊义,例如,"眼蓝"指因着急生气视力变得模糊不清。

三、语用颜色词和词汇语用表达的原型类别

蓝绿范畴语用颜色词和词汇语用表达的原型可分为五类,分别是植物、自然物、食物、动物和抽象物,其中自然物最多,食物类和植物类次之,动物类再次之,抽象类最少,未见生活用品类和人体类(见表 4-17)。

表 4-17 蓝绿范畴语用颜色词和词汇语用表达的原型分类

类别	名物
植物	葱、竹（色）、艾、竹根（青）、葵（绿）
自然物	瑟瑟、靛、翡翠、月（白）、湖（色/绿）、雪（青）、天（青/蓝）、
食物	菠菜（绿）、茶（青）、豆（青）、豆瓣（绿）、鸭蛋（青）、梨（青）
动物	虾（青）、鹦哥（绿）、王八（绿）
生活用品	—
人体	—
抽象	春

第五章 黑范畴颜色词语描写与分析

第一节 语义颜色词语

一、黑

"黑",黑范畴原型,共有十三个义项,其中颜色义占比最高,语义指向范围最广,是原型语义(见表5-1)。

表5-1 "黑"语义显著度、广义度对比

黑		语义显著度		语义广义度							
				生物			具体物				抽象物
		使用频率	占总数的比率(%)	人体部分	动物	植物	自然物	建筑物	生活用品	食用品	
原型语义	像煤一样的颜色	834	71.34	+1	+1	+1	+2	+1	+3	+2	+1
非原型语义	表面或显著特征是黑色的事物	20	1.71	—	+1	—	+1	—	+1	—	—
	昏暗的、无光的	189	16.17	—	—	—	+1	—	—	—	—
	(自然环境、社会处境)凶险、腐败	42	3.59	—	—	—	+1	—	—	—	+1
	与公开、透明相对,隐瞒、背地里	35	2.99	—	—	—	—	—	—	—	+1
	与正确相对,错误	20	1.71	—	—	—	—	—	—	—	+1

续表

黑		语义显著度		语义广义度							
		使用频率	占总数的比率（%）	生物			具体物				抽象物
				人体部分	动物	植物	自然物	建筑物	生活用品	食用品	
非原型语义	与好相对，心眼、性格、品行坏	7	0.60	—	—	—	—	—	—	—	+1
	与文明相对，愚昧、未开化	6	0.51	—	—	—	—	—	—	—	+1
	与清白相对，冤屈、有污点	6	0.51	—	—	—	—	—	—	—	+1
	贪污、贪婪	4	0.35	—	—	—	—	—	—	—	+1
	失效	3	0.26	—	—	—	—	—	—	—	+1
	骗人的、坑人的	2	0.17	—	—	—	—	—	—	—	+1
	（人）厉害，泼辣	1	0.09	—	—	—	—	—	—	—	+1

（一）原型语义

"黑"的原型语义是颜色义，适用范围非常广泛，覆盖了颜色词可适用的所有义类。其中，自然物、生活用品、食用品是相对较强的适用语义类（表5-2）。

表5-2 "黑"原型语义广义度

语义指向事类		语义指向示例	适用值	语义广义度（%）
生物	人体部分	皮肤，年轻人的头发、眉毛和胡须	+1	100
	动物	乌鸦、雏燕的羽色、骡子、狗	+1	
	植物	花	+1	
具体物	自然物	黑云、黑烟、黑霾、黑灰、黑铁、黑土、煤	+2	
	建筑物	柱子	+1	
	生活用品	织物（衣、纱、旗、氇氆）、笛、棋子、镜台、刀鞘、漆、鞭子、茶壶、药膏	+3	
	食用品	鸦片膏、咖啡、面包、豆子、面、糖	+2	
抽象物		神话里的动物（黑龙、黑狮）、劫难	+1	

1. 语义指向人体

"黑"颜色义对人体部分的适用性弱,具体可指向皮肤和年轻人的毛发,如头发、眉毛和胡须。

例1 奄人道相望,黑面而欧衣。(康有为《游君士但丁那部,过宫门道中触目皆奄人,同思故国,惨然同之。〈书〉曰:与乱同道,靡或不亡。因为感赋》)

这里"黑"描写的是君士但(坦)丁国宦官皮肤的颜色。君士但(坦)丁,土耳其城市。君士但(坦)丁国的宦官多是非洲人,同一首诗的下文有云:"况突刑黑人,我乃种自诛"。

例2 丁狗子一阵冷笑说:"这分臭转谁受的,砍你的黑草去罢(砍黑草是句行话就是剃头),人家要打辫子哪。"(蔡友梅《库缎眼》)

"砍黑草"指剃头,理发。"黑"指人的头发颜色。

2. 语义指向动物

"黑"颜色义对动物的适用性弱,具体有乌鸦、雏燕的羽色。

例3 添巢燕子双雏黑,插帽花枝半面红。(黄遵宪《眼前》)

3. 语义指向植物

"黑"颜色义对植物的适用性弱,仅指向花。

例4 还有一种老皮水仙,水仙头是黑的,价钱是很贵,还是很少,所以摆的主儿也不多。([日]加藤镰三郎《北京风俗问答》)

4. 语义指向自然现象

"黑"颜色义对自然物的适用性一般,具体有黑云、黑烟、黑霾、黑灰、黑铁、黑土等。

例5 黑烟四起作浓雾,鬣面被发黄埃深。(王闿运《壬子七月乐平县作》)

"黑"在这里指燃火产生的气体色。

例6 "京师地面为何土是黑的呢?""咳,那有两层。一者呢,人多车马多,往来行走,未免日子久了,地土被蹭蹋的长了,自然不能洁静,不能干净。二来呢,城内烧的是煤,家家倒出来的炉灰,以及脏水不洁之物,久而久之,土上一层层的变黑了。你不信,把那地往下挖刨这么三尺来深,还是很好的黄土,和城外旷野荒郊的土一样的干净。"(英继、宫岛

吉敏《北京事情》)

这条语料解释了清末、民国年间北京城内土地发黑的原因。

5. 语义指向生活用品

"黑"颜色义对生活用品类的适用性一般,具体有织物(衣、纱、旗、毯氆)、笛、棋子、镜台、刀鞘。

例7 女子黑纱常蔽面,最怜额鼻着黄铜。(康有为《游埃及开罗京》)

伊斯兰国家女子常用黑色的纱布遮挡住面部。

例8 统率黑旗镇中路,桓桓虎旅号七星。(吴德功《头份吊古诗》)

清末刘永福领导的地方武装,以七星黑旗为战旗。"黑"在这里指战旗的颜色。

例9 红珊簪子青罗伞,黑油镜台黄竹箱。(黄遵宪《日本杂事诗》)

"黑"描写日本新嫁娘陪嫁之一梳妆台的颜色。

6. 语义指向食用品

"黑"颜色义对生活用品类的适用性弱。

例10 君不见沿江火速兵符下,县官厉禁当街挂,连日黑银占高价。(徐子苓《黑银叹》)

"黑银"是鸦片的别名。"黑"指鸦片膏的颜色,"银"指鸦片价高。

例11 这群人端起玻璃杯来一瞧,里头是黑颜色儿的,摸不清是甚么……有几个胆子大的,喝了两口,心说:一股子豆子气,又透糊味儿,这是甚么茶呀,一点茉莉花味儿没有?"人家沏的是咖啡,这起子人就喝过五个大钱一包的小叶儿,咖啡他们多早晚喝过?(蔡友梅《五人义》)

"黑颜色儿",用来描写咖啡的颜色。

7. 语义指向抽象物

"黑"颜色义对抽象物的适用性弱,具体有神话里的动物(黑龙、黑狮)、劫难。

例12 黑龙王气黯然销,莽莽神州革命潮。(马君武《去国辞》)

"黑龙",黑色的龙,这里指气数将尽的清王朝。

例13 黑劫灰飞历几年,当时同补女娲天。(康有为《久不得徐子靖侍郎、莹父编修、毅父孝廉及宋芝栋侍御消息,兼怀李孟符郎中》)

"黑劫",指国难。

(二) 非原型语义

1. 表面或显著特征是黑色的事物

"黑"颜色义经过转喻指黑色物,语料中具体可指围棋黑子和因无光导致的黑暗。

例 14 二三小儿角槊棋。黑白战斗荒是非。(朱琦《校正亭甫遗集作诗志哀》)

"黑白"指围棋的黑子与白子。

2. 昏暗的,无光的

颜色是人眼对太阳光的视觉反映,当太阳光线不足或无太阳光时,颜色就无从谈起。人们用"黑"表示这种视觉感受,具体有天黑、月黑、黑夜等。有时直接用"黑"表示夜晚。

例 15 欲曙湖心天转黑,寒松无风如塔直。(何振岱《孤山晓望》)

黎明前,太阳光与地球的交角最小,大气对光的反射、散射能力最小,故天亮之前天反而是最黑的。

例 16 长此黑漆乡,厧然上求寤。(洪弃生《囚人歌》)

禅宗把"无明暗室"或"无明长夜"比作密不透风的黑漆桶。这里借用佛教用语比喻暗无天日的牢房。

例 17 黑上来了,你快点灯。([韩]柳廷烈《修正读习汉语指南》)

"黑"指黑夜。

3. (自然环境、社会处境) 凶险、腐败

例 18 黑风忽吹雨,败叶声怒撞。(汤鹏《此日足可惜一首答梅生并效昌黎杂用阳庚东江韵》)

"黑风"指暴雨前光线暗弱,忽起的狂风。

例 19 一洲桦太半狂榛,瓯脱中居两国邻。罗刹黑风忽吹去,北门管钥付何人?(黄遵宪《日本杂事诗》)

桦太岛即今库页岛,西邻俄罗斯,南接日本北海道,岛上俄罗斯人、日本虾夷人杂居,明治八年十一月,库页岛定归于俄。这首诗是说,库页岛归俄罗斯之后,日本等于是将北部大门的钥匙交付他人。"罗刹",俄罗斯在清代的旧译。"黑风"在这里指失去库页岛的日本处在无北方门户的危险境地。

例20　我们所知道的，北京的政治似乎一天比一天黑暗，北京的社会一天比一天腐败，北京的民生一天比一天困难。可是北京上中下三等人民，每天照旧是醉生梦死，一点觉悟没有。(穆儒丐《北京》)

"黑暗"，指政治腐败。

4. 与公开、透明相对，隐瞒，背地里

例21　玉老爷的交派，说是奉堂谕，无论什么人，不准进去瞧看，衙门里头的人，有敢使一个钱的，要是查出来，立刻的交刑部黑发。您瞧这不是一面官司吗？(蔡友梅《小额》)

"黑发"，指不经过正式公开审理就发配了。

例22　他们不单必须吃得好，吃得多，而且希望得到吃不了的粮食，好去卖黑市。(老舍《四世同堂》)

"黑市"，暗中进行非法买卖的市场。

例23　再说钮玉蚨，住在阜府西花园，没有两天，阖府上下人等都已传遍。瞎二老爷夫妇得知此事，忙把阜大少叫上去问道："你是从外面接进姨奶奶来了吗？"阜大少见问，更不隐瞒，遂照直将玉蚨找上门来，情愿分文不要同他从良，故此把他留下的话，说了个仔细，又说由此儿子就可以收心，再不出去荒唐了。瞎二夫妇痛犊情深，爱子心重，听阜大少这样一说，立刻问道："那你怎么还不领他到各院见见，免得日后成了黑人。"(徐剑胆《阜大奶奶》)

"黑人"，没有正式社会身份的人。

5. 与正确相对，错误

例24　横加乱民倒黑白，义士义士痛若何！(高旭《唤国魂》)

"倒黑白"指歪曲事实，把对的说成错的，把错的说成对的。"黑"的这个意义常常出现"黑白""皂白"等固定组合中。

6. 与好相对，心眼、性格、品行坏

例25　他原是个无事生生的、混账行子啊，心眼子又黑。(威妥玛《语言自迩集·谈论篇百章之六十四》)

7. 与文明相对，愚昧，未开化

例26　恒河郁壮殑伽长，扬子长碧黄河黄。尼罗一岁一泛溅，姚台蜿

蜿双龙翔。水哉水哉厥利乃尔溥，浸灌暗黑扬晶光。（梁启超《二十世纪太平洋歌》）

此诗历数四大古代文明发源地的河流，梁启超认为是这些奔流不息的河流冲刷了人类的愚昧时代，从此人类开启了文明时代。"暗黑"指未开化的，愚昧混沌。"晶光"指文明。

例27 彬彬哉！我文明。五千余岁历史古，光焰相续何绳绳。圣作贤述作继起，浸灌陈黑扬光晶。（梁启超《爱国歌四章》）

圣贤所著的典籍一扫愚昧，启蒙了中华文明。"陈黑"指陈旧愚昧，"光晶"指文明。

8. 与"清白"相对，冤屈，有污点

例28 假若不知道，祥子岂不独自背上黑锅？（老舍《骆驼祥子》）

"黑锅"，不白之冤。

例29 论我的理由多么充足，心地多么清白，别人也不会原谅我，教我一辈子也洗刷不清自己，赶到胜利的那天来，老朋友由外面回来，我有什么脸面再见他们呢？我，我就变成了一个黑人！（老舍《四世同堂》）

"黑人"，品行有了污点的人。

9. 贪污、贪婪

例30 二老虎给了吴八儿五十两银子，八儿先黑起三十来。（蔡友梅《张二奎》）

"黑起三十来"，擅自留下三十两，据为己有。

例31 这个人食亲财上黑，认得钱不认得爸爸。（蔡友梅《过新年》）

"食亲财上黑"，是说把钱财看得最重要，对钱财很贪婪。

10. 失效

例32 ——"比方这个会里有我，我这个月等钱使，我在我的纸条儿上写每位铜元五十枚。打开一看，就是我写的利钱多。这四十个人所上的八十块钱，我这个月先使。可是每位五十枚，四十根籤儿除去自己，下有三十九根，得拿出一百九十五吊铜子儿来，给大家分，算是利钱。我实得六十七块钱。对不对？"

——"对了。可您这就算是黑签了，往后也不能分利钱了。您就每月拿两块钱来上会，到会完了为止。"（［日］加藤镰三郎《北京风俗

问答》）

清末流行的一种民间集资方式，叫"写会"。"着急用钱之人充当'会头'，组织众'会员'写会，第一次的集资款归'会头'使用，此后的集资他只能出资，无法得利。之后获得资金的会员也算黑签，不再得到利息，只能出资。"①"黑签"指失去分利息资格的参与者。

11. 骗人的，坑人的

例33　什么事情？大米饭不吃，也要算钱，那是黑店讹人。如今灯不亮，还跟人要钱，也算是黑电讹人。（梅蒐《益世余墨——民国初年北京生活百态》）

"黑店"，敲诈人的商店。

12.（人）厉害，泼辣

例34　北城某胡同儿住着一个赶大车的，姓王，他的夫人儿是个著名的泼妇，外号儿叫黑老婆儿，从先在娘家的时候儿就厉害的出名。（蔡友梅《小额》）

二、玄

"玄"，泛指黑色。

例35　嬴颠刘蹶参差变，鹄白乌玄一例看。（易顺鼎《续咏怀诗六首》）

"玄"指乌鸦羽毛的颜色。

"玄"颜色义适用的物类有：人体部分、动物、自然物、生活用品、抽象物。

语义指向人体："玄"颜色义指向人体的限于头发，如玄发、玄鬓等。

例36　霜雪有时化，白发仍可玄。（文廷式《刘融斋中允发初白，〈解嘲〉诗云："欲使岁寒心，皓皓傲霜雪。"余行年四十，早见二毛，明知有涯之生，何待无常之信。客游非乐，不如旋归，成物有心，或须悠久。辄引其意，以寄所怀》）

语义指向动物：蚁、蜂、乌鸦、鲫鱼。

---

① 损公．新鲜滋味：卷二［M］．北京：北京大学出版社，2018：75．

例 37　黄须回纥队，玄甲谷蠡王。（赵熙《蚁》）

"玄甲"，指蚂蚁黑色坚硬的体壁，"玄"指颜色属性，"甲"，指质地属性。

例 38　豆苗已可摘，玄鲫恰宜脍。（梁启超《寿姚茫父五十》）

"玄"，指鲫鱼的颜色。

语义指向自然物：云、石、光。

例 39　玄云知雪意，寒色掩衡门。（沈增植《雪意》）

"玄云"，指雪前黑色的浓云。

例 40　素湍照白日，玄涧映愈幽。（王闿运《朱陵洞瀑》）

亮白的瀑布映射着太阳光，反衬着光线不足的涧谷更加昏暗幽黑了。

语义指向生活用品：玄甲。

例 41　玄甲三十万，投地同乳赞。（鲁一同《大佛寺》）

"玄"描写的是士兵用于护住前胸后背的铠甲色。

语义指向抽象物：神话中的动物（玄鹤、玄龟、玄猿）；五行说北方对应的颜色。

例 42　北有大玄龟，七十二钻二无遗谋。（袁昶《地震诗》）

"玄龟"即玄武，中国古代神话中北方神兽。按照五行说，黑色是北方对应的颜色。

三、青_黑

"青_黑"：青黑色。语义多指向人体部分：头发（青丝、青发、青鬓）；眉毛（青蛾眉）、瞳孔（青眼、青睐）。

例 43　自剪青丝打作条，亲手送郎将纸包。（黄遵宪《山歌》）

"青丝"，指黑发。

例 44　中原多故吾将老，青眼歌余却望谁。（梁启超《送李耀忠任归国》）

"青眼"，黑色的瞳孔。用黑色的瞳孔看人表示器重，用眼白示人表示蔑视。典出阮籍"青白眼"。

四、缁

缁，共有 3 个义项，其中颜色义占比最高，语义指向范围最广，是原型语义（见表 5-3）。

表 5-3 "缁"原型语义和非原型语义显著度、广义度对比

缁		语义显著度		语义广义度						
		使用频率	占总数的比率（%）	生物			具体物			抽象物
				人体部分	动物	植物	自然物	建筑物	生活用品	食用品	
原型语义	泛指黑色	19	61.29	—	—	—	+1	—	+1	—	—
非原型语义	特指黑色的僧袍	5	16.13	—	—	—	—	—	+1	—	—
	（环境或品行）污浊不洁	7	22.58	—	—	—	+1	—	—	—	+1

（一）原型语义

"缁"的原型语义是颜色义，适用于自然物和生活用品类（见表 5-4）。

表 5-4 "缁"原型语义广义度

语义指向事类		语义指向示例	适用值	语义广义度（%）
生物	人体部分	—	—	
	动物	—	—	
	植物	—	—	
具体物	自然物	灰尘、光线	+1	25.00
	建筑物	—	—	
	生活用品	服饰	+1	
	食用品	—	—	
抽象物		—	—	

语义指向自然物：

例 45　化尘尘亦缁，望气气皆墨。(黄遵宪《伦敦大雾行》)

伦敦大雾天气时尘土是黑色的，雾气是墨色的。

例 46　萧然岁晚下缁帷，绎缀闲言且作诗。(文廷式《杂咏》)

"缁帷"，语出《庄子·渔父》："孔子游乎缁帷之林。"成玄英疏："缁，黑色。尼父游行天下，读讲《诗》《书》，时于江滨，休息林籁，其林郁茂，蔽日阴沉，布叶垂条，又如帷幕，故谓之'缁帷之林'也。"①"缁"，指因树林茂密遮蔽阳光导致的黑暗。

语义指向生活用品：

例 47　今日缁衣忽化素，溪桥风雪立多时。(康有为《环翠楼观雪二绝句》)

风雪天，诗人穿着黑色的衣服站在桥头多时，大雪纷落在衣服上，使黑色的衣服变白了。

(二) 非原型语义

1. 特指黑色的僧袍

例 48　削发披缁去不还，英雄只合老黄冠。(高旭《〈汾堤吊梦图〉为楚伧作》)

"披缁"指出家为僧。"缁"指僧袍。

2. (环境或品行)污浊不洁

例 49　觥觥史鳝，精白无缁磷。(鲁一同《三公篇》)

"缁磷"语出《论语·阳货》："不曰坚乎？磨而不磷；不曰白乎？涅而不缁。"何晏集解："磷，薄也；涅，可以染皂。言至坚者，磨之而不薄；至白者，染之于涅而不黑。喻君子虽在浊乱，浊乱不能污。"清末、民国常用"无缁磷"表示操守坚贞，品行高洁。

五、苍₍黑₎

"苍₍黑₎"，灰黑色。

"苍₍黑₎"语义指向鸟羽或动物的皮毛。具体有苍鹰、苍鼠、苍鼯、苍狗。

---

① 曾文斌.文廷式诗选注[M].北京：中华书局，2015：453.

例50 飞鸢竟召苍鹰妒，忍死能看走狗烹。（黄冷观《狱中读何君〈黑狱记〉》）

例51 开门黄雀引，指槛苍鼯坠。（莫友芝《金盆山》）

六、元

清代因避康熙讳改"玄"为"元"，泛指黑色。

例52 公裘披鹔鹴，元靴青霞襦。（姚燮《佘文学梅听屠生说马僧事，证之随园所书者，纪以古诗，属余同作为制椎埋篇一章，并录佘君诗于后》）

"元靴"，黑色的靴子。

例53 赭衣元鬈意难平，但祝啼鸟似有情。（孙景贤《客有道秋舫故妓事者感叹赋成四律》）

"元鬈"，黑色的鬈发。

七、绿黑

（一）原型语义

"绿黑"表示黑色时专指发色油绿黑亮。

例54 我乡我土大有好山水，犹能令我颜丹鬈绿不复齿发嗟凋零。（黄遵宪《放歌用前韵》）

故乡的山水能使我面色变得红润，头发变得黑亮。

（二）非原型语义

与"白"对举使用，表示是非闲话。

例55 他正在那里张家长李家短，说白道绿/黑的。（[美]狄考文《官话类编》）

上例出自美国传教士编著的汉语教科书《官话类编》第72课。课文记录了北京官话"说白道绿"和南京官话"说白道黑"，意思一样，均表示"谈论他人的性格，说长道短，诋毁别人（to discuss people's characters, to gossip, to defame）"①。

---

① 狄考文. 官话类编：上 [M]. 北京：北京大学出版社，2017：184.

八、黔

"黔",泛指黑色。语义指向头巾和被熏黑的烟囱。

例 56 自天下降愚黔首,为帝驱除比赤眉。(黄遵宪《谕剿义和团感赋》)

"黔首",指百姓。《礼记·祭义》:"明命鬼神,以为黔首则。"郑玄注:"黔首,谓民也。孔颖达疏:黔首,谓万民也。黔,谓黑也。凡人以黑巾覆头,故谓之黔首"。"黔"指头巾的颜色。

例 57 突黔席暖亦何曾,浮海居夷已不胜。(康有为《到坡三迁舍馆,数月中自庇去坡,由坡而港,由港而西贡,后复还坡。追旧感今而赋》)

"黔突暖席"典出《淮南子·修务训》:"孔子无黔突,墨子无暖席。"意思是孔子、墨子周游各国,每到一处,坐席还没有坐暖,烟囱还没有熏黑,就又匆匆地离开到别处去了。形容忙于世事,各处奔走。康有为用这个典故描写自己颠沛流离的海外流亡生活。"黔"指烟囱被火熏成黑色。

九、黝

"黝",浅青黑色。语义指向自然物、生活用品和抽象物。

语义指向自然物:灰烬、光。

例 58 旁近几十村,村村焚成黝。(洪弃生《闻斗六一带被毁有感》)

"黝",指村落经战火焚烧过后的颜色。

例 59 如渡大漠沙尽黄,如探严穴黝难测。(黄遵宪《伦敦大雾行》)
伦敦被浓雾笼罩,光线不足,整个城市像密不透光的深穴一样黑暗。

语义指向生活用品:墨迹。

例 60 书距易篑月未半,宿墨丽纸犹黝莹。(梁启超《祭麦孺博诗》)

语义指向抽象物:传说中黑色明珠。

例 61 皇皇使者来轩辕,玄珠出水黝然幽。(黄遵宪《和周朗山琨见赠之作》)

十、黧

"黧",因饱经风霜皮肤黑而发黄。

例62 梦郎流落不得归，面目黳黑无完衣。（姚燮《双鸠篇》）

这句诗描写了流浪者衣不蔽体，脸色黑黄的惨状。

十一、焦

"焦"，指被火烧过之后的黑黄色。

例63 面焦身漆，行步蹒跚，谁辨其为兵与官。（姚燮《速速去去五解八月二十六日郡城纪事作》）

诗句描写了战败的官兵，脸上和身上焦黑，十分狼狈。

十二、皂

"皂"，黑色。多用来指服饰的颜色。

例64 王小峰常听单四夸奖蔡先生，以为这位蔡君是怎么一个阔大夫，及至一瞧，穿着一件破竹布衫儿，两只破皂鞋，虽然剪发，连个帽子也没有。（蔡友梅《势力鬼》）

"皂鞋"，民国初年盛行的一种便鞋，因常用青黑色布制作，故称皂鞋。

十三、默

默，泛指黑色。语义指向自然物，具体描写云色黑和水色黑。

例65 默尔阴云凝，飞火挣悬擂。（姚燮《客有述三总兵定海殉难事哀之以诗》）

例66 吾欲寻其源，但怖水色默。（林旭《龙王洞》）

十四、黸

"黸"，面黑。

例67 漆身黸面人作劳，何苦獠奴求阿段。（张佩纶《和东坡石炭》）

"漆身黸面"，描写在煤矿里劳作的工人身体和面部皮肤被煤炭染成了黑色。

第二节 语用颜色词语

一、灰

灰的原型语义是物体经过充分燃烧后剩下的粉状物。《汉语大词典》"灰"词目下第九个义项是"介于黑色和白色之间的一种颜色"。"灰"的颜色义来源于名物义，清末、民国颜色词语料中，"灰"名物义的使用频率（74.7%）远高于颜色义（25.3%），名物义仍是"灰"的原型语义。当"灰"表示颜色时，常用于描写脸色和服饰色。

例68 虎口脱余生，惊喜泣相语……扶床面色灰，缪言不畏惧。（黄遵宪《潮州行》）

"面色灰"，指脸因惊吓无血色。

例69 身穿灰布衣，头戴灰布帽。（张鸿《拉夫》）

"灰"，指拉夫服饰的颜色。

二、乌

乌的原型语义是乌鸦。《汉语大词典》"乌"词目下第2个义项是"黑色"，指像乌羽一样的颜色。

例70 这个漆实在不好，不论漆几遍总是发乌。（[美]狄考文《官话类编》）

"发乌"，即发黑。

例71 萍絮池塘乳燕飞，蛮笺细展写乌丝。（梁启超《寄内四首》）

"乌丝"，是指古代信笺用以界行的墨线。"乌"，指墨色；"丝"，指墨线之细。

三、墨

墨的原型语义是写字绘画用的黑色颜料。《汉语大词典》"墨"词目下第2个义项是"黑色"，表示像墨一样的黑色，语义指向自然物（云、海）和生活用品（绶、绖、镜片）。如：

例72 紫天高悬墨屏风，卷收老日青冥中。（刘光第《游方山题名庆云岩下览新旧云峰二寺》）

高空突然悬挂起墨色屏风。黑色屏风指乌云。"墨"，指云黑而浓淡不均的状态。

例73 那天曹立泉穿着蓝纺绸大衫儿，夹纱坎肩儿、武备院儿薄底儿缎靴，挂着副墨镜戴着个纱帽头儿。（损公《曹二更》）

"墨镜"，镜片是黑色的眼镜。

四、漆

"漆"的原型语义是由漆树汁制成的涂料。《汉语大词典》"漆"词目下第5个义项是"黑，亦指染黑"，语义指向光线、皮肤。

例74 漆室空怀忧国恨，难将巾帼易兜鍪。（秋瑾《杞人忧》）

"漆室"，指黯无光的房间。这里亦指黑暗的社会。

五、黛

黛的原型语义是古代女子用来画眉的青黑色颜料。《汉语大词典》"黛"词目下第2个义项是青黑色，语义指向山水和植物。

例75 窈然片阴生，能使千里黛。（易顺鼎《望岳》）

天上的乌云遮挡住阳光，使山间千里变成青黑色。

六、鸦

鸦的原型语义是一种黑色羽毛的鸟。《汉语大词典》"鸦"词目下第2个义项是"比喻黑色，多形容妇女鬓发"。语料显示，语义除了指向妇女发色，也用于儿童的发色。

例76 鸦鬓小娃充棹手，皋比长者作舟师。（梁启超《忆江南》）

诗人在"鸦鬓小娃充棹手"句后自注："思顺"。思顺，即梁思顺，梁启超长女。

例77 长年迟暮亦何益，冻尽梨涡瑟鬓鸦。（曾广均《咏画西施》）

此句"鸦"描写画作中西施的发色。

第三节 范畴成员综合分析

一、范畴原型的确立

根据颜色范畴的原型标准,一个颜色范畴的原型需要同时满足单语素、无混色、具有与颜色义相关的非原型语义、使用频率高、适用范围广、能产性高6个条件。

黑范畴单语素颜色词有14个:黑、玄、青_黑、缁、苍_黑、元、绿_黑、黔、黝、黧、焦、皂、黙、黸。其中,苍_黑、绿_黑、黝、焦、黧表示混有其他颜色的黑色;玄、青_黑、元、黔、皂、黙、黸无非原型语义;缁的能产性低。黑的使用频率最高、适用范围最广、颜色义显著度最高、能产性最强,是黑范畴的原型。

二、语义综合分析

(一)原型语义综合分析

当物体吸收了所有可见光,不反射任何颜色的光时,人眼的感觉就是黑色。黑色在光谱上的范围小,人眼能感知的具有细微差别的颜色数量少,因此黑范畴语义颜色词语义重点不在于刻画颜色的细微差别,而在于适用对象和与其他颜色的混合。例如,"苍_黑"表示灰黑色;"绿_黑"表示油绿黑亮的颜色;"黝"表示青黑色;"焦""黧"表示黑黄色。"缁""黔""黙""青_黑""绿_黑"泛指黑色,但是各自有较为固定的适用对象:"缁"常用于服饰或尘土色;"黔"常用于头巾或烟囱色;"黙"常用于山色或水色;"青_黑""绿_黑"都可以表示头发、眉毛黑,此外,"青_黑"还可以表示瞳孔黑。"黸""焦""黧"常用于脸色。"焦""黧"指脸色黑黄;"黸"无黄义。"焦"表示皮肤经火烧燎后导致的黑黄色;"黧"表示皮肤因饱经风霜或不健康导致的黑黄色。

"黑"和"玄"原型语义适用对象范围都较广,相较之下"黑"的语义广义度（100%），使用频率（1 169）都高于"玄"（62.5%/42）。另，"玄"未见白话语料用例（见表5-5）。

表5-5 "黑""玄"语义指向对比

	人体	动物	植物	自然物	建筑物	生活用品	食用品	抽象物
黑	+1	+1	+1	+2	+1	+3	+2	+1
	皮肤、头发、眉毛、胡须	狗、骡子	水仙头	黑夜、黑煤、黑土、黑云	柱子	织物（衣、纱、旗）、棋子、漆、药膏	鸦片膏、咖啡、面包、豆子、面、糖	神话中的动物黑龙
玄	+1	+1	—	+1	—	+1	—	+1
	鬓发	玄蚁、玄蜂、玄鲫	—	玄云、玄石	—	玄甲	—	神话中的动物（玄鹤、玄龟、玄猿）、玄宫

（二）非原型语义综合分析

黑范畴语义颜色词中只有"黑""缁""绿_黑_"基于颜色义产生了非原型语义。"黑""缁"都可以指代黑色物，"缁"特指僧袍，"黑"特指围棋黑子和因无光导致的黑暗。我们发现，黑范畴的非原型语义，除了指代"僧袍"和"黑暗"外，都是贬义的。

因黑色给人昏暗、看不清的视觉感受，因此引申出偷偷地，背地里的语义，如"黑幕""黑市"等；私下操作的语义，进一步引申出将东西藏起来，据为己有的语义，如"把钱黑下来"；黑色给人昏暗、看不清的视觉感受，与人在恶劣的自然环境里看不清，或在腐败的社会环境里看不清未来的感受相似，因此"黑"又引申出自然环境凶险、社会处境腐败的意义。另外，黑色还给人不干净的视觉感受，映射到人的品行上，表示不清白不端正，如"背黑锅""开黑店"等。

三、语用颜色词和词汇语用表达的原型类别

黑范畴语用颜色词和词汇语用表达的原型可分为五类,其中生活用品和自然物最多,动物类次之,植物和食物最少,未见使用于人体和抽象物(见表5-6)。

表5-6　黑范畴语用颜色词和词汇语用表达的原型分类

类别	名物
植物	竹色灰
自然物	铁、死灰、烟
食物	葡萄灰
动物	乌鸦、燕尾
生活用品	墨、漆、黛
人体	—
抽象	—

第六章 白范畴颜色词语描写与分析

第一节 语义颜色词语

一、白

白范畴原型,共有11个义项,其中颜色义占比最高,语义指向范围最广,是原型语义(见表6-1)。

表6-1 "白"原型语义和非原型语义显著度、广义度对比

白		语义显著度		语义广义度							
		使用频率	占总数的比率(%)	生物			具体物				抽象物
				人体部分	动物	植物	自然物	建筑物	生活用品	食用品	
原型语义	像雪一样的颜色	2 041	76.96	+2	+3	+3	+3	+2	+3	+2	+2
非原型语义	与有、实相对,表示无、空	172	6.49	+1	—	—	+1	+1	+1	—	+1
	与晦暗不明、佶屈聱牙相对,表示清楚、明白	179	6.75	—	—	—	—	+1	—	+1	
	表面或显著特征是白色的事物	65	2.45	+1	—	+1	+1	—	+1	—	+1
	与肮脏、浑浊相对,表示环境干净、品格清白	41	1.55	—	—	—	—	—	—	—	+1

续表

白	语义显著度		语义广义度							
			生物			具体物				
	使用频率	占总数的比率（%）	人体部分	动物	植物	自然物	建筑物	生活用品	食用品	抽象物
非原型语义										
白天	38	1.43	—	—	—	+1	—	—	—	—
与错误相对，表示正确	31	1.17	—	—	—	—	—	—	—	+1
与丧葬有关的	30	1.13	—	—	—	—	—	+1	—	—
因尴尬，着急而变了脸色	25	0.94	—	—	—	—	—	—	—	+1
陈述、话语	20	0.75	—	—	—	—	—	—	—	+1
与恶相对，表示善、好	10	0.38	—	—	—	—	—	—	—	+1

（一）原型语义

"白"的颜色义，适用范围非常广泛，覆盖了颜色词可适用的所有义类。其中，自然物、生活用品、食用品是相对较强的适用语义类（见表6-2）。

表6-2 "白"原型语义广义度

语义指向事类		语义指向示例	适用值	语义广义度（%）
生物	人体部分	年迈者的头发、眉毛和胡须，骨头，皮肤，眼白，舌苔，排泄物，牙齿	+2	100
	动物	鸟（鸥、凫、鹤、雉、雁、鸽、鹭、鹅、鹨）、哺乳动物（鹿、马、牦、虎、象、牛、马、狮、兔、蝠、猫）、昆虫（蚁、蝴蝶）	+3	
	植物	树（杨、松、榆）、花（莲、李花、梨花、梅花、茉莉花、桐花、苇花）、草（茅、草）	+3	

续表

语义指向事类		语义指向示例	适用值	语义广义度（%）
具体物	自然物	光（日、月、星、昼）、水（雨、雪、霜、雨、波、瀑布、浪花、蒸汽、浪花）、其他（云、沙、石、银）	+3	100
	建筑物	白屋、白塔、白壁、白楼、白阁、白栏杆、白石阶、白瓦、白亭	+2	
	生活用品	织物（旗、衣、履、帽、毡、裤、棉布、帏、囊）、矿物（玉、银）、其他（棋子、拂尘、白石棺、瓷、刃、纸）	+3	
	食用品	白砂糖、面粉、大米、药面、白薯	+2	
抽象物		神话里的动物（白龙、白麟、白凤）、佛教事物（白莲、白牛）、五行说与西方对应的颜色（白门、白帝、白狄）、刀兵之象	+2	

1. 语义指向人体

"白"的颜色义可指向年迈者的头发、眉毛和胡须，骨头，皮肤，眼白，舌苔，排泄物，牙齿。

例1 将军七十虬髯白，四十秋娘盛钗泽。（樊增祥《后彩云曲并序》）

70岁的老将军，长着白色蜷曲的连鬘胡须。

例2 赤崁城头鬼夜哭，白骨如山压城麓。（毛乃庸《赤崁城》）

残酷的战争过后，尸骨遍地。"白"描写尸骨的颜色。

例3 在从先，贾氏要是回家，阖家欢迎，特别的招待，如今是大遭白眼。贾氏虽然是个恶人，处在这宗境遇，心里也很难过。（蔡友梅《苦家庭》）

"白眼"，指眼白。传说，阮籍用眼白看不喜欢的人，用黑眼珠正视喜欢的人。后世用"白眼"指蔑视。

2. 语义指向动物

"白"颜色义对动物类词的适用性强，具体有鸟（鸥、凫、鹤、雉、雁、鹄、鹭、鹅、鹘）、哺乳动物（鹿、马、牡、虎、象、牛、马、狮、兔、蝠、猫）、昆虫（蚁、蝴蝶）。

例 4 昨晨白蝴蝶，庭际逍遥游。（江湜《宥蜘蛛》）

"白"，描写蝴蝶翅膀的颜色。

例 5 姮娥击白兔，正气为咨嗟。（刘光第《杂诗二十首选六》）

例 6 宝象黄金络，白马紫丝缰。（黄遵宪《纪事》）

以上两例，"白"用来描写哺乳动物毛皮的颜色。

例 7 随分相亲近，池中两白兔。（梁启超《须磨寺五咏》）

例 8 老牛转桔槔，白鸟立船舷。（易顺鼎《里湖泛舟十余里至天童山下作》）

以上两例"白"用来描写鸟类羽毛的颜色。"白+鸟类"的组合在汉语古典诗歌中常用来表达特定的含义。如"白鸥"用来表达对归隐山水，不再被世事萦绕的向往；"白鹤"用来指代身姿挺拔的年轻人。

例 9 吾生机虑尽，梦逐白鸥游。（释敬安《五月初七日阻雨宿东禅寺》）

寄禅法师，名敬安，为摆脱世间种种欲望纠结，求得自身清静而寄身佛门。这里用"白鸥"代表自由自在的精神境界。

例 10 愧我依黄阁，因君访白鸥。（汤鹏《得魏默深书却寄》）

"白鸥"与"黄阁"相对，分别指隐退归山与官场仕途。

例 11 二子轶辙秀，木天联彬彬。……莹甫才且明，白鹤丹其唇。（康有为《闻前礼部左侍郎徐公致靖之丧，哭祭而恸》）

"白鹤"是康有为对礼部左侍郎徐致靖（1844—1917 年）二子的美称。

3. 语义指向植物

"白"颜色义对植物类词的适用性强，具体有树（杨、松、榆）、花（莲、李花、梨花、梅花、茉莉花、桐花、苇花）、草（茅、草）。

例 12 深夜怪鸱作人语，白杨萧萧苦月黄。（谭嗣同《残魂曲》）

例 13 坐卧荒园近十春，白松苍石绝纤尘。（张鸿《燕谷漫兴》）

以上两例"白"分别用来描写杨树和松树的树皮色。

例 14 桃花红间李花白，水烟山鸟相萦回。（姚燮《春江曲》）

例 15 歪扁幻作枝连蜷，圈花著枝白璧圆。（吴俊卿《沈公周书来索

画梅》）

以上两例"白"分别用来描写李花和梅花色。

例16 木柴僵落白草摧，禾麻残立如枯骸。（张佩纶《塞上秋热用王荆公韵》）

"白草"，指西北边塞一种在秋天干熟时呈白色的草。在汉语古典诗歌中常和"黄沙"共现描写边塞秋景。

例17 万里黄沙白草秋，行人归及楚江头。（赵熙《闻雁》）

例18 白草黄沙忧绝人，飞尘盈丈卷云轮。（康有为《黄石园中白草黄沙数里无人》）

4. 语义指向自然物

"白"的颜色义对自然物的适用性强，具体有光（日、月、星、昼）、水（雨、雪、霜、雨、波、瀑布、浪花、蒸汽、浪花）、其他（云、沙、石、银）。

人对颜色的感受来源于视网膜感光细胞对光的吸收。自然界最常见的光源是太阳光，太阳光是由不同波长的单色光混合互补光构成的，呈白色。当太阳光照射到某个物体上时，该物体选择性地吸收太阳光中的一部分，将剩余的光反射到人眼中，如果物体没有吸收可见光，把所有光都反射到人眼里，则该物体呈白色；反之，如果物体吸收了所有可见光，没有光投射到人眼，则该物体呈黑色。

因此，很多时候事物呈现白色和光的照射、反射有关。如，一天中有日光的一段时间称为"白日""白昼"；月亮本身不发光，将全部的太阳光反射出来，呈现为白色，称为"白月"；太阳直射下的水波将太阳光全部反射出来，人眼感受到的就是白而亮，波光粼粼的，汉语古典诗歌中把这种景象描写为"波白"；锋利的刀刃闪着白光，称为"白刃"。

除光以外，"白"颜色义还适用于其他自然物。

例19 照海红光烛四围，弥天白雨挟龙飞。才惊警枕钟声到，已报驰车救火归。（黄遵宪《日本杂事诗》）

"白雨"在汉语古典诗歌中多用来指暴雨，这里指消防员灭火时用水龙喷射出的巨大水流。

例20 星河千里白，鼓角一城凉。（谭嗣同《武昌夜泊二篇》）

银河由亿万颗恒星组成，又白又亮。

例 21 士女如云散夕阳，夜来跳舞电灯白。(康有为《游威士藩兵学校视操》)

康有为在美国参观军校时见到，军校学生喜欢晚上开舞会，当时电灯照明已得到广泛使用。电灯亮而呈白色。

例 22 怪他一白清如许，水亦轮回变化来。(黄遵宪《海行杂感》)

诗人由横滨乘船前往美国，船上"水皆用蒸汽，一经变化，无复海咸矣"①。"白"，指蒸汽色。

5. 语义指向建筑物

"白"颜色义对建筑物的适用性一般，具体有白屋、白塔、白壁、白楼、白阁、白阑干、白石阶、白瓦、白亭等。

中国传统建筑多用红、黄、碧等颜色。清末、民国，知识分子走出国门，见识了世界各地不同风光与民俗。其中，白色建筑物出现频率明显增加，以康有为的诗为例：

例 23 忽见一鏊松，青青点孤岛。白屋傍中麓，红楼临大道。(康有为《登箱根顶浴芦之汤》)

康有为在日本箱根看见半山坡上有一所白色的屋子，大道旁有一座红色的小楼。这里的"白屋"和汉语古典诗歌中常用的"白屋"不同，汉语古典诗歌常用"白屋"指平民寒士居住的不施彩色，露出本材的房屋，此处的"白屋"无此意。

例 24 绿椰驰道白沙堤，白阁青林十里迷。(康有为《槟榔屿偕铁君四更踏月，步游公园，长林清薄，杂于月影中，光景佳绝》)

这句诗用绿椰林、白阁和白沙描写了马来西亚槟榔屿清新宜人的海滨风情。

例 25 球场白栏杆，数里接青霭。(康有为《庚子七月居槟榔屿督署，今已辛丑六月，手种藤已花矣》)

"白"，描写的是球场四周围栏的颜色。

例 26 蔓草荒烟堆瓦砾，玲珑白阁犹奕奕。门户万千尽欧式，圣祖手

---

① 黄遵宪. 人境庐诗草[M]. 钱钟联，笺注. 北京：中国青年出版社，2000：149-150.

作著象历。(康有为《游法兰西诗·巴黎睹圆明春山玉玺,思旧游感赋》)

康有为在巴黎看到来自圆明园的文物,"睹此凄痛"①,感触极深。圆明园内的欧式建筑因是砖石结构,不易烧毁,故圆明园内遗存的建筑多是欧式建筑,欧式建筑喜用白色,故称"玲珑白阁"。

6. 语义指向生活用品

"白"颜色义对生活用品的适用性强,具体有织物(旗、衣、履、帽、毡、裤、棉布、帏、囊)、矿物(玉、银)、其他(棋子、拂尘、白石棺、瓷、刃)。

例27　黑冀而白衣,修洁奉职事。(康有为《哀义仆吴积仁,事我五年,携往美,中道没于槟榔岛,躬为殡葬,客旅孤羁,未当办此,不胜哀感也》)

跟随自己流亡世界各国的贴身仆人吴积仁去世后,康有为作诗怀念他,回忆中,吴须发黑而浓密,总是穿着白色的衣服,兢兢业业。这里的"白衣"指白色的衣服。与汉语古典诗歌中常用来表示"无功名或无官职者所穿服饰"的"白衣"不同。前者强调颜色白,后者强调空、无。

例28　望敌营,白一色,片片是降旗。(梁启超《从军乐十二章》)
战场上,白色的旗子表示投降认输。

例29　车票有白绿红三样的颜色儿。头等是白色儿的;二等是绿色儿的;三等是红色儿的。([韩]柳廷烈《修正读习汉语指南》)

《修正读习汉语指南》是朝鲜日据时期(1910—1945年)出版的汉语教材。这条语料记录了民国时用不同颜色的车票标识座席级别。

例30　白铤委地霜雪光,长旌斫倒锦绣段。(房毓琛《平壤谣》)
"白铤",用作货币的银子。"白"指银子白而亮的颜色。

例31　而有一器雪瓷白,前清买自樱桃斜。(赵熙《传度上人饷蒙茶用欧梅唱和韵赋谢》)

瓷器像雪一样白。

7. 语义指向食用品

"白"颜色义对食用品的适用性一般,具体用例白砂糖、面粉、南瓜

---

① 康有为. 康有为全集:第八集 [M]. 北京:中国人民大学出版社, 2007: 248.

子、大米、药面、白薯等。

例 32 西人嗜糖嗜其白,贱卖赤砂改机制。(丘逢甲《汕头海关歌寄伯瑶》)

西方人偏爱白色的砂糖,因此汕头当地赤砂糖的价格暴跌,商户纷纷改产白砂糖。

例 33 跑堂过来擦抹桌面,搭上台布,跟着端上一碟白瓜子,放在桌上然后请示要什么酒菜。(徐剑胆《花鞋成老》)

南瓜子,色白,故称白瓜子。

8. 语义指向抽象物

"白"颜色义对抽象物的适用性一般,具体有神话里的动物(白龙、白麟、白凤),佛教事物(白莲、白牛),五行说与西方对应的颜色(白门、白帝、白狄),刀兵之象。

例 34 傍涧采方竹,参禅悟白莲。(文廷式《杨岐山》)

佛家有红莲、白莲之喻,"传说佛祖释迦牟尼趺坐白莲上,象征佛性纯净芬洁"①。

例 35 半壁江山涎白帝,八方风雨泣黄魂。(刘栽甫《黄魂》)

"五行说"西方对应的颜色是白色。"白帝",五天帝之一,《晋书·天文志》:"西方白帝。"清末、民国汉语古典诗歌中常用来指西方帝国主义列强。

例 36 杀运百年兵气白,飞机万里石云青。(丘逢甲《岁暮杂感十首》)

例 37 如何他人睡,犹鼾卧榻侧?白气十丈长,狼星影未匿。(黄遵宪《述怀》)

古人认为刀兵之象为白。

(二)非原型语义

1. 与有、实相对,表示无、空

第一,指事物无彩无色。

例 38 万花世界将红洗,六代湖山要白描。(易顺鼎《金陵雪后独

---

① 曾文斌. 文廷式诗选注[M]. 北京:中华书局,2015:446.

游》)

大雪将花花世界的喧嚣和凡尘一洗干净,六朝古都南京的湖山大部分被白雪覆盖,只留下黑色边缘,看起来像是白描画。"白描","国画技法的一种。用墨勾勒轮廓,用水墨渲染,不设色"①。

例39 吹云画水寻常事,君看游鱼飞白图。(黄遵宪《日本杂事诗》)

"飞白",指一种特殊的书画笔法。用这种笔法创作的作品,"笔画中丝丝露白,像枯笔所写"②。"白",指没有被墨填满的空隙。类似的,中国画中为了营造想象空间而特意留出的空白,叫"留白"。

第二,指朴素,无华美装饰。

例40 称诗美芣楚,所志玩白贲。(黄节《春风城南花为丽云作》)

"白贲",朴素无华的装饰。"白贲"出自《周易·贲》:"上九,白贲无咎。"王弼注:"处饰之终,饰终反素,故在其质素,不劳文饰而无咎也。"

例41 雨雪经旬日,浑天白屋贫。(夏曾佑《己亥除夕》)

古时王侯贵族、富贵人家居住的建筑普遍金碧辉煌,色彩丰富,如朱门、碧瓦、红楼、翠阁等。平民寒士居住的房子,没有涂彩漆,露着木材原来的颜色,称为"白屋"。"白"不一定是用白漆刷白,而是强调没有特意施加颜色。类似的用法还有"白衣"。"白衣"指没有取得功名、官职的贫民所穿服装。这里的"白"也不一定特指白色,而是与取得功名,纡青拖紫的人相对,指服饰没有增添象征身份与地位的颜色。

例42 白衣骂座三升酒,红烛谈兵万树花。(柳亚子《和天梅四十自寿诗,即次其韵》)

第三,指食物没有味道,没有佐料。

例43 但只一节,没有咸盐,白嘴儿吃肉可怕不得滋味儿。(尹湛明《夜叉国》)

"白嘴儿吃肉",指吃不加盐的肉。

例44 冲一小碗藕粉吧!嘴里老白唧唧的没有味儿!(老舍《四世同

---

① 罗竹凤.汉语大词典:第8册[M].上海:汉语大词典出版社,2003:191.
② 罗竹凤.汉语大词典:第12册[M].上海:汉语大词典出版社,2003:692.

堂》）

嘴里"白唧唧的"即没有任何别的味道。

例45 野店无长物，白面与酸菽。（康有为《夜宿汤山行宫旁野店，无可食。新月方吐，引酒对之，陶然大乐》）

康有为一次夜宿郊外的旅舍，旅舍里没什么像样的食物，只有面条和酸豆。"白"既指面条的颜色，也强调面条清汤寡水，没有其他配菜和佐料。

第四，指没有胡须。

例46 人生少年苦作健，别时白面今有须。（王闿运《丙寅人日，因散怏见高大心夔，庚申人日，见寄诗忆旧游作示知者》）

"白面"与"有须"相对，暗示别时"无须"。"白面"，指男性在少年时期，还未长出胡须的面庞。

第五，指没有事情。

例47 这春天的时候儿，一点儿事没有，白闲着，竟在家里坐着，很觉闷得慌呵。（威妥玛《语言自迩集·谈论篇百章之六十四》）

第六，指没有代价。

例48 学价多少（What is the tuition fee）？没有学价，都是白念。(There is no tuition fee; we are taught free.)（[英]傅多玛《汉英北京官话词汇》）

这里的"白念"不是指念书念了没有效果，根据随文的翻译可知，这里的"白念"指上学免费。

第七，没有回报。

例49 好孩子白疼他了。他还是惦记着他本生的母亲，你我都是白闹哇。（蔡友梅《刘军门》）

这句话道出了养父母的无奈，长久以来对养子的付出没有得到回报，"白疼他了"和"白闹"的"白"都表达了无用、徒劳的意思。

第八，指没有武器，赤手空拳。

例50 拔奇却有惊人技，白战曾无寸铁持。（陈曾寿《书诚斋集》）

"白战"，空手作战。这里指作诗时禁用一批常用字，就像打仗禁用武器一样。禁体诗始于宋代欧阳修，得名于苏轼，苏轼有"当时号令君听取,白战不许持寸铁"之句。

第九,指没有依据。

例51 姑娘别是有件甚么心事罢。我白猜一猜,不是因为那郑恒吗?(威妥玛《语言自迩集·谈论篇百章之六十四》)

"白猜一猜",指没有真凭实据,凭空随便乱猜。

2. 与晦暗不明、佶屈聱牙相对,表示清楚、明白

第一,指心思、想法显露公开,使别人清楚,明白。

例52 心事今谕白,精诚本自丹。(王国维《隆裕皇太后挽歌词九十韵》)

裕隆皇太后的心事如今被国民所知,本就是一片丹诚。

例53 普天怨愤久颠倒,幸藉微言白后人。(康有为《邱菽园孝廉刻先师朱九江先生论史口说,书成见赐。赋感》)

"白后人",指把历史记录下来,让后人了解、明白。

例54 昨天在大街上,看见一个招租的告白,后头也有三个条件,是贵军界、贵学生、无家眷免租。(梅蒐《益世余墨——民国初年北京生活百态》)

"告白",广而告之的短文。

第二,指通俗易懂。

例55 近年文术更革命,白话之位摩苍穹。(赵熙《半疯诗》)

例56 本报既开设在北京,又是一宗白话小说,就短不了用北京土语。(蔡友梅《库缎眼》)

到清末、民国,文言文同实际口语的距离越来越大。为了让更多的人看懂书面文字,20世纪早期,中国文化界发起了一次书面语革新运动,主张用更接近口语、更通俗易懂的"白话文"代替脱离口语实际、艰涩难懂的"文言文"。

3. 表面或显著特征是白色的事物

"白"的颜色义经过转喻,可指白色物。在语料中具体可指雪、棋子、白发、白色的衣服、茶叶末、化妆品。

例57 晴风吹飞雨,洒白东南天。(刘光第《双飞桥》)

"洒白",指飞舞的雪花。"白",指雪。

例 58 十年白上萧郎鬓,不分桃花新旧红。(康有为《秋心五首》)

"白",指白发。

例 59 上头衣白人,渔海业打桨。(黄遵宪《番客篇》)

"衣白人",指穿着白色衣服的人。"白",指白色衣服。

例 60 点白茶始尝,堆红果初熟。(黄遵宪《游箱根》)

"点白",指一种泡茶方法,用碾碎的茶叶末,先注入少量的水调匀茶末,呈粥面状;再注入大量开水,形成浓茶;之后,用茶筅搅击茶叶粉末,使生成鲜白色的泡沫。"点白"的"白"即鲜白色的茶叶泡沫。钱仲联引《日本国志·物产志》注:"点茶之法,始于陆羽,宋人盛行之。考《大观茶论》、蔡襄《茶录》,知日本点茶,即同其法。凡运筅击拂,谓之立茶,立茶谓粥面聚也。茶多汤少,运筅旋撤,再添汤击拂者,谓之浓茶。茶少汤多者,谓之薄茶。盖碾茶为末,注之以汤,以筅击拂,以观其色泽,法以抄茶一钱匕先注汤,调令极匀,又添注入,回环击拂,汤上盏可四分而止,视其面色鲜白,著盏无水痕者为绝佳。"①

例 61 俗语儿说,小白脸儿,没好心眼儿,大半就是他们这一路人儿,别名儿又叫"擦白党"。咱们娘儿们虽不打算在他身上发大财,千万也别上了他的当呀!(湛引铭《细侯》)

19 世纪 20 年代,在上海地区,有一群专门靠女人养着,"吃软饭"过日子的男人,被称为"擦白党"。"要获得有钱的女人的青睐,要年轻、时髦、身材好、面孔漂亮,尤其是脸要白。因此他们经常用雪花膏之类的化妆品,'擦白'就是指涂抹雪花膏。"②

4. 与肮脏、浑浊相对,表示环境干净、品格清白

第一,指环境干净。

例 62 尘洗室生白,影寒风过虚。(吴俊卿《种竹》)

"室生白",指经过彻底打扫后的房间,窗明几净。

第二,指人品质清白、高洁,无污点。

例 63 当年喋血戎马中,与尔坚白之质相磨砻。(谭嗣同《文信国日

---

① 黄遵宪. 人境庐诗草 [M]. 钱钟联,笺注. 北京:中国青年出版社,2000:205.
② 湛引铭. 讲演聊斋 [M]. 张娟,校注. 北京:北京大学出版社,2018:59.

月星辰砚歌并叙》)

"坚白","最坚硬的东西不会被磨薄,最白的东西不会被染黑"的简称。语出《论语·阳货》:"不曰坚乎,磨而不磷;不曰白乎,涅而不缁。"① 后世用"坚白"形容君子能在浊污中保持坚贞、清白的品格。

例64 可怜那如花似玉、甘为情殇的阿氏,因为母也不谅,自己又福命不齐,堕入狱中,难白于世。(王冷佛《春阿氏》)

春阿氏蒙冤入狱,"难白于世",意思是很难洗清冤屈,重获清白。

5. 白天

例65 白昼绺人之财物者,名曰"白钱";夜晚偷窃者,名曰"黑钱";所谓"智儿钱"者,是以骗术诈取,尤使人防不胜防。(梅蒐《益世余谭——民国初年北京生活百态》)

"白钱",不是白色的钱,而是在白天偷的钱。"绺物,偷东西。"②

6. 与错误相对,表示正确

例66 不是圣朝无皂白,指椷容易去椷难。(陈玉树《甲午冬拟李义山〈重有感〉其二》)

"皂白",指是非对错,也说"黑白"。

例67 天地何不仁,黑白恣颠倒。(高旭《次韵,答景梅九》)

"黑白颠倒",在这里指正确的和错误的位置放反了,比喻世道混乱。

7. 与丧葬有关的

例68 这通儿白事,统共使了不到二百银。(蔡友梅《姑作婆》)

北京"人家里死了人,说'办白事'"③。

8. 因尴尬,着急而变了脸色

例69 又有一个人问他:"尊字怎么称呼?"四十儿也没答对上来。旁边又有人解释,说:"问您台甫哪。""台甫"俩字,四十儿却懂得,说:"我台甫叫少泉。"按说"台甫"俩字,是人家称呼,自己不能够说。四十儿虽是土匪,这些个事儿,他还懂得,今天是有点儿闹迷了。招得大

---

① 朱熹. 四书集注 [M]. 长沙:岳麓书社,1987.
② 梅蒐. 益世余谭:民国初年北京生活百态 [M]. 北京:北京大学出版社,2014:10.
③ 英继,宫岛吉敏. 北京事情 [M]. 徐菁菁,陈颖,翟赟,校注. 北京:北京大学出版社,2018:21.

家闹了一个敞笑儿。大家一乐,把四十儿乐白了。脸也红啦,脑筋也崩起来啦,登时要跟人炸。自己一想没有理,又压回去了。(蔡友梅《土匪学生》)

"乐白了",指被人笑得很尴尬,不安。

例70 "我非见你们太太不可!"赵子曰急扯白脸的说。(老舍《赵子曰》)

"急扯白脸",也作"急赤白脸",指因为着急而变了脸色。

9. 陈述,话语

例71 气得院中阿氏浑身乱颤,欲待抢白两句,又恐怕因为此事闹起风波来,遂蹲在地上,俯首不语。(王冷佛《春阿氏》)

"抢白",责备、训斥、讽刺与挖苦的话。

例72 正这儿说着,小脑袋儿春子也过来啦,说:"得啦,老大爷,都瞧我啦,只当是小孩子跟您撒个娇儿完啦。明儿个我们哥儿几个必带他到您府上给您请安去。钱粮明儿个再说吧。老大爷您别生气啦。"伊老者让这块料这们一软白子,简直更说不出什么来啦。(蔡友梅《小额》)

"软白子",说软话①。

例73 迟云生屡屡来闲捣白,逢拉开话匣子就是半天,舍友这么些功夫陪伴他呢。([美]狄考文《官话类编》)

"闲捣白",说闲话。

10. 与恶相对,表示善、好

例74 白业宜熏习,清芬底用夸。(释敬安《为净业上人题白梅》)

佛教把身、口、意三方面的活动称为"业",分为善、不善、非善非不善三种。"白业",即善业。

二、素

"素"共有四个义项,其中颜色义占比最高,语义指向范围最广,是原型语义(见表6-3)。

---

① 刘一之,矢野贺子.清末民国北京话语词汇释[M].北京:北京大学出版社,2018:414.

表6-3 "素"原型语义和非原型语义显著度、广义度对比

素		语义显著度		语义广义度							
		使用频率	占总数的比率（%）	生物			具体物				抽象物
				人体部分	动物	植物	自然物	建筑物	生活用品	食用品	
原型语义	像生绢一样的白色	93	58.49	+1	—	+1	+1	—	+1	—	+1
非原型语义	白色的事物	21	13.21	—	—	+1	+1	—	+1	—	—
	与艳丽、华丽相对，质朴无饰	40	25.16	—	—	—	—	—	+1	—	+1
	空、无	5	3.14	—	—	—	—	—	—	—	+1

（一）原型语义

"素"的颜色义适用于除动物、建筑物、食用品外的5个语义类，广义度为62.50%（见表6-4）。

表6-4 "素"原型语义广义度

语义指向事类		语义指向示例	适用值	语义广义度（%）
生物	人体部分	年迈者的头发、女子白净的皮肤	+1	62.50
	动物		—	
	植物	花色	+1	
具体物	自然物	月亮、灰尘、云、雪、急流	+1	
	建筑物		—	
	生活用品	丧葬用品和服饰	+1	
	食用品		—	
抽象物		五行说西方对应的颜色	+1	

1. 语义指向人体

"素"的颜色义对人体部分类词语的适用性弱，具体可指向年迈者的

头发、女子白净的皮肤。

例 75 侧跽素发母，拏婴哀哭并。（陈三立《由沪还金陵散原别墅杂诗》）

"素发母"，指年迈头白的老母亲。

例 76 见阿氏浑身是疥，头部是浮肿红烧，可怜那一双素手，连烧带疥，肿似琉璃瓶儿一般。（王冷佛《春阿氏》）

"素手"，指年轻女子白皙的双手。

2. 语义指向植物

"素"颜色义对植物类词语的适用性弱，限于描写花色。

例 77 松阴夹道引流水，十里白花生素馨。（康有为《大吉岭后岭接茶园，茶花皆白，夹道十里》）

由诗题可知，"素馨"指白色的茶花。

3. 语义指向自然物

"素"颜色义对自然物的适用性相对较强，具体有月亮、灰尘、云、雪、急流。

例 78 翠岭百重天破碎，素波万里月徘徊。（朱铭盘《蓬莱阁题壁》）

例 79 素湍照白日，玄涧映愈幽。（王闿运《朱陵洞瀑》）

4. 语义指向生活用品

"素"颜色义对生活用品类词语的适用性弱，具体有丧葬用品和服饰。

例 80 小立西风吹素帻，人间几度生华发。（王国维《蝶恋花》）

例 81 博氏听说婆婆死了，立刻也就换了素服啦。（损公《曹二更》）

例 82 升屋魂归碧血祠，倾都人看素冠随。（鲁一同《闻张亨父卒于都门哭之有作》）

例 83 素车悭一吊，泉下倘相宽。（柳亚子《追哭子美》）

例 84 戊戌在天津，噩梦正惊寤。素灯载浊酒，慷慨登楼赋。（夏曾佑《己亥秋别天津有感寄怀岩蒋陈诸故人四首》）

以上五例中的"素帻""素服""素冠""素车""素灯"都是用于丧事的器具。"素帻"，白头巾。"时静安悼亡未久，仍在服中，故云"[①]；

[①] 王国维. 王国维诗词笺注［M］.陈永正，笺注. 上海：上海古籍出版社，2013：548.

"素服""素冠",丧事时穿戴的衣帽。"素车",送葬的车。"素灯",怀念故去亲友时点的白色蜡烛。

"素"与服饰类语素的组合并不都指丧葬场合的服饰。

例85 昨日商量蓑术黄,今日素衣来吊丧。(金和《名医生》)

例86 素衣深恐缁尘浣,岂敢投缄入帝京。(康有为《除夕答从兄沛然秀才,时将入京上书》)

以上两例的"素衣",前者指前去吊丧所穿的衣服;后者无丧葬义,指白色的服饰。汉语古典诗歌中,"素衣"常和"缁尘"对举,象征清白的操守和腐败黑暗的仕途。

5. 语义指向抽象物

五行说西方对应的颜色。

例87 剑头险过又矛头,满地妖氛接素秋。(房毓琛《秋夜感怀》)

"素秋",指秋天。按五行说,秋属金,对应色为白色,故称秋天为素秋。

(二)非原型语义

1. 白色的事物

"素"的颜色义经过转喻可指白色的事物,如雪、纸、花等。

例88 积素攫山骨,濯清鉴泉坳。(沈增植《石钦证刚诗咏斐亹读之有见猎之喜晨兴忍寒复得古体五首》)

"积素",指积雪。

例89 微尚托荣木,贞心写豪素。(梁启超《题越园画〈双松〉》)

"豪素",指诗文著作。其中,"素",指写作用的白纸;"豪",指写作用的笔。

例90 岛园红素开,湖舫青白低。(康有为《匈牙利标德卑士京,华丽冠各欧国,其地夹多饶河,长堤廿余里,电灯铁几,车马如织,士女相携,园林精妙,好乐似巴黎。匈人本游牧,善为乐声,故小国僻壤有此瑰异也》)

"红素",指红的、白的花。

2. 与艳丽、华丽相对,表示质朴无饰

例91 我心欢素闲,山灵助孤赏。(刘光第《独临宝见溪危石上小

坐》）

"素闲"，指安闲朴素的生活。

例 92 结束雅素谢雕饰，神光绰约天人尊。（金和《兰陵女儿行》）

"雅素"，指女子装扮不艳丽，优雅恬淡。

例 93 何喜珠想到这儿，不由冲着詹生一笑，对丫鬟遂说道："这就是那不曾娶妻的傻角儿吗？"说罢，用手中那条素巾一捂樱口，轻碎莲步，往西巷拐去。（徐剑胆《何喜珠》）

"素巾"，没有其他颜色和绣饰的手巾。

3. 空、无

例 94 嗟彼豪华子，素餐厌膏粱。（黄燮清《秋日田家杂咏》）

"素餐"，指富家子弟不劳而获，坐享其成。《孟子·尽心上》："不素餐兮"。赵岐注曰："无功而食，则谓之素餐。"

三、华

"华"，白色。"华"的颜色义适用范围较窄，限于头发、树干、花、月亮和云。

例 95 华颠萎寥落，白眼看鸡虫。（鲁迅《哭范爱农》）

"华颠"，指头顶上的头发黑白相间。

例 96 穹圆华干四周出，蘙如玉盖垂葆缨。（姚燮《司徒庙古柏》）

例 97 冠垂华花枝，手撚梅花红。（黄遵宪《送宍户玑公使之燕京》）

"华干"，指古柏白色的树干。"华花"指白色的花。

例 98 回头见华月，华月更鲜新。（康有为《飞红》）

"华月"，指亮白的月。

例 99 皎月东方来，华云动如水。（谭嗣同《宿田家》）

"华云"，指白云。

四、皓

皓，白而有光泽。"皓"的颜色义适用范围较窄，限于月亮和人体类词如发、齿、骨、皮肤。

例 100 眼看皓月频圆缺，身与闲云共去留。（高旭《丁未夏日述怀》）

"皓月",指白而亮的月亮。

例 101 红颜乐部偷垂泪,皓首词人只赋诗。(柳亚子《王郎曲》)

"皓首",指白发。

例 102 执拂执铎相蝉联,明眸皓齿粲嫣然。(康有为《巴黎观剧,易数曲,各极歌舞之妙,山海天月,惨淡娱逸,气象迫真,感人甚深,欲叹观止》)

"明眸皓齿",指明亮的眼睛,洁白的牙齿,用来形容美丽女子的容貌。

例 103 火马飞驰过凤楼,金蛇焱蹈燔鸡树。此时锦帐双鸳鸯,皓躯惊起无襦袴。(樊增祥《后彩云曲并序》)

相传,八国联军入侵北京后,联军统帅瓦德西曾携赛金花居住在中南海仪鸾殿。1901年4月17日深夜,仪鸾殿院里的德军厨房起火,二人侥幸逃出。诗题后诗人自注:"仪鸾殿灾,瓦抱之穿窗而出"。"皓躯"在这里指赛金花的酮体。"皓"指皮肤白而有光泽。

五、苍白

"苍白",灰白色。"苍白"的白色义适用范围较窄,适用对象限于人体类和自然物类词语。

例 104 渐看镜里鬓毛苍,煮梦煎愁又一霜。(高旭《次韵答陆更存》)

例 105 只见牢门外,站着一人,白发苍苍,流泪不止。(王冷佛《春阿氏》)

以上两例的"苍白"均指头发灰白。

例 106 西来林麓横苍雾,冬走滹沱混太清。(汤鹏《登楼》)

"苍雾",指灰白色的雾,使人视线不明。

由"苍白"组成的多音节颜色词有"苍白"。

例 107 王大人就是看中李家那匹苍白马,稀罕他走得稳,跑得又快,一天能跑四百里路。([美]狄考文《官话类编》)

这句课文的译文将"苍白"译为 iron-grey,直译为铁灰色。

六、皎

(一) 原型语义

"皎",白而亮。

例 108 造物妙游戏,雨此万玉花。……绰约岩阿人,皎然冰雪华。(沈增植《石钦证刚诗咏斐亹读之有见猎之喜晨兴忍寒复得古体五首》)

经雨的白玉兰像冰、像雪一样洁白剔透。

(二) 非原型语义

人的形象光辉,品格高洁。

例 109 斗室万古天,日月两心皎。(姚燮《暗屋啼怪鸦行为郑文学超记其烈妇刘氏事》)

"日月两心皎"是说烈妇刘氏坚贞的节操像日光、月光一样明亮洁白。

例 110 洗却儒生酸,皎然三代英。(高旭《咏荆轲,步陶靖节韵》)

"皎然"形容荆轲刺秦王的壮举光芒万丈。

七、皤皤、皑皑、皠皠

"皤皤""皑皑""皠皠"是"AA"重叠式复合状态形容词,语义相近,指向单一明确,都可用"(适用对象)白"释义。

"皤皤",(头发) 白。

例 111 皤皤国老定远侯,东方千骑来上头。(梁启超《秋风断藤曲》)

"皠皠",(雪) 白。

例 112 危柯半入烟冥冥,细叶还铺雪皠皠。(易顺鼎《万杉寺五爪樟》)

"皠皠",描写樟树叶子上的积雪色。

"皑皑",(雪、月、牙) 白。

例 113 雪色皑皑照青天,碧松遍山草芊芊。(康有为《瑞士国在阿尔频山中,湖山之胜,游客之盛,为天下第一。吾两过之》)

"皑皑",描写瑞士雪山上的积雪色。

例 114 海门空阔月皑皑,依旧素车白马夜潮来。(王国维《虞美人》)

"皑皑"，描写月色。

例115 眼瞪鼻掀耸两肩，獠牙皑皑口流涎。被发搏膺叫呼天，挨门逐户搜金钱。（王甲荣《老革谣》）

"皑皑"，描写趁社会动乱作恶的坏人的牙齿色。"袁氏窃国时，各省多独立。宵小乘机骚动，部昀先生集中，有《老革谣》一篇刺之。"①

第二节 语用颜色词语和词汇语用表达

一、语用颜色词

（一）银

银的原型语义是一种白而亮的金属，可以用来表示"像银子一样的亮白色"。颜色语义指向植物（银杏）、动物（银鱼）、自然物（月、云、星、涛、雪、白沙）、生活用品（蜡、灯）。

例116 柳阴深处马蹄骄，无际银沙逐退潮。（苏曼殊《过蒲田》）

"银沙"，指白沙。

例117 殿前银杏参天苍，千载金元阅沧桑。（康有为《潭柘梵宫精丽，而山水平迤，无足观者。赋此腾嘲》）

"银杏"，银杏树的果实，俗称白果。

例118 刚一抬头，看见上面许多星辰，银河耿耿。（尹湛明《云翠仙》）

"银河"，星河，色亮白。

（二）粉白

粉白的原型语义是白色粉末。《汉语大词典》"粉"词条下的第六个义项是"白色的；带白色的；粉红色的"。我们的语料中"粉"表示白色的语料有92条，表示粉红色的语料15条。

例119 森森桧柏覆丹砌，隐隐苺苔侵粉墙。（易顺鼎《南岳诗》）

"粉墙"，指用白色涂料刷的墙。

---

① 张寅彭．民国诗话丛编［M］．上海：上海书店出版社，2002：159.

例120 粉白一色具深意，似为俗眼揩尘埃。（陈寅恪《宣统辛亥冬大雪后，乘火车登瑞士恩嘉丁山顶作》）

"粉白一色"，描写雪色。

例121 只见春阿氏披头散发，惨切万状，穿着白布裤褂，带着手铐脚镣，粉胫之上，带着极粗极大的锁链。（王冷佛《春阿氏》）

"粉胫"，指白色的小腿。

（三）雪（花）

雪的原型语义是气温在零度以下时，从空中飘下的白色冰晶。《汉语大词典》"雪"词目下第二个义项是"白色"。颜色语义指向人体（雪鬓、雪肤、雪牙）、动物（雪羽、雪鹿）、自然物（雪浪）、生活用品（雪瓷）等。

例122 黑风卷海倭船来，银涛雪浪如山颓。（鲁一同《吴子野画东海营图》）

"银涛雪浪"，指海浪卷起的浪花像银子、雪一样白。

例123 常言说的好："三年清知府，十万雪花银。"（蔡友梅《库缎眼》）

"雪花银"，指白银。

例124 打花巴掌的十月一，老太太爱吃个雪花梨，烧着香儿念着佛儿，茉莉花儿串枝莲。（［意］威达雷《北京儿歌》）

这首儿歌后给"雪花梨"的英文注释是"一种产自山东的好梨，果肉白似雪花"（sort of very good pears found in Shantung, whose pulp is said to be as white as flakes of snow）①。

（四）霜

霜的原型语义是气温在零度以下时，附着在地面或植物上面的微细冰粒。《汉语大词典》"霜"词目下的第二个义项是"喻白色或变成白色"。颜色语义指向人体（霜鬓、霜髯）、植物（霜树皮）、动物（霜羽、霜鹤、霜兔）、自然物（霜月）、生活用品（霜旗、霜纨）。

例125 霜颠遗一老，吹泪海风前。（鲁一同《杂感十二首》）

---

① 威达雷. 北京儿歌［M］. 北京：北京大学出版社，2018：74

"霜颠"，指白头。

例 126 霜皮黛色郁相对，驻马婆娑坐石矶。(康有为《墨国胡克家郊外十里许袄祠前，有老桧围五百四十尺，凡二十八围，垂条苍翠。其巨大吾未之见也，以在美中新地，故得保天年耶》)

"霜皮"，指苍白的树皮。

（五）玉

玉的原型语义是有光泽、透明的白色石头。《汉语大词典》"玉"词条下的第二个义项是"形容洁白"。颜色语义指向人体（玉肌、玉臂）、植物（花、米粒）、自然物（雪、冰、月）。

例 127 三吴秔稻走天下，玉粒况是供国储。(江湜《雨中感事》)

"玉粒"，指白色的米粒。

例 128 金波拂水凌双照，玉树先秋绚此峰。(谭献《月下》)

"玉树"，指在皎洁月光照耀下，树呈现像白玉一样的颜色。

例 129 伸玉腕轻掀绣花帘子，进楼而去。(湛引铭《细侯》)

"玉腕"，指白色的手腕。

（六）缟

缟的原型语义是未经染色的绢。《汉语大词典》"缟"词条下第二个义项是"白色"。颜色语义指向自然物（雪、雾）、植物（花）、生活用品（缟衣、缟带、缟袂）。

例 130 浩渺朱霞天际想，优游缟雪岁寒朋。(文廷式《舟中偶作示家人》)

"缟雪"，指白雪。"缟"既形容雪色白，也形容雪柔、绵的状态。

（七）鹤_白

鹤_白的原型语义是一种白色羽毛，头上有红斑的鸟。《汉语大词典》"鹤"词条下第二个义项是"比喻白色"。颜色语义多指向年迈之人的发色。

例 131 鹤发老珰泪盈掬，铁册犹存谁能读。(孙景贤《宁寿宫词》)

"鹤发"，指白发。

（八）秋

秋，四季之一。《汉语大词典》"秋"词条下第十个义项是"古以五色、五行配四时，秋为金，其色白，故指白色"。颜色语义多指向年迈之人的发色。

例132 存心江海上，万事鬓毛秋。（汤鹏《得魏默深书却寄》）

"鬓毛秋"，指人年老时鬓发斑白、稀疏，如同秋天草木凋零。

二、词汇语用表达

（一）冰

冰的原型语义是水在零度以下的固体状态，在具体语境里可表示白且通透的颜色。

例133 苔梅数本恣荒率，冰花乱落苍崖悬。（吴俊卿《沈公周书来索画梅》）

"冰花"，指白梅花。"冰"既指白梅的颜色，也象征梅花冰清玉洁的骨气。

例134 冰绡雪縠一万匹，鲛人涕泪穿成衣。银河流奔几千丈，乘槎去借天孙机。（易顺鼎《朱陵洞观瀑布》）

"冰绡雪縠"，把奔流而下的瀑布比作白而薄的丝绸。"冰"描写白而透明的水色。

（二）琼

琼的原型语义指美玉，在具体语境里可表示像美玉一样白且有光泽的颜色。

例135 玉叶琼花写碧绡，上清粉本试兰翘。（文廷式《拟古宫词其三》）

"玉叶琼花写碧绡"的意思是，在绿色薄绢上画画，叶子像碧玉一样翠绿，花像白玉一样白。

例136 红梅未吐蜡梅陈，数朵琼云点染新。（王国维《题御笔牡丹》）

"琼云"，指画作中的白牡丹。"琼""云"既描写颜色，也描写形态。

（三）荼

荼的原型语义是茅草的白花。在具体语境里可形容军容士气。

例137 是日营门开，军容荼火赫。（黄遵宪《陆军官学校开校礼成赋

呈有栖川炽仁亲王》)

军容士气之盛,像火那样红,像荼那样白。今有成语"如火如荼"。语出《国语·吴语》:"为万人以为方阵,皆白常、白旂、素甲、白羽之矰,望之如荼……左军亦如之,皆赤常、赤旂、丹甲、朱羽之矰,望之如火。"①

(四)矰

矰的原型语义是丝织品的总称。在具体语境里可用来指云色。

例138 绿雾矰云海外山,青瞳绀发古时颜。(许瑶光《阿芙蓉咏》)

"矰"与"绿""青""绀"等颜色词对仗、呼应,用来形容云像丝织品一样柔软洁白。

(五)梨

梨的原型语义是一种果肉洁白的果实。在具体语境里可用来指人皮肤白。

例139 长年迟暮亦何益,冻尽梨涡瑟鬓鸦。(曾广均《咏画西施》)

"梨涡",指梨颊上的酒窝。宋罗大经《鹤林玉露》卷十二:"'胡澹庵十年贬海外,北归之日,饮于湘潭胡氏园,题诗云:君恩许归此一醉,傍有梨颊生微涡。谓侍妓黎倩也。'后因以'梨涡'指酒涡"②。梨颊,指女子像梨肉一样白的脸颊。

(六)翁

翁的原型语义是老人。在具体语境里可用来指像老者头发一样的白色。

例140 遥望翁芙蓉,岩峣拔十洲。(康有为《再游瑞士登离寄峰巅,视诸峰环走,下积层雾,如云海蔽山,时时腾涌,光景奇绝。旂里同游》)

汉语古典诗歌中常用"青芙蓉"指青山,康有为在瑞士看到山巅聚积着白色云海的高山,像老翁头顶白发一样,故用"翁芙蓉"描写。

---

① 左丘明. 国语[M]. 上海:上海古籍出版社,2015:409.
② 罗竹风. 汉语大词典:第4册[M]. 上海:汉语大词典出版社,1991:1042.

第三节　范畴成员综合分析

一、范畴原型的确立

白范畴单音节颜色词有六个，分别是"白""素""华""皓""苍₍白₎""皎"。

从颜色义的使用频率看，"素""皎""华""皓""苍₍白₎"远远低于"白"。

从颜色义的语义广义度看，"白"可适用于所有语义类，"素"适用于五个义类，"皎""华""皓""苍₍白₎"的适用范围限定在几种具体事物上。

从颜色义的显著程度看，"华""皓""苍₍白₎"的颜色义没有产生非原型语义，"素""皎"的颜色义产生了与之相关的非原型语义，但是数量少于"白"。

从颜色义的构词能力看，"素"和"华"没有构成新的白范畴颜色词，"苍""皓"构成了"苍苍"和"皓皓"；"皎"构成了"皎然""皎皎""皎白"；"白"构成了"洁白""白晃晃""白花花""白生生""灰白""雪白""乳白""鱼白"等（见表6-5）。

表6-5　"白""素""华""皓""苍""皎"语义对比

颜色词	颜色义的使用频率	颜色义的语义广义度	颜色义的语义显著度		颜色义的构词能力
			颜色义占比（%）	是否有非原型语义	
白	2 041	100%	77.00	是，10个	+
素	93	62.50%	58.49	是，3个	—
华	33	限于毛发、树干、花、月、云	100	否	—
皓	19	限于毛发、齿、骨、皮肤、月	100	否	+
苍₍白₎	19	限于毛发、云、烟、月	100	否	+
皎	12	限于日、月、电、人的品格	66.67	是，1个	+

综上，"白"的颜色义使用频率最高，并以颜色义为基础，产生了众多相关意义，显著度最高；可适用于所有语义类，语义指向范围最广；构成大量多音节颜色词语，符合颜色范畴的原型标准，是白范畴的原型颜色词。

二、语义综合分析

（一）原型语义综合分析

"白"是白范畴的原型颜色词，可以指称白范畴内任何一种颜色，语义指向的范围最广，覆盖颜色词可以指向的所有语义类。本节重点从语义指向上比较"素""华""皓""苍白""皎"的异同（见表6-6）。

表6-6 "素""华""皓""苍""皎"语义指向对比

颜色词	语义类							
	人体部分	植物	自然物	生活用品	抽象物	动物	食用品	建筑物
素	头发、皮肤	花	月、云、雪、湍流	丧葬品、服饰	西方色	—	—	—
华	头发	花、树皮	月、云	—	—	—	—	—
皓	头发、皮肤、牙、骨	—	月	—	—	—	—	—
苍白	头发、胡须	—	月、云、雾、烟	—	—	—	—	—
皎	—	—	月、日	—	品德	—	—	—

"素""华""皓""苍白""皎"语义皆可指向自然物。皆不适用于动物、食用品和建筑物。"素"语义指向的范围最广，还可指向其他四者不适用的生活用品类。如"素帻""素衣"等。

"素""华""皓""苍白"都可描写头发色，"皎"不可。"皓"对人体部分的适用性最强，语义除了可指向头发、皮肤外，还可指向牙齿和骨头，如"明眸皓齿""皓骨"。

"素"和"华"可用来描写花色。"皓""苍白"不适用。

（二）非原型语义综合分析

白颜色具有透明、无添加色等特点，这些特点通过视觉转换成人的心理感受,白范畴诸项非原型语义,即这些心理感受的语言表现。例如,因为白色无添加其他颜色,给人"干净"的心理感受;投射到"环境"域和"人"域,分别产生了"环境干净"和"品格清白"的语义,进而产生"正确""善"等正面语义。无添加其他颜色的特点还给人"朴素"的心理感受,与华丽相对,产生了"质朴无饰"的语义。白色亮度最高,一眼就能看透,给人"清楚明白"的心理感受,与藏着掖着相对,产生了"心思、想法显露在外""真相公开"的语义;与佶屈聱牙相对,产生了"通俗易懂"的语义。白范畴的其他非原型语义与文化有关,例如,北京丧葬仪式上惯用白色的器具,因此产生了丧葬义;按五行说,西方与秋天、白色相对,因此"秋"在具体语境里也可表示白色。

三、语用颜色词和词汇语用表达的原型类别

白范畴语用颜色词和词汇语用表达的原型可分为七类,其中自然物和人体类最多,生活用品和动物类次之,植物、食物和抽象物类最少(见表6-7)。

表6-7 白范畴语用颜色词和词汇语用表达的原型分类

类别	名物
植物	茶
自然物	银、雪、霜、玉、冰、琼、银汉
食物	梨
动物	鹤、鱼肚
生活用品	粉、缟、缯
人体	翁、牙、脂、乳
抽象	秋

第七章 黄范畴颜色词语描写与分析

第一节 语义颜色词语

一、黄

黄范畴原型，共有五个义项，其中，颜色义占比最高，语义指向范围最广，是原型语义（见表7-1）。

表7-1 "黄"原型语义和非原型语义显著度、广义度对比

黄		语义显著度		语义广义度							
				生物			具体物				
		使用频率	占总数的比率（%）	人体部分	动物	植物	自然物	建筑物	生活用品	食用品	抽象物
原型语义	像成熟的杏子一样的颜色	1 139	90.18	+1	+3	+3	+3	+1	+3	+1	+2
非原型语义	表面或显著特征是黄色的事物	71	5.62	+1	+1	—	+1	+1	+1	—	—
	黄种人，多特指中国人	29	2.3	+1	—	—	+1	—	—	—	+1
	果实成熟	23	1.82	—	—	+1	—	—	—	—	—
	事情不成功	1	0.08	—	—	—	—	—	—	—	+1

（一）原型语义

"黄"的颜色义，适用范围非常广泛，覆盖了颜色词可适用的所有义

类。其中，动物、植物、自然物、生活用品是相对较强的适用语义类（见表 7-2）。

表 7-2　"黄"原型语义广义度

语义指向事类		语义指向示例	适用值	语义广义度（%）
生物	人体部分	亚洲人（特指中国人）的皮肤、西方人的胡须、老人的毛发	+1	100
	动物	黄鹂、黄鹰、黄口、黄雀、黄莺、黄鹄、黄獐、黄犊、黄鹤、黄蝶、黄犬、黄蜂、黄骢	+3	
	植物	树（寒柳、梧楸）、花（菊花、韭菜花、黄莲、黄梅）、草	+3	
具体物	自然物	土（尘、沙、土、埃、地）、天象（落日、夕阳、月、雾、黄昏、云）、水（河、江）、矿物（金）	+3	
	建筑物	黄阁、黄门、黄扉、黄瓦、黄砖	+1	
	生活用品	织物（黄巾、黄头、黄蘖、黄旗、黄带、黄袍、黄衫、僧袍）、纸（黄卷、黄榜、黄标）、黄篾舫、黄钺、黄鞯	+3	
	食用品	黄粱、黄酒、野菜、柑、咸菜	+1	
抽象物		黄龙、黄麟、黄图、黄天、黄泉、黄中	+2	

1. 语义指向人体

"黄"的颜色义对人体类词语的适用性弱，具体有亚洲人的皮肤、西方人的胡须、老人的毛发。

例 1　黄面黑足披白毡，尘沙遍地来乞食。(康有为《自阿喇霸邑寻佛教僧寺，有人言刹都喇有之，至则绝无；寻至了忌喇爹利，即古之舍卫也，亦无佛迹。大教经劫，感慨而歌之》)

语料出自《须弥雪亭诗集》，该诗集记录了康有为于 1900 年至 1903

年在印度期间所作的诗歌,"自辛丑十月入印度,居大吉岭,葺草亭于所居,名曰须弥雪亭。至癸卯四月乃行。著书游山,幽忧放浪,都为《须弥雪亭诗集》"①。这句诗描写了当时印度佛迹无踪,乞丐遍地的社会现象。"黄",描写印度人的黑黄肤色。

例2 自由花不染尘埃,此是黄民大雅才。(柳亚子《白莲,为赵冕黄题扇》)

"黄民",指黄种人,特指中国人。"黄",指皮肤的颜色。

例3 天意岂忘黄种贵,帝星犹幸紫微留。(黄遵宪《再述》)

例4 忍言赤县神州祸,更觉黄人捧日难。(黄遵宪《感事》)

"黄种""黄人"均指黄色皮肤的人种,特指中国人。

例5 至今碧眼黄须客,犹自惊魂说拔都。(王国维《咏史二十首》)

"拔都"(1208—1255年),成吉思汗之孙,曾率军西征,一度打过多瑙河。这两句诗意思是,直到如今,那些碧眼黄须的西方人,说起拔都还惊魂不定。"黄",描写白种人胡须的浅黄色。

例6 虎步龙行属寄奴,一时瑜亮有黄须。(柳亚子《寄李少华甫上四首,即效其体》)

"寄奴"指南朝刘宋开国皇帝刘裕,"虎步龙行"形容他威武轩昂,气度不凡的仪态。"瑜亮有黄须",指周瑜和诸葛亮变老。用前后两句的对比感叹时光易逝,英雄迟暮。"黄",描写年迈之人须发枯黄的颜色。

2. 语义指向动物

"黄"颜色义对动物类词语的适用性强,具体有黄鹂、黄鹰、黄口、黄雀、黄莺、黄鹄、黄獐、黄犊、黄鹤、黄蝶、黄犬、黄蜂、黄骢。

例7 可怜弄颜色,枝上一莺黄。(文廷式《夜坐向晓》)

"黄",描写黄莺羽毛的颜色。

例8 啾啾黄口嗟何及,耿耿丹心苦未逢。(高旭《树颠鹊巢为顽童所毁》)

"黄口",指幼鸟淡黄色的喙。"黄口"经过转喻用来指幼儿。

例9 上有白发缠绵倚天末,下有黄口咿呀绕膝踝。(汤鹏《放歌

---

① 康有为. 康有为全集:第八集[M]. 北京:中国人民大学出版社,2007:223.

行》)

例10 俗语说："头九二九，关门闭守；三九四九，灶火伸手；五九六九，沿河看柳；七九河开；八九雁来；九九八十一，黄狗卧阴地。"（张廷彦《北京风土编》）

数九，中国民间总结气温由寒转暖的计时方法。一般从冬至算起，每九天算"一九"，"过完九个'九'，即八十一天之后，天气变暖，狗在阴凉方躺卧"①。

3. 语义指向植物

"黄"颜色义对植物类词语的适用性强，具体有树（寒柳、梧楸）、花（菊花、韭菜花、黄莲、黄梅）、草、麦子。

例11 修柯密叶蔽云霞，黄伞金蕤满顶花。（康有为《槟榔屿英节署前道，遍植大树似榕，经年皆花，时时换叶，花在树顶，黄细如伞，花时望如黄云，惟一日即落。吾席地其下，花满襟袖，遍地皆黄，可惜光阴太短，名为一日黄》）

根据诗题，东南亚有一种树似榕树，花色黄，开一日即落，形如伞状。

需要特别指出的是，"黄"用于描写植物色时，可表示萌芽时的嫩黄色、成熟时的金黄色及凋零时的枯黄色。

例12 春蚕未出桑芽小，野菜青黄人烟晓。（姚燮《春江曲》）

这里的"黄"描写春天野菜嫩芽的颜色。

例13 西风八九月，积地秋云黄。（黄燮清《秋日田家杂咏》）

"秋云"，指成片成熟的稻子。这里的"黄"描写稻子成熟时的颜色。

例14 争传梅子黄时雨，输却吴中贺鬼头。（高旭《论语绝句三十首》）

"梅子黄时"，指梅子变黄变熟的季节。

例15 东篱无菊惟黄叶，落木天高感客心。（康有为《丁巳重九日美森院感赋》）

这里的"黄"描写秋天树叶凋零的颜色。

---

① 张廷彦. 北京风土编 [M]. 徐菁菁，陈颖，翟赞，校注. 北京：北京大学出版社，2018：52.

例16 出生入死行何畏，转绿回黄究可伤。（梁启超《次韵奉酬南海先生六章》）

"转绿回黄"，指草木由绿变黄，又由黄变绿，以草木颜色的变化"谓时序变迁。亦以比喻世事的反复"①。

4. 语义指向自然物

"黄"颜色义对自然物类词语的适用性强，具体有土（尘、沙、土、埃、地）、天象（落日、夕阳、月、雾、黄昏、云）、水（河、江）、矿物（金）。

例17 据他说，前清道光年间，刮大风，下黄沙，比这个还厉害。（梅蒐《益世余墨——民国初年北京生活百态》）

"黄"，描写风沙天气的黑黄色。

例18 横流千里泻，黄浊杂滩涟。（姚燮《哀鸿篇》）

"黄"，描写饱含泥沙杂物的污水的颜色。

例19 东家西家郎，手中累累千金黄。（姚燮《双鸠篇》）

"黄"，描写金子黄而亮的颜色。

5. 语义指向建筑物

"黄"颜色义对建筑物类词语的适用性弱，具体有黄阁、黄门、黄扉、黄瓦、黄砖。

例20 我游丹墨狱，华严若天堂。壁瓦皆绿白，砖石尽红黄。（康有为《请于丹墨国相颠沙告狱吏而观丹墨狱，庄严整洁，当为欧美之冠》）

丹麦监狱的砖石颜色是红色和黄色的。

例21 茅盖枕积土，缭之黄泥墙。（徐子苓《狮子井寻闫隐居》）

"黄"，描写泥墙的颜色，土黄色。

例22 这亮光使白玉石的桥栏更洁白了一些，黄的绿的琉璃瓦与建筑物上的各种颜色都更深，更分明，像刚刚画好的彩画。（老舍《四世同堂》）

"黄"，描写琉璃瓦的颜色。

例23 愧我依黄阁，因君访白鸥。（汤鹏《得魏默深书却寄》）

"黄阁"与"白鸥"相对，分别指官场仕途和退隐归山。汉及汉代以

---

① 罗竹风. 汉语大词典：第3册 [M]. 上海：汉语大词典出版社，2003：613.

后,宰相大臣等听事处的门厅涂黄色,因此汉语古典诗歌中与"黄"有关的建筑常用来表示官场。类似的用法还有"黄扉""黄门"。

6. 语义指向生活用品

"黄"颜色义对生活用品类词语的适用性强,具体有织物(黄巾、黄头、黄纛、黄旗、黄带、黄袍、黄衫、僧袍);纸(黄卷、黄榜、黄标)、黄篾舫、黄钺、黄鞯。

例24 有经救护出佛口,亦遣梵诵僧衣黄。黄冠复令道所道,步虚声裹飞金章。(丘逢甲《日蚀诗》)

以上两句诗描写的是日蚀发生后各派宗教人士的行为。前两句是佛教,后两句是道教。僧袍和道冠的颜色都是黄色。

"黄"用于服饰类词时常与皇室有关。

例25 银花佩帉露黄带,红绒结顶飘朱缨。(黄遵宪《乌之珠歌》)

"乌之珠"是同治皇帝的御马,诗人于诗题后自注:"毅皇帝马,领侍卫某所进。"① 黄带,即黄带子,清代皇帝和宗室专用的黄色腰带。

例26 江南十载战功高,黄褂色映花翎飘。(黄遵宪《冯将军歌》)

"黄褂"即黄马褂。是清皇帝赐给有军功臣子的官服。钱仲联引《清史稿·冯子材传》:"同治初,将三千人守镇江,寇攻百余次,卒坚不可拔。事宁,擢广西提督,赏黄马褂,予世职。"②

例27 碧血模糊男子气,黄袍娇宠独夫天。(仇亮《绝命诗》)

例28 暗里黄袍已上身,眼前犹欲托公民。(张光厚《咏史》)

"黄袍",指古代帝王的袍服。以上两首诗用穿上"黄袍"暗讽袁世凯妄图复辟称帝。

7. 语义指向食物

"黄"颜色义对食物类词语的适用性弱,具体有黄粱、黄酒、野菜、柑、咸菜、黄油。

例29 无宁缓须臾,百瓮消黄齑。(周达《癸亥后山忌日作》)

---

① 黄遵宪.人境庐诗草[M].钱钟联,笺注.北京:中国青年出版社,2000:114.
② 黄遵宪.人境庐诗草[M].钱钟联,笺注.北京:中国青年出版社,2000:286.

"黄斋","亦作黄虀,咸腌菜"①。

例30 自拣黄柑亲手种,他年看汝绿成林。(黄遵宪《庚午六月重到丰湖志感》)

"黄",描写柑橘的颜色。

例31 马威再细看人们吃的东西,大概都是一碗茶,面包黄油,很少有吃菜的。(老舍《二马》)

"黄油",用牛奶加工出来的固态油脂,色黄,是英国人饮食结构中重要的组成部分。

8. 语义指向抽象物

"黄"颜色义对抽象物类词语的适用性一般,具体有黄龙、黄麟、黄图、黄天、黄泉、黄中。

例32 白龙骑罢又黄麟,方古朱明迹半堙。(易顺鼎《罗浮四首选一》)

"黄麟",神话中的神兽。

例33 黄泉有良会,母子相追从。(王闿运《拟焦仲卿妻诗一首李青照妻墓下作并序》)

"黄泉",古人认为是人死后居住的地下世界。泉井至深时水呈黄色,以此得名。

(二)非原型语义

1. 表面或显著特征是黄色的事物

例34 红熟桃花饭,黄封椰酒浆。(黄遵宪《新加坡杂诗十二首》)

"黄",指用来封酒的黄罗帕或黄纸。

例35 苍天已死黄天立,唯见团团鸡子黄。(黄遵宪《己亥杂诗》)

"鸡子黄",鸡蛋黄。诗后作者自注:"九十月之交,伦敦每有大雾,咫尺不辨。余居英时,白昼燃灯凡二十三日,车马非铃铎不敢行。"② 这里把浓雾中昏黄的太阳比作圆圆的鸡蛋黄。

例36 八个大碗要他一碗炒蟹黄、一碗烩蹄筋、一碗熘虾仁、一碗炸

---

① 罗竹凤. 汉语大词典:第12册 [M]. 上海:汉语大词典出版社,2003:1010.
② 黄遵宪. 人境庐诗草 [M]. 钱钟联,笺注. 北京:中国青年出版社,2000:634.

里脊、一碗鱼翅、一碗红炖肉、一碗大海参、一碗炒鱼肚，若再添菜，可以现点。（[美]狄考文《官话类编》）

"蟹黄"，螃蟹体内的卵巢和消化腺，煮熟后，色黄。

例37 这时候不是正卖豌豆黄，艾窝窝，玫瑰枣儿，柿饼子，和天津萝卜么。（老舍《四世同堂》）

"豌豆黄"，北京特色小吃，用豌豆做的糕点，色黄。

2. 黄种人，多特指中国人

例38 每谈黄祸詟且俫，百年噩梦骇西戎。（梁启超《爱国歌四章》）

由于历史上，东方游牧民族曾多次对外征伐，因此，19世纪西方世界兴起一种言论，宣称黄种人对白种人是威胁，史称"黄祸论"。"黄祸"指黄种人带来的灾祸。

3. 果实变成熟

植物的果实成熟，色变黄，故"黄"在具体语境里能表示植物果实变成熟。

例39 问匏黄、阁外一畦蔬，能同否。（梁启超《满江红》）

"匏黄"，指匏瓜熟了。

4. 事情不成功

例40 后来他拉的这档子官纤，已然有九成停当啦，哈哈，这位官儿迷大爷丁了忧啦。赵华臣这注子财，算是黄啦。（蔡友梅《小额》）

如果父母去世，古代官员要离职回家守丧三年，称为丁忧。语料里打算买官的人突然需要丁忧，导致卖官的人没赚到钱，买卖没成功，称"黄"了。

二、缃

"缃"常出现在"青缃"组合里，表示书籍。

例41 欣然展青缃，古色媚幽独。（梁启超《双涛园读书》）

"青""缃"，都是指书卷、画卷外面帛套的颜色，合称代指书卷、画卷。

第二节 语用颜色词语和词汇语用表达

一、语用颜色词

(一)(黄)金

金的原型语义是一种黄而亮的金属,可以表示"像金子一样的亮黄色"。颜色语义指向人体部分(金发、金睛)、植物(金谷、金英)、动物(金鱼、金蝉)、生活用品(涂料、服饰、眼镜框、徽章)、自然物(金轮、金波、金芙蓉、金烬)。

例42 金发玉肌女,流血迹淋漓。(康有为《游各国蜡人院,巴黎最胜妙矣》)

"金发",指金色的头发。多用来指西方白种人的发色。

例43 一声雁落血如雨,金原秋冷霜天高。(黄遵宪《日本杂事诗》)

"金原"指像金子颜色一样的原野。时值秋天,植物泛黄,原野显现一片金黄色。

例44 月明如水浸湖堤,淡淡金波烟何低。(康有为《二月花朝夕携何滕旃理水塘步月,还憩园闻木樨香》)

"金",描写水波在月光照耀下反射出的亮黄色。

例45 此人有二旬左右,英英眉宇,戴一副金丝眼镜。(王冷佛《春阿氏》)

"金丝眼镜"并不是指金子做的眼镜框,而是指颜色像金子。

(二)杏(子)

杏的原型语义是一种红中带黄的果实。《汉语大词典》杏的第五个义项是"像杏子或杏花那样颜色的"。

例46 杏子衫痕学宫样,枇杷门牓换冰衔。(樊增祥《彩云曲并序》)

"杏子衫",指颜色像杏子一样呈红黄色的服饰。

二、词汇语用表达

(一) 鹄

鹄的原型语义是一种羽毛黄褐的鸟。在具体语境里可形容不健康的肤色。

例 47 海县饥民面如鹄，春种家家卖黄犊。(袁昶《读袁康沙船吧歌以赠之》)

面色像黄鹄。形容人面黄肌瘦的样子。另有成语"鸠形鹄面"，描写人的体型像斑鸠，腹部低陷，胸骨突出，面色像黄鹄的羽毛色，形容人因饥饿而身体瘦削、面容憔悴。

(二) 蜡

蜡的原型语义是一种可燃的固体油脂。在具体语境里可表示像蜜蜡一样的黄色。

例 48 红梅未吐蜡梅陈，数朵琼云点染新。(王国维《题御笔牡丹》)

"蜡梅"，一种颜色和花瓣质地都像黄蜡的花。明李时珍《本草纲目·木三·蜡梅》："此物本非梅类，因其与梅同时，香又相近，色似蜜蜡，故得此名。"[1]

(三) 香

香的名物义是木屑加香料制成的可燃物，色黄。在具体语境里可表示像香一样的黄色。

例 49 却说莺莺在家，这一天叫红娘擎镜子来照脸，见脸上焦香的，叹说：这都因为这些天没有见他的面儿！哎，这么牵肠挂肚的很难受。(威妥玛《语言自迩集》)

"焦香"即"焦黄"[2]，形容人脸色暗黄。

(四) 柿饼子

柿饼的原型语义是柿子经风干制成的果脯，呈深红黄色。在具体语境里可描写人的皮肤色。

---

[1] 罗竹风. 汉语大词典：第4册 [M]. 上海：汉语大词典出版社，1991：600.
[2] 刘一之，矢野贺子. 清末民国北京话语词汇释 [M]. 北京：北京大学出版社. 2018：254.

例50 这位王香头有四十多岁,身量是挺高,大柿饼子脸,一脸酱色麻子。(蔡友梅《小额》)

"大柿饼子脸",既指脸色红黄像柿饼,也指脸型扁平像柿饼。

(五)茶

茶叶水,色黄。在具体语境里可表示像茶叶汤一样黄且透明的颜色。

例51 重眉毛,大眼睛,带着一副浅茶镜,身穿牙色官纱大衫。(蔡友梅《小额》)

"茶镜",指用茶色玻璃制成的眼镜。

第三节 范畴成员综合分析

一、范畴原型的确立

黄范畴单音节颜色词有两个,分别是"黄""缃"。从颜色义的使用频率看,"黄"远高于"缃";从颜色义的语义广义度看,"黄"可适用于所有语义类,"缃"仅适用于织物类;从颜色义的显著程度看,"黄"的颜色义产生了四个非原型语义,"缃"没有产生与之相关的非原型语义;从颜色义的构词能力看,"黄"构成新的多音节颜色词,如"明黄""金黄""黄腊蜡儿"等,"缃"没有构成新的多音节颜色词。

综上,"黄"的颜色义使用频率高,并以颜色义为基础,产生了相关意义,显著度高;可适用于所有语义类,语义指向范围广;构成了多音节颜色词语,符合颜色范畴的原型标准,是黄范畴的原型颜色词。

二、语义综合分析

(一)原型语义综合分析

清末至民初汉语各颜色范畴中,黄范畴的成员数量最少、构成简单。黄范畴成员数量少的原因或与黄色的物理属性有关。在光谱上,人眼可见波长大约为380纳米到780纳米,其中,黄色的波长最短。与红色或蓝绿色相比,人眼感受到的各种黄色之间的差别要小,因此,在语言发展早期,没有必要用多个颜色词区分黄色的细微差别。随着人类对颜色认知能力的不断发展,需要指称的黄范畴颜色数量不断增加,人们倾向于用具有典型颜色特征的名物满足指称需求,例如,驼色、米色、香色、杏色等。

(二)非原型语义综合分析

黄范畴有四个非原型语义,使用频率最高的是指代黄色的人或物,如"黄祸""蛋黄""蟹黄"等。秋天植物成熟时,叶子或果实往往呈黄色,因此黄色产生了"果实成熟"的语义。植物果实成熟后很快凋零、死亡,与计划流产、事情失败在经验上有相似性,故"黄"还产生了事情不成功的语义。

三、语用颜色词和词汇语用表达的原型类别

黄范畴语用颜色词和词汇语用表达的原型可分为五类,其中,自然物和植物类最多,动物类次之,食物和生活用品类最少,未见人体类和抽象类用例(见表7-3)。

表7-3 黄范畴语用颜色词和词汇语用表达的原型分类表

类别	名物
植物	杏、草、米、黄杨
自然物	金、古铜、土、烟、蜜、茧
食物	柿饼子、茶汤
动物	鹄、鹅、驼
生活用品	蜡、香
人体	—
抽象	—

第八章 颜色词语义发展规律及产生机制

第一节 颜色词非原型语义的相应现象

词义系统内,一个词的语义变化通常伴随着相关的一个或一系列词在类似义位上的相应变化。汉语研究者很早就发现了这个语言事实,并对它进行了描写和研究。"一个意义延伸的过程常'扩散'到与之相关的词身上,带动后者也沿着相类似的线路引申。我们把词义的这种伴性演变称为'同步引申'。"① 江蓝生认为,"同步"会令人误解为"同时",故命名为"类同引申",具体定义为:"两个或两个以上的同义(包括近义)词或反义(包括意义相对)词互相影响,在各自原有意义的基础上进行类同方向的引申,产生出相同或相反的引申义。"② 张博认为,"相关词意义的对应性变化,孰先孰后,孰主孰从,由于文献材料的不足,有时很难一一辨明",因此,提出了一个"泛时的、注重结果而忽略过程"的名称:词义的相应引申③。

清末、民国北京话颜色词的语义系统存在普遍的相应关系。可分为两大类:一是同范畴颜色词具有相似的非原型语义;二是相对颜色范畴颜色词具有相对或相似的非原型语义。

要说明的是,本章所分析的颜色词语义指广义的语义,既包括语言意义,也包括词在语境中临时获得的、不能独立作为词义的言语意义。因为言语义是进行中的变化,其产生的机制、途径和语言意义是一致的,并且

---

① 许嘉璐. 论同步引申 [J]. 中国语文, 1987 (1).
② 江蓝生. 近代汉语探源 [M]. 北京:商务印书馆, 2000:310.
③ 张博. 词的相应分化与义分同族词系列 [J]. 古汉语研究, 1995 (4):23-30.

"其演变的轨迹往往比历史上早已固定下来的语言义更为清晰可见,对这类意义的深入研究有助于我们更好地看清词的语言义当中由于历时久远、文献资料缺乏等原因而悬疑不决的问题,更好地揭示语言义当中被掩盖的种种现象、规律"[①]。

一、同范畴颜色词非原型语义的相应现象

前文语义分析结果显示,同范畴颜色词往往具有相似的非原型语义。如白范畴的"素"和"白"都能表示无彩、朴素、空;红范畴的"红""丹""赤"都能表示真诚、忠诚;蓝绿范畴的"青""碧""翠"都能指代绿色的植物;黑绿范畴的"黑"和"缁"都能表示环境或品行污浊。

虽然同范畴的颜色词能够产生类似的非原型语义,但是这些语义的活跃程度是不同的。以"素"和"白"的空义为例,"素"表空义的语料只有5条,且均出自"素餐",是上古经典著作的沿用。而"白"的空义则活跃得多,有172条用例,可表示手上无物,空着手:"白战";书画作品中的留白:"飞白";没有味道:"白嘴吃肉";没有事情:"白闲着";没有根据:"白猜一猜";没有回报:"白闹";没有基础:"白手起家"等。

二、相对范畴颜色词非原型语义的相应现象

虽然颜色本身不存在对立关系,但是词义反映的不仅是颜色的概念,还反映了言语社团对颜色的体验与感知。言语社团对不同颜色的心理体验是有差异的,某些颜色词的词义呈现一种相对的反义关系。"有的反义词所反映的事物本身,孤立地看来并不互相矛盾对立,如'红','白'等……只是人们在社会交际中常常把它们当作同一范畴中相互矛盾对立的事物看待,久而久之,表示这种事物的词成了习惯上的相对反义词。"[②] 语义分析结果显示,对立范畴的颜色词,可能产生相对的非原型语义,也可能产生相似的非原型语义。

[①] 朱彦. 从语义类推的新类型看其认知本质、动因及其他问题 [J]. 世界汉语教学, 2011 (4): 507-521.

[②] 黄伯荣,廖序东. 现代汉语:上 [M]. 北京:高等教育出版社, 2002:295.

（一）对立范畴颜色词产生对立非原型语义

"黑"与"白"是反义颜色词的典型代表。克鲁斯将其称为对顶反义词（antipodal），即双方是某个轴相反方向的两个极点①。颜色是人眼对光的视觉感受。光线强或光全部反射到人眼里，人眼感受到的是白；无光或光全部被事物吸收，人眼感受的是黑。"黑"和"白"是人眼对强光、无光两种极端的视觉感受。"黑""白"从颜色轴的两端，发展为评价轴的两端，发展出是非、对错、善恶的语义，如"颠倒黑白"。

词义的相应现象发生在词义层面。纵观历史，呈现词义对立的词形并不固定。如，清末、民国时白范畴和黑范畴的是非对错义主要以"白"和"黑"的词形呈现，但是在魏晋南北朝时期，相应引申就已经产生了，只是当时黑范畴主要以词形"玄"为代表②。

例1 睹玄白而皆谐。刻石记于嬴德，披图悟于禹心。（梁·后梁宣帝《游七山寺赋》）

"睹玄白"，指看到人世间的是非对错。

另外，黑色由无光的视觉感受给人晦暗不明的心理感受，白色由光线充足的视觉感受给人清楚明白的心理感受。在词义上表现为深奥义与通俗易懂义的对立。如"玄"有一个非原型语义是"深奥的，难以理解的"，如"玄奥"。侯立睿认为，"玄"的黑色义源自染织技术。由于上古时期，"玄""幺"二字字形相同，词义发生交叉与沾染，"玄"受"幺"表长丝义的影响，产生了"幽远"义③。郝静芳认为，魏晋南北朝时，"玄"由幽远义经过隐喻产生了"深奥"义。表黑色的"玄"具有深奥难懂义，如玄奥。"白"在相对的义位上具有"通俗易懂"义，如"白话"。除此之外，黑白相对的非原型语义还有"晦暗不明"对"清楚明白"，"隐瞒"对"公开"，"冤屈"对"清白"，"污浊"对"洁净"。

红色和白色由有彩、无彩的对立，产生了对立的华丽义和朴素义。如"红楼""朱门"表示富贵人家居住的装饰华丽的府宅；"白屋"表示平民

---

① 克鲁斯. 词汇语义学 [M]. 北京：世界图书出版公司北京公司，2009.
② 郝静芳. 魏晋南北朝骈赋颜色词语研究 [D]. 北京：北京师范大学，2015.
③ 侯立睿. 古汉语黑系词疏解 [D]. 杭州：浙江大学，2007.

寒士居住的露出原材的房子。"红妆"表示女子艳丽的妆容;"素面"指女子不施脂粉的脸庞。除此之外,红和白还因为中国人的婚葬习俗而分别产生了婚礼义和丧事义。

植物在萌芽、成长阶段呈绿色,在成熟和枯老阶段呈黄色。"青"(蓝绿)"黄"分别由颜色义产生了植物萌芽义和成熟义,如"回黄转绿";经过隐喻,又可分别指人青壮年时期和老年时期,如"青年"和"黄耇"。

(二) 对立范畴颜色词的相似非原型语义

对立范畴的颜色词有时也产生相似的非原型语义。

红色和绿色被普遍视为对立色,在汉语古典诗歌中经常对举使用,如"红楼"对"翠栋","红男"对"绿女"。然而,修辞的对举不等于语义的相对。在"红楼翠栋""红男绿女"中,"红"和"绿"描写的事物是同质的,在这些语境中,"红"和"绿"表示相同的语义,即"颜色鲜艳"或"装饰华丽"。

对立颜色范畴的颜色词为什么可以产生相似的非原型语义?词义的近义和对义不是绝对的,是相对的。原本相对的两个意义,如果共同与第三个意义又发生了相对关系,那么前两个意义在某种程度上就成为近义词,所谓"敌人的敌人就是朋友"。例如,红色、绿色与白色或无色相比,颜色更鲜艳;红墙绿瓦的建筑与露出原材的建筑相比,更华丽。在颜色是否鲜艳、装饰是否华丽这个意义上,"红"和"绿"形成近义关系,共同与"白"形成对义关系。

三、非原型语义相应现象的意义

训诂学有一种名为"比较互证"的方法。这种训诂方法的具体含义是,"运用词义本身的内在规律,通过词与词之间意义的关系和多义词诸义项的关系对比,较其异,证其同,达到探求和判定词义的目的"[①]。

与其他训诂方法,如"以形索义"和"因声求义"相比,"比较互证"更加强调对词义内在规律的关注。"'以形索义'和'因声求义'都是通过词的形式(书面形式——字形;口头形式——语音)来探求词的内

---

① 陆宗达,王宁. 训诂方法论 [M]. 北京:中国社会科学出版社,1983:131.

容的……在语言文字发展的过程中，词义发展是形、音变化的内在推动力……所以，不论就文献语言形、音、义关系的研究或是就语言整体的研究来说，对词义内在规律的关注都应当提到更重要的地位上来。'比较互证'的训诂方法，正涉及这样一个重要的课题。"①

"比较互证"不是随意的比较，"必须从它的运动全貌来看，也就是要在整个引申系列中观察比较它们的异同。经过比较可以看出，从意义关系看，词与词可有两大类关系：第一类是相承关系，也就是两个词在同一引申系列的不同位置上，……具有这种关系的词，必然同根。第二类是相重关系，也就是两个词不在同一引申系列中，但它们却有数量不同的相同或相近的义项。具有这种关系的词，一般都称'同义词'"②。

颜色词非原型语义的相应现象属于第二种情况，就是两个颜色词不在同一引申系列中，但它们却有数量不等的相同或相近的义项。陆宗达、王宁指出，多义词意义相重的情况比较复杂，存在着多种情况。

首先，多义词的某义项相同，也就是说，两个词的引申系列只有"点"的重合。如"丹"和"赤"，二者非原型语义只有在"心意极其真诚"这一个义项上有重合，如"丹心"和"赤心"。细究起来，"丹"表"心意极其真诚"时多指对国家、朝廷忠贞；"赤"表"心意极其真诚"时多强调心地单纯无杂，适用对象不限于对国家、朝廷的忠贞，也可指处世的品德。试比较：

例2 我家庭前石榴树，怪如老梅颠如松。两干一死一犹活，粗皮蚀雨枯生虫。孤根飘摇历西域，异味酝酿传南中。柴门阻绝免薪伐，赤心不媚蜂蝶慵。骄阳苦雨炼成实，绝无酸态羞天公。君不见春兰遭焚桂蒙蠹，榴兮结子青如故。（徐子苓《石榴叹》）

例3 公本血性奇男子，丹心捧日才不群。（吴德功《头份吊古诗》）

前例诗人自比不攀附、不谄媚的石榴树，"赤心"表示自己的品德纯洁。后例出自吴德功《头份吊古诗》："此诗凭吊牺牲于头份岭之新楚军将领杨载云。1895年8月1日，日本近卫师团一万五千余人集结于新竹，准

---

① 陆宗达，王宁. 训诂方法论 [M]. 北京：中国社会科学出版社，1983：131-133.
② 陆宗达，王宁. 训诂方法论 [M]. 北京：中国社会科学出版社，1983：162.

备南犯……由于新楚军新任统将李维义缺乏周密布置，其大营为日本骑兵踏破。李维义先遁，诸君亦随退。唯杨载云誓与阵地共存亡，督部力战，壮烈殉国。诗悲其遇而赞其勇。"①"丹心"表示杨载云面对强敌，对国家、民族的一片忠心。我们把"赤""丹"的心意真诚义分别放在它们各自的语义范畴观察，就会发现二者的细微语义差别与各自原型语义的侧重点有关。"赤"的原型语义是像火一样的红色，特点是亮度高，颜色通透，顺着这个方向，"赤"还产生了空、裸露义，如段玉裁认为："赤色至明，引申之，凡洞然昭著皆曰赤。如赤体谓不衣也，赤地谓不毛也。"②"赤"表品德纯净是顺着赤色亮度高、洞然昭著的特点发展而来的。"丹"的原型语义是像丹砂一样的鲜红色，常用来指朝廷，如"丹宸、丹阙、丹墀、丹宫、丹陛、丹廷"等。"丹"表对国家、民族的忠贞或与此有关。由此可见，"丹""赤"就各自整个意义范畴看，只有心意真诚这个概括义是重合的，而且是从不同的侧重点生发出的重合。

其次，多义词的某几个相邻的义项相同，即在两个词的引申系列中，不仅有"点"的重合，还有"段"的重合。如"白"和"素"，二者有三个相近的义项，分别是无彩义、空义和朴素义。将这三个义项分别放到"白"和"素"各自的语义范畴里考察，"白"和"素"在意义延伸过程中先有了"点"的重合，从重合的"点"再各自进行同一类型的延伸。"白"和"素"表示白色，这是二者意"点"的重合，白色即无彩，如白描、素描；无彩义顺着无添加其他颜色的方向延伸出空义，如白手起家、素餐；无彩义顺着不艳丽的方向延伸出朴素义。"白"和"素"顺着其他方向还各自有其他意义的延伸，并无重合。如"黑白颠倒"中"白"表示正确，"素"无此义；"素心"中"素"表示本来，"白"无此义。

以上分析表明，将颜色词相近的非原型语义分别置于各自的语义范畴中进行比较，有助于辨别词义的细微差别，更重要的是，可以反观原型语义的同与异。

---

① 李生辉，刘镇伟. 甲午战争诗歌选注 [M]. 大连：大连出版社，1994：115-116.
② 许慎. 说文解字注 [M]. 段玉裁，注. 北京：中华书局，2013.

第二节 颜色词非原型语义产生机制

以上分析可以看出，颜色词语义系统并不是杂乱无章的，是有一些规律性的。在这些语言现象背后，人类共有的转喻、隐喻认知方式和社会文化是主要动因。

一、转喻

转喻指用一个实体指代另一个与之相关的实体。转喻的主要功能是指代。"我们挑选哪个部分决定了我们关注整体的哪个方面。……转喻让我们更关注所指事物的某些特定方面。"①

颜色转喻事物是常见的现象。当言者用颜色指代事物时，是希望听者更关注所指代事物的颜色特征。

例4 冠太太的脸上也有不少的皱纹，而且鼻子上有许多雀斑，尽管她还擦粉抹红，也掩饰不了脸上的褶子与黑点。(老舍《四世同堂》)

例5 他们上北陵逛青去了。([英]傅多玛《汉英北京官话词汇》)

例6 俗语儿说，小白脸儿，没好心眼儿，大半就是他们这一路人儿，别名儿又叫"擦白党"。咱们娘儿们虽不打算在他身上发大财，千万也别上了他的当呀！(湛引铭《细侯》)

例7 这时候不是正卖豌豆黄，艾窝窝，玫瑰枣儿，柿饼子，和天津萝卜么。(老舍《四世同堂》)

例8 黑上来了，你快点灯。([韩]柳廷烈《修正读习汉语指南》)

以上各例，"抹红"的"红"指胭脂；"踏青"的"青"指刚发芽的草地；"豌豆黄"的"黄"指点心；"擦白党"的"白"指雪花膏；"黑上来了"的"黑"指夜。言者用颜色词指代以上事物，是希望听者关注到它们鲜明的颜色特征。

颜色转喻事物有两个显著的特点。

---

① 莱科夫，约翰逊．我们赖以生存的隐喻［M］．何文忠，译．杭州：浙江大学出版社，2015：33．

第一，颜色转喻事物有诸多语用限制。颜色转喻事物时常与其他词语组合或对举使用，没有与其他词语组合或对举使用的时候需要辅助以语境义，离开语境无法明确所指的具体事物。颜色转喻事物有诸多语用限制的原因是，用颜色指代事物，是用属性指代事物。事物蕴含属性，属性不蕴含事物。当我们说"血"，可以推理出颜色属性是红；但如果我们说"红"，我们无法推理出具体指什么事物，因为具有"红色"属性的事物太多了。因此由事物转喻颜色是更自然的，更常见的，是不依赖语境也可以完成的转喻。如"血柏"的"血"，不需要其他语用信息，就可根据血液的颜色属性是红，推理出"血柏"表示树干颜色像血一样红的柏树。而由属性转指物体"一般都需要在特定语境中、在与其他词语的搭配中才能显现"①。如"飞红"，如果没有更多语用信息，我们无法确定指的到底是飞舞的落花，还是飞舞的红色衣袖，抑或是飞舞的血迹。

第二，能通过转喻指代事物的颜色词有限，不是所有颜色词都能在语境满足的条件下经过转喻指代事物。根据前文分析，可以通过转喻指代事物的颜色词有"红""丹""朱""紫""青$_{蓝绿}$""苍$_{蓝绿}$""沧""翠""碧""绿""黄""白""素""黑""缁"。以上颜色词可以分为两类：一类颜色词能转喻的事物种类少且固定。如"丹"多转喻矿物类名物，如颜料、胭脂、道教仙药；"苍$_{蓝绿}$"转喻天空；"沧"转喻海洋；"翠""碧""绿"转喻植物；"缁"转喻僧衣。另一类颜色词能转喻的事物种类多且广泛，这类颜色词都是颜色范畴的原型。如"红"可以指代花、血、丝带、胭脂等，"青$_{蓝绿}$"可以指代丝织品、植物、矿物、颜料等，"白"可以指代雪、棋子、白发、丝织品、茶叶沫、护肤品等，"黄"可以指代卵黄、蟹黄、点心、颜料、头发、丝巾品、金属等。

能够广泛指代事物的颜色词在语义上的共性是，都表示事物的性质，在功能上既有描写性又有区别性。张国宪认为，性质和状态在概念内涵上所反映的情境是相同的，但是性质在认知上是整体扫描，状态是次第扫描②。沈家煊观察到性质形容词所形容的都是类名，状态形容词形容的通

---

① 董秀芳.语义演变的规律性及语义演变中保留义素的选择[J].汉语史学报，2005（1）：7.
② 张国宪.现代汉语形容词功能与认知研究[M].北京：商务印书馆，2006：10.

常是个体名①。简单来说，性质是一类事物的共同属性；状态是单个事物的个别属性。因此性质可以有程度量的变化，状态的程度量是相对具体的，如性质"红"和状态"深红"，"红"包含浅红到深红；而"深红"的程度量相对"红"是具体的、稳定的。因为性质和状态在程度量上有差别，所以，人们对性质的标准较主观，对状态的标准则更客观。

程度量的可变性，标准的主观性，表现在语义上就是语义指向的范围广。如前文语义分析的结论，"白""红""青_{蓝绿}"等表示性质的颜色词语义广义度都要远远高于"皎""雪白""深蓝"等表示状态的颜色词。也就是说，像"白"这样的性质颜色词，是众多不同类事物的共同颜色属性；而像"雪白"这样的状态颜色词是限定范围内的一小类特定事物的颜色属性。

综上，颜色词表示事物，是基于属性指代事物的转喻。由于属性不蕴含事物，因此需要组合、对举或语境的辅助。表示性质的颜色词因具有程度量的可变性，可以广泛指代事物；表示状态的颜色词程度量相对具体，不具备广泛指代事物的语义基础。

二、隐喻

颜色词的多义系统中，普遍存在一类意义，表达的内容较为抽象，如"红"表示受欢迎，"赤""丹"表示忠诚，"青_{蓝绿}"表示年轻，"黄"表示事情不成功，"白"表示品质无瑕，"黑"表示隐瞒等。为何颜色词可以用来表示与颜色义没有直接关系的抽象意义，是本小节主要讨论的内容。

人们通过具体的意义理解抽象的意义，这样的认知规律被称为"隐喻"。"隐喻产生于我们明确的、具体的经历，让我们构建高度抽象、复杂的概念。"② 颜色是明确的，抽象意义是空灵的。用明确的颜色认知经验去表达或理解抽象概念正是这样的隐喻过程。

---

① 沈家煊. 转指和转喻 [J]. 当代语言学, 1999 (1)：3-15, 61.
② 莱考夫, 约翰逊. 我们赖以生存的隐喻 [M]. 何文忠, 译. 杭州：浙江大学出版社, 2015：100.

隐喻是将人的经验概念化的主要途径。人的经验抽象、琐碎，并且千差万别，隐喻如何能够将它们概念化？"隐喻概念并不是以具体意象来定义的，而是以一个更广的范畴来界定的。"① 以颜色词为例，同范畴的颜色词常常会产生类似的抽象语义，如红范畴的"赤""丹"都可以表示心意忠诚，白范畴的"白""素""皎"都可以表示人品格高洁，黑范畴的"黑""缁"都可以表示政治环境污浊。人们倾向于以范畴为单位进行隐喻概括。这使得原本混乱细碎的经验在进行概念化时有据可依，条目清楚。

颜色隐喻的源域是颜色，目标域是一些抽象的概念。隐喻触发的机制是两个认知域的相似性。隐喻以之为基础的"相似性"，并不是实际相似性，而是经验相似性，"世间事物在约束我们的概念系统中发挥了作用。但只有通过我们体验这些事物时它们才能发挥作用"②。斯威彻尔用"以身喻心"（mind-as-body metaphor）解释英语"抓住"（grasp）表示"理解"，"苦涩"表示"强烈"（bitter anger），"甜美"表示"善良、亲切"（sweet personality）等用法的认知机制。身体对外部世界的感觉经验是表述心理状态的重要来源，从身体感知到情感反应是从具体到抽象的单向演变，这种演变是有身心基础的隐喻③。同理，颜色是人眼对光的感觉经验，人们通过这种经验去表达或理解相似的心理感受。语义是这种认知过程的结果，有的颜色隐喻固定下来成为义项，有的是创造性的临时用法，没有或暂时没有成为固定义项。

三、社会文化赋予

不同人群对同一对象的经验可能一致，也可能不一致，因为"每一项

---

① 莱考夫，约翰逊. 我们赖以生存的隐喻 [M]. 何文忠，译. 杭州：浙江大学出版社，2015：42.

② 莱考夫，约翰逊. 我们赖以生存的隐喻 [M]. 何文忠，译. 杭州：浙江大学出版社，2015：141.

③ 斯威彻尔. 从语源学到语用学：语义结构的隐喻和文化内涵 [M]. 北京：北京大学出版社，2002：28-30.

经验都是在一定广泛深厚的文化前提下获得的……文化中最根本的价值观与该文化中最基本概念的隐喻结构是一致的……总体来说,哪种价值观被赋予优先权部分取决于我们所处的这个亚文化,另一部分则取决于个人价值观"①。也就是说,虽然个体经验可能存在或大或小的差异,但是同处一个文化圈的群体具有相对统一的标准,因此文化背景很大程度上决定了隐喻的发生、路径等。这就解释了为什么同一个颜色词在不同语言,甚至不同方言里会产生不同的非原型语义。

隐喻不单是语言的事情,更是人类思维的方式。语义是这种思维方式的结果,是证明这种思维方式存在的证据②。根据这种观点,清末、民国北京话颜色词多义系统中的抽象意义,可以被视为当时语言使用者隐喻认知的结果。这类意义可以反映出当时的语言使用者用颜色概念化经验的倾向和特点(见表8-1)。

表8-1　清末、民国北京话颜色词常见隐喻

源域	目标域
红范畴	华美、热闹、忠诚、爱情、兴旺、女性、胜利、婚嫁
蓝绿范畴	华美、年轻、不成熟、幼稚、不忠诚、嫉妒
黄范畴	成熟、衰老、失败
白范畴	明亮、正确、公开、高洁、清白、善良、空无、朴素、丧葬
黑范畴	晦暗、错误、隐秘、污浊、冤屈、贪婪、愚昧、危险

除文化之外,哲学思想也影响了汉语颜色词非原型语义的产生。"五行思想"是中国古代哲学思想的重要内容。"五行思想"认为,世间万物是由金、木、水、火、土五种物质组成的。"以土与金、木、水、火杂,以成百物。"③ 后来五行说的内容不断扩大,认为五行与五方、五色、五时之间存在相互对应的关系(见表8-2)。

---

① 莱考夫,约翰逊. 我们赖以生存的隐喻[M]. 何文忠,译. 杭州:浙江大学出版社,2015:58.
② 莱考夫,约翰逊. 我们赖以生存的隐喻[M]. 何文忠,译. 杭州:浙江大学出版社,2015:3.
③ 左丘明. 国语[M]. 上海:上海古籍出版社,2015:347.

表 8-2 五行、五方、五时、五色对应关系

五行	五方	五时	五色	示例
金	西	秋	白色	白帝、素秋
木	东	春	绿色	青春
水	北	冬	黑色	玄宫
火	南	夏	红色	红羊劫、朱夏、朱方、赤帝
土	中	季夏	黄色	黄中

与五行元素有关的示例。

例 9 我来再换红羊劫，景阳冷尽龙鸾血。(梁启超《桂园曲》)

"古人以为丙午、丁未是国家发生灾祸的年份。宋代柴望作《丙丁龟鉴》，历举战国到五代之间的变乱，发生在丙午、丁未年的有二十一次之多。"① 按照五行思想，天干"丙""丁"和地支"午"对应的五行元素是火，对应的颜色是红色。地支"未"在生肖上是羊，所以，每60年出现一次的"丙午丁未之厄"被称之为"红羊劫"。

与五方有关的示例。

例 10 半壁江山涎白帝，八方风雨泣黄魂。(刘裁甫《黄魂》)

"白帝"，五天帝之一，《晋书·天文志》：西方白帝。此指清末时入侵的西方帝国主义列强。

与五时有关的示例。

例 11 是时在朱夏，草木争蕃生。(易顺鼎《冲虚观游朱明洞天》)

例 12 青春弄鹦鹉，素秋纵鹰鹘。(王国维《咏史》)

以上两例中的"朱夏""素秋"，按字面意义理解是红色的夏天和白色的秋天。如果不理解五行思想，就很难理解为什么夏天是红色的，秋天是白色的。

此外，政治因素有时也影响汉语颜色词非原型语义的产生。以避讳为例，避讳是古代"对君上、尊长不得直呼其名而采用的回避方式。避讳有公讳与家讳两类。前者利用国家权力强令臣民对已死的君主七世以内不得

---

① 罗竹风. 汉语大词典：第9册 [M]. 上海：汉语大词典出版社，1993：705.

直称其名，其方法有改字法，如汉武帝讳彻，遂改彻侯为通侯；景帝名启，《史记》谓微子启为微子开。此外还有空字法，即将应避之字空而不书，或作'某'，或作空围'囗'，或直书'讳'字。缺笔法，即对所避之字的最后一笔不写。家讳亦称私讳，即家庭中对尊长不得直称其名"[1]。清代避康熙皇帝（玄烨）名讳，用改字法，以"元"代"玄"。"元"本无颜色义，因避讳制度代替"玄"的使用，多了一个义项表示黑色。

---

[1] 陈国强. 简明文化人类学词典 [M]. 杭州：浙江人民出版社，1990：518.

第九章　中国语文转向期颜色命名方式和特点

本章主要讨论清末、民国北京话是如何表达颜色的，有何特点。依据语料，我们发现四种方式：用原型语义表颜色的语义颜色词表示，借用带有某种显著颜色特征的名物词表示，用组合的方式表示，用重复的方式表示。前文已详细分析了语义颜色词，本章重点分析后面三种命名方式。基于对颜色命名方式的分析，总结以清末、民国北京话为代表的汉语颜色命名系统的特点。

第一节　除语义颜色词外的常用命名方式

一、借用名物表示颜色

（一）借物呈色的两种类型

汉语和世界上众多语言一样，常用带有某种显著颜色特征的事物表示颜色。"这个创造颜色词的过程是语言的一种普遍性现象，因为据我们所知迄今还没有人提出完全不按这个常规去创造颜色词的语言。"[①] 这种创造颜色词的过程被学者总结为"借物呈色"。

根据颜色义是否固定下来成为一个义项，以及颜色义在众多义项中的显著程度，清末、民国北京话"借物呈色"可分为三种情况。

第一种情况，颜色义由名物义产生，经过长期使用，颜色义取代名物义，成为最显著的意义。我们把这类颜色词归为语义颜色词。如"素"，"素"的白色义产生自名物义"未染色的生帛"，随着使用，"素"的颜色义使用频率提高，语义指向范围扩大，颜色义的显著程度超越了名物义，

---

① 于逢春. 论汉语颜色词的人文性特征 [J]. 东北师大学报, 1999 (5): 78-84.

"素"在唐诗中就已经成为语义颜色词①。这类颜色词还有红范畴的"丹",蓝绿范畴的"翠""碧",黑范畴的"乌",等。

第二种情况,颜色义由名物义产生,经过长期使用,颜色义固定下来,成为这个名物词众多义项中的一个,但不是最显著的意义,最显著的意义仍然是名物义。我们把这类颜色词归为语用颜色词。如"银",原型语义指一种白色的贵重金属,人们用"银"指称像银子一样的亮白色。这个用法逐渐固定成一个义项,但当人们提起"银"时,最先激活的意义还是金属义。各大词典里词条"银"的第一个义项普遍是金属义。这类颜色词还有红范畴的"血",蓝绿范畴的"葱",白范畴的"琼""缯",黄范畴的"金",等。

第三种情况,在具体语境里,名物词被临时用来表示颜色,脱离了语境,这个名物词无法激活颜色义。我们把这种情况归为颜色的词汇语用表达。如"茶",原型语义指一种饮品,在具体语境里偶尔表示像茶叶汤一样黄且透明的颜色。如下例中的"浅茶镜",表示淡黄透明的眼镜,但是一旦离开了语境,"茶"就无法激活颜色义。

例1 年纪有三十五六岁,高身量儿,长四方脸儿,白净子儿,重眉毛,大眼睛,带着一副浅茶镜,身穿牙色官纱大衫。(蔡友梅《小额》)

语用颜色词和颜色的词汇语用表达,共性有两点,首先,原型语义都是名物义,表示的意义多少带有该名物的性质或特点。其次,认知基础一致,都是用事物转喻颜色。二者最根本的区别是,语用颜色词有一个固定的义项表示颜色,词汇语用表达的颜色义高度依赖语境,是语用中的临时意义,没有固定成为义项。

参考《汉语大词典》,清末、民国北京话语料中表颜色的名物词,使用频率大于等于5次,该词目下有颜色义项,且用于说明的例句出自清代之前文献的,归为语用颜色词;使用频率小于5次,该词目下没有颜色义项的,归为颜色的语用表达。以红范畴的"血"和"藕丝"为例,"血"表示红色的用例22条,《汉语大词典》"血"的第四个义项及例句是:"指血红色。唐李朝威《柳毅传》:'俄有赤龙长千余尺,电目血舌,朱鳞

---

① 程江霞.唐诗颜色词语研究[D].北京:北京师范大学,2015.

火鬺'。"因此,我们将"血"归为语用颜色词。"藕丝",清末、民国汉语古典诗歌里用于表示颜色的例句只有 2 条,均为"藕丝裙",指裙子颜色像藕丝一样呈淡红色,《汉语大词典》"藕(丝)"词条下没有颜色义项,因此,"藕丝"归为颜色的词汇语用表达。

根据以上标准,清末、民国北京话语用颜色词和颜色的词汇语用表达见表 9-1。

表 9-1　清末、民国北京话语用颜色词和颜色的语用表达

颜色范畴	语用颜色词	颜色的语用表达
红范畴	血、茜(蒐)、粉红	桃(花)、火、樱(含桃)、石榴、酒糟、鹤红、珊瑚、檀、枣、藕、红菓、鳌
蓝绿范畴	葱、瑟瑟、靛	竹布、翡翠、春、艾
黑范畴	灰、乌、墨、漆、黛、鸦	—
白范畴	银、粉白、雪(花)、霜、玉、缟、鹤白、秋	冰、琼、荼、缯、梨、翁
黄范畴	(黄)金、杏(子)	鹄、蜡、香、柿饼子、茶

(二)"借物呈色"的认知理据

表示名物的词为什么能表示颜色?

谭景春考察了现代汉语名词向形容词转变的现象,将名词的语义分为概念义和性质意义。名词的性质意义是指,名词的语义所指的那类事物所含有的性质。他指出,名词的性质义构筑了名转形的语义基础[①]。这个结论可以用来解释"借物呈色"现象。

形容词表示性质,名词表示名物。性质依附于名物,通过名物表现出来。当人们提起某个事物的时候,不仅会激活事物的概念义,还会连带想起该事物的空间属性、形态属性等,其中,当然也包括事物的颜色属性。当用某种名物表示颜色时,该名物的空间、形状、质量属性被削弱,颜色属性变成焦点属性。

---

① 谭景春. 名形词类转变的语义基础及相关问题 [J]. 中国语文, 1998 (5): 368-377.

名词的性质意义是名物词能够表性质的语义基础，但不是充要条件。"这种基础并不能保证形容词化的必然发生。"① 《说文解字》中有大量名物词带着明显的颜色属性，如：骊，马深黑色；駹，马浅黑色；黰，桑椹之黑也；黝，黑木也。然而，这些词没有成为专门表示颜色的形容词。这和语言的使用有关。根据特劳戈特的观点，语言的变化不是产生自语言内部（语法不会自己变化），而是产生自语言使用②。语言的使用和语言使用者的社会文化倾向有关。普遍认为，从游牧社会转为农耕社会，是丝织类名词而非畜牧类名词成为专门颜色词的客观原因③。日、月、霜、雪等物一是客观事物，不会随着社会发展而消亡；二是在汉语古典文学漫长的历史长河中，这些名物成为文人墨客歌咏明志的意象，高频的使用和群体心理取向使得"皎""皑"等获得了比表桑椹之黑的"黰"更强的生命力。

二、用组合的方式表示颜色

清末、民国还常用组合的方式表示颜色。按组合成分可分为颜色成分组合、颜色成分和非颜色成分组合、非颜色成分组合三大类（见表9-2）。

（一）颜色成分组合

颜色成分的组合可分为语义颜色词连用、语用颜色词连用、语用颜色词和语义颜色词连用三种类型。

表9-2 清末、民国组合式表色词语

颜色成分组合	语义颜色词连用	赤红	粉红	绯红	朱红	丹红	殷红	朱殷	碧绿	翠绿
		翠蓝	缥碧	苍翠	皎白	白皙	皎黄	皎蓝	苍白	
	语用颜色词连用	银灰								
	语用颜色词和语义颜色词连用	血红	血紫	青葱	葱心绿	漆黑	乌黑	墨黑	鸦青	银白
		雪白	粉白	金黄	杏黄	银红	金红	墨紫	灰红	灰绿
		灰白	灰黑	灰黄	灰蓝					

---

① 张国宪. 现代汉语形容词功能与认知研究 [M]. 北京：商务印书馆，2006：58.

② TRAUGOTT, DASHER. Regularity in semantic change [M]. Cambridge: Cambridge University Press, 2002: 35.

③ 李尧. 汉语颜色词的产生 [J]. 西南民族大学学报（人文社科版），2007（11）：248-250.

续表

颜色成分和非颜色成分组合	程度成分和颜色成分组合	深红 深紫 深绿 深碧 深翠 深蓝 深黄 深灰 绿沉 浓绿 二蓝 三蓝 黑洞洞 黑漆漆 黑觑觑儿 黑越越 黑骨隆咚 灰不噜的 红里个红 粉不刺唧 黄不唧撩 青刺嘎唧 黑咕隆咚 黑不溜啾 白不呲咧 绿个荫荫
		浅红 浅紫 浅绯 浅粉 浅绿 浅碧 浅蓝 浅白 浅黄 浅灰 淡红 淡绿 淡蓝 淡白 淡黄 微红 微黄 紫微微 小黄 轻黄
	状态成分和颜色成分组合	明黄 通红 白晃晃 白亮亮 白花花 红灼灼 黄登登 金煌煌 暗红 暗绿 黑暗 黪绿 黪碧 惨白 惨黄 幽绿 紫够够 纯白 真红 大红 大绿 油绿 油黑 绿油儿 焦红 焦黄 黄腊腊儿 亮红 亮蓝 涅红 涅蓝 涅白 鲜红 鲜绿 鲜黄 翠鲜鲜 嫣红 娇红 娇绿 娇黄 嫩绿 嫩黄 黄嫩嫩 翠生生 白生生 洋红 洋绿 洋灰 白茫茫 黑漫漫 白囊囊 红铺铺 红扑扑 黑糊糊 黑忽忽 灰碌碌 灰糊糊
	来源成分和颜色成分组合	回青
	感觉成分和颜色成分组合	黄氲氲 绿森森 绿荫荫 妖红 皎洁 洁白
	颜色词和"色""颜色"组合	红色 红颜色 紫色 赤色 粉色 绿色儿 碧色 翠色 苍色 蓝色 青色 黑颜色儿 元色 白颜色儿 黄颜色儿 死灰色 墨色 雪色 银色 黄金色
	名物词和颜色成分组合	桃红 枣红 橘红 猩红 樱桃红 血痕红 高粱红 珊瑚红 墨紫 血紫 铜紫 玫瑰紫 莲粉红 空青 虾青 茶青 雪青 豆青 荷叶青 竹根青 鸭蛋青 豆绿 黛绿 湖绿 雪湖 葵绿 菠菜绿 王八绿 豆瓣绿 天蓝 螳螂碧 月白 葡萄灰 竹色灰 燕尾青 鹁鸽青 乳白 鱼白 脂白 鹅黄 土黄 草黄 米黄 茧黄 米黄 松香黄
	其他成分和颜色成分组合	品绿 品蓝 宝蓝 蔚蓝 显青

续表

非颜色成分组合	名物词连用	藕荷
	名物词和"色（儿）"组合	桃红色 枣色 火色 玫瑰色（儿） 酱色 杨妃色 猪肝色 豆砂色 菡萏色 菜色 湖色 青袍色 烟色 铁色 死灰色 银汉色 玉雪色 肉色 牙色 米色 酱色 土色 香色 驼色 古铜色 黄金色 黄杨色

1. 语义颜色词连用

红范畴语义颜色词连用：赤红、粉红、绯红、朱红、丹红、殷红、朱殷。

例2 月季花有赤红的，有澂/乔/雪白的，还有水/粉红色的。（[美]狄考文《官话类编》）

此句出自清末北京话教材，"赤红"被解释为"非常红，血红，火红（very red, blood-red, flaming red"）①。"粉红"被解释为"白色和红色混合，即淡红色或粉红色，'粉'修饰而不是加强了语义（粉红 means white and red mixed; that is, pale red or pink, so that in this case 粉 modifies rather than intensifies the meaning）"②。

例3 双子那个闺女实在腼腆，一提起他女婿来，把他羞得满脸绯红。（[美]狄考文《官话类编》）

此句出自清末北京话教材，"绯红"被解释为"猩红、紫红、像甜菜根一样的紫红色（scarlte red, purple red, red as a beet）"③。一般指脸因害羞或尴尬变得紫红。

例4 一座青石桥，两边都是朱红栏杆。（[美]狄考文《官话类编》）

此句出自清末北京话教材，"朱红"被解释为"明亮、鲜艳的红色（vermilion red, bright red）"④。

---

① 狄考文. 官话类编：下 [M]. 北京：北京大学出版社，2017：415.
② 狄考文. 官话类编：下 [M]. 北京：北京大学出版社，2017：440.
③ 狄考文. 官话类编：下 [M]. 北京：北京大学出版社，2017：438.
④ 狄考文. 官话类编：下 [M]. 北京：北京大学出版社，2017：273.

例5 他坐在一间极小的屋子里，墙是淡绿色的；窗子都开着，阳光射进来，射在窗台上的一盆丹红的四季绣球上。(老舍《四世同堂》)

"丹红"，指鲜红，描写花色。

例6 将鸩置酒中，岳犖流殷红。(姚燮《暗屋啼怪鸦行为郑文学超记其烈妇刘氏事》)

"殷红"，指色深近黑的红色，比深红更暗，描写毒酒的颜色。

例7 始识成牢本仙境，夕阳万道起朱殷。(李慈铭《晨过绿水洋，见山东沿海诸山，上午经胶莱境，午抵燕台芝罘成牢诸山作》)

"朱殷"，指很深的大红色，描写晚霞色。

蓝绿范畴语义颜色词连用：碧绿、翠绿、翠蓝、缥碧、苍翠。

例8 楼前碧绿好烟鬟，松石深深翠黛斑。(康有为《槟榔屿大庇阁阅报》)

"碧绿"，指像碧玉一样的绿色。这里指楼前云雾缭绕的山色像碧玉一样绿。

例9 李应低着头注视着地上的群蚁围攻一个翠绿的嫩槐树虫。(老舍《老张的哲学》)

例10 他觉得他是荷塘里，伏在睡莲的小圆叶上的一个翠绿的嫩蛙。(老舍《四世同堂》)

根据语料，"翠绿"常和"嫩"出现在同一个语境中，如"翠绿的嫩槐树虫""翠绿的嫩蛙"，由此可见，"翠绿"指像翡翠一样的浅绿色。

例11 那姑娘脸皮儿雪白，嘴唇儿鲜红，头发又漆黑的，梳着个元宝髻，头上插着清香的玫瑰花儿，耳朵上带着碧绿的耳环子，手腕子上还有一对焦黄的金镯子，身上穿的是翠蓝布大衫。(威妥玛《语言自迩集》)

翠蓝，明亮的深蓝色。

图9-1是故宫博物院藏品，对这件明代青花瓷文物的说明里提道："此时期的青花瓷使用进口的'回青'料描绘，色调翠蓝浓艳，微泛紫红，具有鲜明的时代特征。"

例12 黄牛山下石矗矗，缥碧青溪藻荇覆。(康有为《黄牛滩》)

"缥碧"，指漓江水绿且清透的颜色，河底的水草清晰可见。

例13 何如松柏姿，苍翠自冬岭。(江淹《秋感二首选一》)

图 9-1　故宫藏明嘉靖青花云龙纹"寿"字盖罐

资料来源：https://www.dpm.org.cn/collection/ceramic/226834.

"苍翠"描写秋天松树和柏树的深绿色。

白范畴语义颜色词连用：皎白、白皙。

例 14　桃正花时已半僵，梨花皎白精神强。（范当世《感春三首》）

暮春时桃花凋零无精打采的，梨花开得却正好，洁白而有光泽。

白皙：白范畴颜色词连用。

例 15　古称美须眉，今亦夸白皙。（黄遵宪《春夜招乡人饮》）

例 16　白皙谁家女，劙面无完裆。（姚燮《惊风行五章》）

例 17　昨见好白皙，一夕肌肤黄。（姚燮《谁家七岁儿》）

"白皙"，指肤色白，不限性别，但一般限于年轻人。以上三例分别用来描写年轻男子、女子和七岁孩童的皮肤。

跨范畴语义颜色词连用：皎黄、皎蓝、苍白。

皎黄：白范畴和黄范畴颜色词连用。

例 18　这些杏子儿，看着皎黄，吃着却焦酸。（[美]狄考文《官话类编》）

"皎黄",指亮黄,描写成熟的杏子色。

皎蓝:白范畴和蓝范畴颜色词连用。

例19 我今天看见一个学生,穿着皎蓝的大衫,走起来真是飘洒。([美]狄考文《官话类编》)

"皎蓝",指亮蓝,描写服饰色。

苍白:黑范畴和白范畴颜色词连用

例20 慧甫等回头一看,果见东墙夹道,有管狱官人,带着个年近六旬、苍白头发的老妇,面带愁容,穿一件旧蓝布褂,两只香色福履鞋。(王冷佛《春阿氏》)

"苍白",描写老妇发色,指掺杂了黑色的白色,灰白色。

2. 语用颜色词连用

例21 一位老先生穿着一件蓝布棉袍盖到脚面,头上一顶僧帽,手中一挂串珠。圆圆的脸,长满银灰的胡子,慈眉善目的。(老舍《老张的哲学》)

"银"和"灰"最显著的语义都是名物义,但均有一个固定义项表示颜色,因此都归为语用颜色词。当二者组合时,颜色义成为最显著的语义,表示有光泽的灰色,描写老者胡子颜色。

3. 语用颜色词和语义颜色词连用

红范畴的语用颜色词和语义颜色词连用:血红、血紫。

例22 各样的桃子,圆的,扁的,血红的,全绿的,浅绿而带一条红脊椎的,硬的,软的,大而多水的,和小而脆的,都来到北平给人们的眼、鼻、口以享受。(老舍《四世同堂》)

"血红",指像血一样的深红色,描写桃子的颜色。

例23 那个学生,穿的血/绛紫的袍子,蜜/皎黄的套裤,很合时派。([美]狄考文《官话类编》)

这句话出自清末北京话教材,随文释义为:"那个男学生穿着一件深紫色的外套和鲜黄色的紧身裤,非常时髦(That school-boy has on a deep purple coat and bright yellow leggings, exactly in the fashion)"。文后还专门解释道,中国人以静脉血而不是动脉血为标准,所以血紫色指近黑的深紫色，而不是近红的红紫色①。

蓝绿范畴的语用颜色词和语义颜色词连用：青葱、葱心绿。

例24 回首望五云，槐柏郁青葱。（康有为《游汤山温泉，瞻行宫静寄山庄》）

"青葱"，指像葱叶一样的深绿色。

例25 粉脸上的葱心绿的筋脉柔媚的涨起来，像几条水彩画上的嫩绿荷梗。（老舍《赵子曰》）

"葱心绿"，指像葱心一样的嫩绿色。

黑范畴的语用颜色词和语义颜色词连用：漆黑、乌黑、墨黑、鸦青。

例26 慌不择路，又搭着天色漆黑，一下子没留神，只听扑通扑通，俩人一同摔入沟内。（徐剑胆《张铁汉》）

"漆黑"，指像漆一样的黑色，描写天色。类似的用法还有"漆漫乌黑""乌漆巴黑"，都表示因无光导致的黑暗。

例27 站在当院一瞧，东西上房，全都漆漫乌黑。不知胭脂在那屋居住，唯独上房东耳间儿，影影绰绰，有一个灯亮儿。（尹箴明《评讲聊斋·胭脂》）

例28 鼻梁上架着一架乌黑的墨镜，老远一看，好像是一位花花公子。（徐剑胆《阜大奶奶》）

"乌黑"，指像乌羽一样的黑色，描写镜片色。

例29 泼墨黑风倒吹海，悲秋黄叶齐打门。（吴俊卿《十二友诗》）

"泼墨黑"，指像墨汁一样的黑色，描写天色。

例30 十三行竹袖中收，宝扇家家爱聚头。藏得秋山平远画，鸦青纸认褶痕留。（黄遵宪《日本杂事诗》）

"鸦青"，指像鸦羽一样的暗青黑色。"鸦青纸"，纸名。色暗青黑若鸦羽，故称。

白范畴的语用颜色词和语义颜色词连用：银白、雪白、粉白。

例31 那银白的，又酥又甜的"羊角蜜"假若适于文雅的仕女吃取，那硬而厚的，绿皮金黄瓤子的"三白"与"哈蟆酥"就适于少壮的人们

---

① 狄考文. 官话类编：下 [M]. 北京：北京大学出版社，2017：439.

试一试嘴劲。(老舍《四世同堂》)

"银白",指像银子一样的亮白色,描写甜瓜果肉色。

例32 头鬘雪白褴负孩,空蔼旁人笑口哆。(金天羽《滑竿诗恼石遣翁》)

例33 人间何路海漫漫？雪白嫣红子细看。(文廷式《樱花绝句四首》)

例34 帐内一张铁床,上铺雪白的床褥。(徐剑胆《何喜珠》)

例35 伯雍见他已然瘦得不成样儿,只有一张雪白的皮肤包着一把瘦骨。(穆儒丐《北京》)

"雪白",指像雪一样的纯白色。以上几例,"雪白"分别表示老者头发、樱花、床褥、皮肤像雪一样白。

雪白经过隐喻,还可以指向人的品格。

例36 草堂都讲王公裕,雪白兰薰唯汝贤。(康有为《公裕弟于吾蒙难日来省视奔走。秋八南旋,以诗送之行》)

此处"雪白兰薰"用来形容人品格高尚,像兰花一样芬芳,像雪一样洁白无瑕。

例37 粉白一色具深意,似为俗眼揩尘埃。(陈寅恪《宣统辛亥冬大雪后,乘火车登瑞士恩嘉丁山顶作》)

"粉白",指像面粉一样的白色。描写雪色。

黄范畴的语用颜色词和语义颜色词连用：金黄、杏黄。

例38 两株老槐的下半还遮在影子里,叶子是暗绿的；树的梢头已见到阳光,那些浅黄的花朵变为金黄的。(老舍《四世同堂》)

"金黄",指像金子一样的亮黄色,描写阳光下的花色。

例39 小轮船儿,有的杏黄色,有的浅蓝色,有的全黑,有的杂色,东一只西一艘地停在那里。(老舍《小坡的生日》)

"杏黄",指像成熟杏子的颜色。

跨范畴语用颜色词和语义颜色词连用：银红、金红、墨紫、灰红、灰绿、灰白、灰黑、灰黄、灰蓝。

例40 桃红与大红不同,和银红、粉红是一路,不算正色,可是娘儿们很爱,妇女裹脚的,用这个做双小绣鞋儿,就仿佛是出水的红菱似的,

然而总得三寸金莲行,若是尺半拉儿的脚用这个做鞋,那就把人的牙都可以笑掉了。([日]御幡雅文《华语跬步》)

"银红",指有白色金属光泽的浅红色,描写服饰色。

例41 清凉的井水一股股的流向菜畦。深绿的是韭菜,浅绿的是小白菜,爬架的是黄瓜,那满身绿刺儿,头上顶着黄花的黄瓜,还有黑紫的海茄,发着香味的香菜与茴香,带着各色纹缕的倭瓜,碧绿的西葫芦,与金红的西红柿。(老舍《离婚》)

"金红",指有金子光泽的红色,描写西红色的颜色。

例42 售猪肉者,随在皆是。盖乡豚早经宰割,专为年底赶挡者,其色墨紫,恐含毒质。(蔡松龄《益世余谭——民国初年北京生活百态》)

"墨紫",指像加了墨汁一样的黑紫色,描写变质了的猪肉色。

例43 正是牲口脱毛的时候,骆驼身上已经都露出那灰红的皮。(老舍《骆驼祥子》)

"灰红",指混合了灰色的红色,描写骆驼脱毛裸露的皮肤颜色。

例44 林外,四面都是白薯地,灰绿的叶子卷卷着,露出灰红的秧蔓,像些爬不动的大虫子。(老舍《四世同堂》)

例45 她的脸上大概又擦了粉,被灯光照得显出点灰绿色,像黑枯了的树叶上挂着层霜。(老舍《骆驼祥子》)

"灰绿",指混合了灰色的绿色,以上两例分别描写植物色和脸色。

例46 是一个贫寒的老人蹲在墙根底下,低着头,一语也不发。他的衣服很褴褛的,他头顶上还带着小辫,他的头发已然灰白了。(穆儒丐《北京》)

"灰白",指混合了灰色的白色,描写老年人的发色。

例47 院子的东墙外,不远,便是城墙;那灰黑的,高大的,城墙,不声不响地看着院内(老舍《四世同堂》)

"灰黑",指混合了灰色的黑色,描写城墙色。

例48 墙上不少照片与对联的痕迹,四围灰黄,整整齐齐的几个方的与长的白印儿。(老舍《离婚》)

"灰黄",指混合了灰色的黄色,描写墙色。

例49 太太挑了条最不得人的灰蓝色的,一遇上阳光管保只剩下灰,

一点也不蓝。(老舍《离婚》)

"灰蓝",指混合了灰色的蓝色,描写服饰色。

(二) 颜色成分和非颜色成分组合

1. 程度成分和颜色成分组合

深+颜色成分:深红、深紫、深绿、深碧、深翠、深蓝、深黄、深灰。

例50 浅白深红抵死妍,含情无语自年年。(柳亚子《魏塘金氏废园见桃花》)

例51 你是喝浅绿色的龙井,深红色的香片,还是透明无色的白水。(老舍《赵子曰》)

以上两例的"深红"分别描写桃花和花茶茶汤的颜色。

例52 一会儿,霞上渐渐有了灰暗的地方;鸡冠花的红色变成深紫的。(老舍《四世同堂》)

"深紫",描写花色。

例53 海山两门峙,海波浩深绿。(康有为《啡苏啡士火山麓酒楼望海,并眺奈波里全城,华人莫我先也》)

"深绿",描写浩瀚幽深的海水色。

例54 深绿槟榔树,遇节绿箨解。(康有为《庚子七月居槟榔屿督署,今已辛丑六月,手种藤已花矣》)

"深绿",描写茂盛的槟榔树树冠。

例55 五年三度过此海,海波深碧若镜磨。(康有为《九月二十二重泛大西洋》)

"深碧",描写大西洋海水的颜色。

例56 水银之海金兔雁,土花滋养成深翠。(梁启超《南海先生以澭士金字陵铜俑,舍卫佛讲堂幡,雅典陶尊,邦卑疆石,耶路撒冷群卉图见赠,赋谢》)

"土花",指"金属器皿表面长期受泥土剥蚀而留下的痕迹"[①],颜色是深暗的绿色。

例57 我们这路买卖铺面多是黑柱子红窗棂,好花哨的也有油绿色,

---

① 罗竹风. 汉语大词典:第2册 [M]. 上海:汉语大词典出版社,2003:985.

画竹节的，不然就是白坯木头，都可以自己随便。唯独他们行院楼房，永久只许油深蓝色，所为人家一望而知，不然怎么管娼寮叫青楼呢？（湛引铭《细侯》）

行院、娼寮、青楼，都是妓院的别称，由此句可知清末妓院的建筑多漆深蓝色。

例58 金波初转小回廊，离离丛菊已深黄。（王国维《浣溪沙》）

"深黄"，描写秋菊色。

例59 有的地方是浅灰的，在几丈之内还能看见东西，有的地方是深灰的，白天和夜里半点分别也没有。（老舍《二马》）

1924年夏，老舍赴英国任伦敦大学东方学院汉语教师。《二马》是老舍在英国任教时创作的小说，"深灰"描写的是雾都伦敦的大雾天气。

颜色成分+沉：绿沉。

例60 跪捧银盘茶与糕，绿沉之瓜紫蒲桃。（黄遵宪《台湾行》）

"绿沉"，"色绿而深沉"①。

浓+颜色成分：浓绿。

例61 目力所到都是极茂盛的树木，由枝叶扶疏处隐隐约约的看见几处屋瓦，好多的房屋都隐在浓绿的树下。（穆儒丐《北京》）

"浓绿"，浓度高的绿色。

数字+颜色成分：二蓝、三蓝。

例62 品蓝男女都可以做袄儿，爷们也可以做马褂儿，可是娘儿们的裤子也有用这个颜色的，若是二蓝、三蓝，比这个颜色又仿佛是大方些，可没这个醒目。（[日]御幡雅文《华语跬步》）

"二蓝""三蓝"，较品蓝颜色较深。

颜色成分+其他成分：黑洞洞、黑漆漆、黑魆魆儿、黑越越、黑骨（咕）隆咚、灰不噜的。

例63 屋里黑洞洞的，没有人声。此时内人拿过一个灯来，到得屋内一照，敢则是小儿春英。（王冷佛《春阿氏》）

例64 天还黑魆魆儿的，我就起来了。（金受申《北京话语汇》）

---

① 李生辉，刘镇伟. 甲午战争诗歌选注 [M]. 大连：大连出版社，1994：97.

例 65 留神一看，见胡同内黑漆漆站着一个人，直向过路巡警打手势。(徐剑胆《花鞋成老》)

例 66 又走了三十分钟的时候儿，多亏了月亮出来，这才一步一步地把我们送上山去。到了山上头，往四围一看，黑越越的全是树木，一切的景致是看不见了。([日]加藤镰三郎《北京风俗问答》)

例 67 别的房子都挺亮，就是西边那间房子，黑骨隆咚的。(金受申《北京话语汇》)

"黑洞洞""黑漆漆""黑觑觑儿""黑越越""黑骨隆咚"，指因缺少光照而导致的黑暗。

例 68 这家子的白面和调起来青须须/黑碌碌的，一点不白。([美]狄考文《官话类编》)

这句课文里"青须须"和"黑碌碌"作为同义词一起出现，文后用英文释义为："The flour from this firm becomes dark when mixed. It is not at all white（这家公司的面粉活成面团后会变黑，它一点也不白）"①，故判断"青须须"在这里指黑色，而不是绿色。

例 69 他慢慢地扛起行李，一手高举着车票，一手握着那条灰不噜的毛巾，慢慢地下了车。(老舍《四世同堂》)

"灰不噜的"，特别灰。

"北京话对于颜色，对于滋味，都有各自不同的副词或形容词，来加重它们的分量，使之生动活泼。"②《北京话语汇》中附录了一些这样的颜色词，如：白不泚咧、黄不唧撩、灰不刺唧、青刺嘎唧、紫刺亳青、黑不溜啾、粉不刺唧、绿个阴阴儿。

浅+颜色成分：浅红、浅紫、浅绯、浅粉、浅绿、浅碧、浅蓝、浅白、浅黄。

例 70 脸蛋上没有胭脂，而只在小三瓣嘴上画了一条细线，红的，上了油；两个细长白耳朵上淡淡地描着点浅红。(老舍《四世同堂》)

"浅红"描写兔儿爷耳朵上的胭脂色。

---

① 狄考文. 官话类编：下 [M]. 北京：北京大学出版社，2017：409.
② 金受申. 北京话语汇 [M]. 北京：北京出版社，2020：96.

例71 新条送秀绿,初萼抽浅绯。(梁鼎芬《一簪亭春望》)

"浅绯",指淡红色,描写春天花骨朵刚刚绽放时的颜色。

例72 伊姑娘正在阶下立着。她戴着顶蓝色的草帽,帽檐上钉着一朵浅粉的绢花。(老舍《二马》)

粉色已经是浅红了,浅粉的颜色更淡。

例73 岸上的小树刚吐出浅绿的叶子,树梢儿上绕着一层轻雾。(老舍《二马》)

"浅绿",描写嫩叶的颜色。

例74 我细一瞧他,面上作浅碧色,撇着个嘴,两道法令纹挺深。(梅蒐《益世余谭——民国初年北京生活百态》)

"浅碧",描写微微发青的脸色。

例75 三蝶儿年方十五,械一条油松辫子,穿一件浅蓝竹布褂,对着那和风霁景,芳草绿茵,越显他风流秀慧,光艳夺人,仿佛与天际晚霞,争容斗媚呢似的。(王冷佛《春阿氏》)

"浅蓝",描写服饰色。

例76 浅白深红抵死妍,含情无语自年年。(柳亚子《魏塘金氏废园见桃花》)

"浅白",描写娇嫩细薄的桃花花瓣色。

例77 风荡轻烟热拂面,澜漪皱动成丹紫。浅黄深碧绀琉璃,微波五色生妙理。(康有为《黄石园歌》)

"浅黄",描写黄石公园地热泉底因矿物沉积而呈现的淡黄色。

例78 他坐在一间极小的屋子里,墙是淡绿色的;窗子都开着,阳光射进来,射在窗台上的一盆丹红的四季绣球上。(老舍《四世同堂》)

"淡绿",指微微发绿的颜色,描写墙壁的颜色。

例79 穿着件半大的淡蓝皮袍,自如,合适,露着手腕。(老舍《离婚》)

"淡蓝",描写皮袍的颜色。

例80 波光淡白月黄昏,何物婆娑石上蹲?欲废平生《无鬼论》,回头却是黑昆仑。(黄遵宪《养疴杂诗》)

"波光",指月光;"淡白",描写月光清淡透明的白色。

例 81 临夜正东风,会有淡黄月。(曾习经《南归初发都留别寓居草树》)

例 82 淡黄寒柳如新柳,笑比衰翁再少年。(何绍基《别济南》)

例 83 不用文人愁纸贵,淡黄遍种瑞香花。(黄遵宪《日本杂事诗》)

以上三例,"淡黄"分别描写月亮、寒柳和日本一种用于造纸的花。

微+颜色成分:微红、微黄、紫微微。

例 84 三蝶儿听到此处,知是昨晚说话未加检点,当时两颊微红,羞羞怯怯的不敢答言了。(王冷佛《春阿氏》)

"微红",描写女子因害羞脸色微微发红。

例 85 瘦松立旷野,赭花媚斜阳。旁有磊磊石,落衣染微黄。(张鸿《晚过小三台》)

"微黄",描写青苔在斜阳的晕染下显出淡黄颜色的样貌。

例 86 要说紫/微微/英英的,就是说他少带一点紫色,十分鲜明。([美]狄考文《官话类编》)

"紫微微""紫英英",都指鲜亮的淡紫色。

小+颜色成分:小黄。

例 87 今日寒晴日小黄,天风着意送归航。(江湜《雪后江行晚至馆头驿》)

"小黄",淡黄色。冬日晴天太阳温和,颜色是淡黄色的。

轻+颜色成分:轻黄。

例 88 榆树枝儿纷纷往下落红黄的鳞片,柳枝很神速的挂上一层轻黄色。(老舍《二马》)

"轻黄",淡黄色。

2. 状态成分和颜色成分组合

颜色明亮:"明""通""晃晃""亮亮""花花""灼灼""登登""煌煌"和颜色成分组合。

例 89 客舍临湖滨,明黄三层阁。(康有为《黄石湖中有大湖百里即名黄石湖》)

"明黄",指亮黄色。《清朝文献通考》:"皇帝朝服,色用明黄。皇帝龙袍,色用明黄"。这里"明黄"描写黄石公园中旅馆的颜色。

例90 通红的花儿，碧绿的叶儿，画的实在现活。（[美] 狄考文《官话类编》）

"通红"，指通体的亮红色，描写花色。《官话类编》是美国传教士狄考文1900年出版的汉语教材，课文和词汇配有英文译文。上例出自第142课，其中"通红"的译文为："通体为红，一种亮红色。（all over red, entirely red, a bright red）"①。

例91 晴湖青濛濛，澄江白晃晃。（陈衍《吴山晚眺》）

"白晃晃"，描写日光照耀下江水波光粼粼的状态。

例92 前儿黑下，好冷啊！睡梦中把我冻醒了。天一亮，我急忙起来，开开房门，一瞧，原来是白亮亮地下了一地的雪！（威妥玛《语言自迩集·谈论篇百章之九十七》）

"白亮亮"，描写光照在雪地上白而亮的样子。

例93 再说朱二正在西厢房内，把一支箱子用刀劈开一瞧，满都是白花花，黄的是金条，白的是元宝。（（徐剑胆《何喜珠》）

"白花花"，描写金属所反射的白而亮的光。

例94 见尚书葛宝华，童颜鹤发，满部白胡须，穿一件蓝色葛纱袍，头戴纬帽，红灼灼的珊瑚顶，翠鲜鲜的孔雀翎，戴着极大眼镜，就着明窗之下，一手拿着报纸，正在查阅新闻呢。（王冷佛《春阿氏》）

"灼"，明亮，鲜明。"红灼灼"，指红且鲜亮的颜色。

例95 这一天晚晌又来了，说了几句话儿，从袖口儿里头，掏了半天，掏出一只黄镯子来，递给刘爷。刘爷接过来，可不能说"灯下不收首饰"（那是当刘），真是黄登登的，透着体沉，掂了掂约有五两。（尹箴明《评讲聊斋·凤仙》）

"黄登登"，指黄而亮的颜色，描写金属首饰的颜色。

例96 人家的那金煌煌的门面不蹭蹭了么？（英继、宫岛吉敏《北京事情》）

"煌煌"，显耀、盛美或醒目的样子。"金煌煌"，描写门面像金子一样显耀夺目的样子。

---

① 狄考文. 官话类编：下 [M]. 北京：北京大学出版社，2017：414.

颜色暗淡："暗""黪""幽""乌乌""够够"和颜色成分组合。

暗+颜色成分：暗红、暗绿、黑暗。

例97 脸上的一层灰色的油慢慢变成暗红的，她像西太后似的坐在客室的最大的一张椅子上。（老舍《四世同堂》）

"暗红"，指暗淡的红色。

例98 田麻子坐起来，长脸像犯了烟瘾似的出着汗，颜色变成暗绿的。（老舍《四世同堂》）

"暗绿"，指暗淡的绿色。

例99 月亮有风圈，里头黑暗，没有剻口儿，也是主雨。（张廷彦《北京风土编》）

"黑暗"，指因光线弱导致的视觉感受。"剻口儿"，豁口儿。"风圈"，指月晕。北京民间说法，如果前一晚月亮周围有完整的月晕，月晕外圈亮，里圈黑，则第二天下雨的概率比较大。

黪（惨）+颜色成分：黪绿、黪碧、惨白、惨黄。

"黪"是灰黑色。"黪绿"指混合了灰黑色的绿色。"黪碧"指混杂了灰黑色的蓝色。

例100 飘然浮海孝廉船，绝妙才华黪绿年。（康有为《题菽园孝廉选诗图》）

"黪绿"，原指青年所穿服饰的颜色，后用来指人生的青年时期，也写作"惨绿"。

例101 异时再登观象台，呼天难问云黪碧。（康有为《游德国波士淡旧京诸宫苑，于阿朗苏利宫前睹天仪五事，盖吾京师观象台仪器，元太史郭守敬制也。昔曾摩挲，不意绝国重抚之，感怀故国，泪下沾襟，乃作长歌》）

"黪碧"，指天色晦暗深蓝。

例102 灯影下坐着一个妓女。只看他满脸惨白，也不知是本色是擦的白粉。（穆儒丐《北京》）

"惨白"，指灰白色。与"惨白"意义相近的还有"刷白""煞白""死白"。

例103 兄台你怎么咯？脸上刷白的，冷孤丁的就瘦成这个样儿了！

(威妥玛《语言自迩集》)

例104 马威没言语,煞白的脸慢慢红起来。(老舍《二马》)

例105 伊牧师的脸是死白死白的。(老舍《二马》)

以上3例都描写脸白,无血色。

例106 赵子曰头上裹着白布,面色惨黄像风息日落的天色。(老舍《赵子曰》)

"惨黄",指混合了灰色的黄,既描写日落昏黄暗淡的天色,也描写憔悴无精神的面色。

幽+颜色成分:幽绿。

例107 苹果屈篱兽喷水,数里幽绿围青城。(康有为《游德国波士淡旧京诸宫苑,于阿朗苏利宫前睹天仪五事,盖吾京师观象台仪器,元太史郭守敬制也。昔曾摩挲,不意绝国重抚之,感怀故国,泪下沾襟,乃作长歌》)

"幽绿",指深绿泛黑的颜色。"幽绿"经过转喻,指德国宫殿四周绵延数里的苹果树。

颜色成分+够够:紫够够。

例108 若说紫够够的,就是嫌他太紫了,成了黑紫色。([美]狄考文《官话类编》)

"紫够够",指深紫近黑的颜色。

颜色纯净:"纯""真""正""大"与颜色成分组合。

纯+颜色成分:纯白。

例109 回青纯白洁无尘,色比官哥稍薄匀。说是五郎亲手制,就中最爱爱莲人。(黄遵宪《日本杂事诗》)

"纯白",指没有掺杂其他颜色的白色,描写瓷器的颜色。

真+颜色成分:真红。

例110 西京城比锦宫雄,吴织何如汉织工?菊叶葵枝盘大绿,飞鱼天马簇真红。(黄遵宪《日本杂事诗》)

"真红""大绿",指纯度高的正色,描写日本锦缎的颜色。诗后诗人自注:"《三国志》所著倭锦,未知何如?史言雄略十四年,吴人遣汉织吴织女工来,始有织。西京所出锦至佳。《杜阳杂编》曾称女王国有明霞锦,光耀芬馥,五色相间,可知其美艳矣。菊为王家徽志,葵为旧将军徽志,故织此甚多。真红天马锦、真红飞鱼锦,皆沿蜀锦名。"①

大+颜色成分:大红、大绿。

例111 第二天备了全副执事,一顶大红官轿就把这位勺儿姑娘给娶进门来。(徐剑胆《阜大奶奶》)

"大红",正红色。

颜色润泽:"油"和颜色成分组合。

例112 麦苗已经不再趴在地上,都随着春风立起来,油绿油绿的。(老舍《四世同堂》)

"油绿",指绿而有光泽,描写植物绿而浓密润泽的状态。

例113 刚到家门口儿,就见人家把门楼儿提浆刷色,新油的两扇绿油儿的街门。(尹箴明《青蛙神》)

"绿油儿",指绿而有光泽,描写新漆好的街门。

例114 就瞧这个人有三十多岁,油黑油黑的一张脸,两只小眼睛,薄片子嘴。(蔡友梅《苦鸳鸯》)

"油黑",指黑而有光泽,描写人皮肤黑而且泛着油光的状态。

颜色干枯:"焦""腊"和颜色成分组合。

焦+颜色成分:焦红、焦黄。

"焦"指物体受热后黑、硬、干的状态。"焦"与颜色成分组合用来形容物体颜色发黑发干的状态。

例115 豆汁摊上,咸菜鲜丽得像朵大花,尖端上摆着焦红的辣椒。(老舍《骆驼祥子》)

"焦红",描写炸过的干辣椒黑红的颜色。

例116 咱们家大爷,身上虽没伤痕,怎么这么面色焦黄,好像被黄鼠狼咂过血的。(尹箴明《评讲聊斋·花姑子》)

"焦黄",描写脸色黑黄,没有血色。

颜色成分+腊:黄腊蜡儿。

例117 好像个带斑点的倭瓜,黄腊腊儿的带着些绿影儿。(老舍《小

① 黄遵宪.黄遵宪集:上卷[M].天津:天津人民出版社,2003:74.

坡的生日》）

"黄腊腊儿"，描写植物黄且没有精神的样子。

颜色透明："亮""澄"和颜色成分组合。

亮+颜色成分：亮红、亮蓝。

根据清末语料，"亮红""亮蓝"表示透明的红色和蓝色，与不透明的"涅红""涅蓝"相对。

例 118 坐官的，分文官，武官，他是几品顶戴，当总督的是头品，当县官的是七品，头品顶戴是亮红，二品顶戴是涅红，三品顶戴是亮蓝，四品顶戴是涅蓝。（［英］傅多玛《汉英北京官话词汇》）

《汉英北京官话词汇》是英国北爱尔兰传教士傅多玛1911年出版的北京话教材，全书采用中英对照的方式编写，上例中的"亮红"对应的英文译文是"清透的红色（clear red）"，"亮蓝"对应的英文译文是"清透的蓝色，像蓝宝石的颜色（sapphire）"①。

颜色成分+澄：碧澄澄

例 119 一双小眼碧澄澄，望着阿图和。（梁启超《好事近》）

"碧澄澄"，"湛蓝而明净"②。这首词是梁启超写幼儿梁思礼的，"阿图和"，满语，指姐姐。

颜色不透明："涅"和颜色成分组合。

"涅红"表示不透明的红色；"涅蓝"表示不透明的深蓝色，青金石一样的颜色；"涅白"表示不透明的白色。"清朝官员帽顶上的饰物。品级不同，饰物也不同。最初，饰物上的珠子，一品用红宝石，二品用珊瑚，三品用蓝宝石，四品用青金石，五品用水晶石，六品用砗磲，七品是素金顶，八品是起花金顶，九品是起花银顶。因为官服、顶戴都是官员自己置办，所以乾隆以后，这些珠子，基本上都用透明或不透明的玻璃来代替了，透明的叫作'亮顶'，不透明的叫作'涅顶'。一品为亮红顶，二品为涅红顶，三品为亮蓝顶，四品为涅蓝顶，五品为亮白顶，六品为涅白

---

① 傅多玛. 汉英北京官话词汇［M］. 北京：北京大学出版社，2017：182.
② 罗竹风. 汉语大词典：第7册［M］. 上海：汉语大词典出版社，2003：1074.

顶。七品的素金顶，则为黄铜镀金，或者干脆是铜的。"[①]

颜色娇艳可爱："鲜""娇""嫩""嫣""生生""洋"与颜色成分组合。

鲜+颜色成分组合：鲜红、鲜绿、鲜黄、翠鲜鲜。

例120 赵华臣有四十来岁，高身量白胖子，黄胡子，两只大近视眼，老戴着镜子，鲜红的一个酒糟儿鼻子。（蔡友梅《小额》）

"鲜红"，指鲜艳的红色，描写酒糟鼻头的颜色。

例121 下防鲜绿旗，流血腥乌苏。（姚燮《佘文学梅听屠生说马僧事，证之随园所书者，纪以古诗，属余同作为制椎埋篇一章，并录佘君诗于后》）

"鲜绿"，指鲜艳的绿色。清代由汉人编成的分驻在地方的武装力量，用绿旗做标志。

例122 只见姑母左手拿着两个鸡子，右手从衣襟上往下擦鲜黄的蛋汁。（老舍《老张的哲学》）

"鲜黄"指鲜艳的黄色，描写鸡蛋液的颜色。

嫣+颜色成分：嫣红。

例123 人间何路海漫漫？雪白嫣红子细看。（文廷式《樱花绝句四首》）

"嫣红"，描写樱花鲜艳明丽的红色。

娇+颜色成分：娇红、娇绿、娇黄。

例124 虎拉车原是一宗果品，比沙果子味甜，比苹果香味又次。每到秋令，此果初熟，外挂一层嫩霜，颜色娇红可爱，吃到嘴里，芳脆溢于齿颊，故俗名叫虎拉车。（杨曼青《演说·虎拉车》）

"娇红"，描写水果初熟时的嫩红色。

例125 路旁卖水萝卜的把鲜红的萝卜插上娇绿的菠菜叶，高高兴兴地在太阳地里吆唤着春声。（老舍《赵子曰》）

"娇绿"，指绿且娇嫩的颜色。

例126 看了看白薯锅，真的娇黄的一锅白薯，煮得咕嘟咕嘟的冒着

---

① 蔡友梅. 过新年 [M]. 北京：北京大学出版社，2018：116.

金圈银眼的小气泡。(老舍《赵子曰》)

"娇黄",指黄且娇嫩的颜色。

嫩+颜色成分:嫩绿、嫩黄、黄嫩嫩。

例127 嫩绿的槐虫,在细白的一根丝上悬着,丝的上半截发着白亮的光。(老舍《四世同堂》)

"嫩绿",指娇嫩的绿色。

颜色成分+生生:黄生生 碧生生 白生生

例128 别炒煳了,炒的黄嫩嫩/黄胧胧/黄生生的就得啦。([美]狄考文《官话类编》)

"黄生生"同"黄嫩嫩",都指黄且娇嫩的颜色。

例129 那山上草木被雨沾润,都发了向荣的精神,一阵阵放来清香,使人加倍的爽快。那道路两旁的田间,麦苗已然长起来了,碧生生的一望无边,好似铺了极大的绿色地衣,把田地都掩盖住。(穆儒丐《北京》)

"碧生生",指嫩绿色,描写刚出苗的麦田。

例130 虽然皮色发黑,因为常搽粉,也就白生生的咯。([美]狄考文《官话类编》)

"白生生",描写化过妆的白嫩皮肤。

洋+颜色成分:洋红 洋绿 洋灰

例131 道光年间,凡物之极贵重者,皆谓之洋。重楼曰"洋楼",彩轿曰"洋轿",衣有洋绉,帽有洋筒,挂灯名曰"洋灯",火锅名为"洋锅",细而至于酱油之佳者,亦名"洋秋油",颜料之鲜明者,亦呼"洋红""洋绿"。大江南北,莫不以洋为尚。(陈作霖《炳烛里谈》)

"洋红",指鲜亮的红色;"洋绿",指鲜亮的绿色;"洋灰"指鲜亮的灰色。

颜色弥漫模糊:"茫茫""铺铺""糊糊""漫漫""囊囊"与颜色成分组合。

例132 上了榆树往北看,但见白茫茫一片俄国大队正由炮局街前经过。那位说了,白茫茫是甚么呢?俄国兵都穿着白军衣,所以白茫茫一片。(蔡友梅《五人义》)

"白茫茫",指白而广。一大片穿着白军衣的军人,从远处看呈现大面积的白色。

例 133 但见这个村落,老远一看,黑漫漫的树荫森里,将往村子里一走,就听见村犬咙咙将人吠。(徐剑胆《何喜珠》)

"黑漫漫",指漆黑一片,没有边际的样子。

例 134 幸尔那天有个老妈子,偷着到屋内去看,这才知道已然没了气儿,唯见鼻子、眼睛、耳朵、嘴,五官之内,白囊囊,咕咕喀喀,满都是蛆。(徐剑胆《阜大奶奶》)

"囊囊",描写满状;"白囊囊",指白而满的样子。

例 135 这就是前半年生疳积的那个孩子,你看他如今长的胖墩墩的,脸上红铺铺的,一点病也没有。([美]狄考文《官话类编》)

上例是北京话教材《官话类编》第167课课文中的一句话,课文下方对"红铺铺"的语义专门进行了解释:"盛开的红色、玫瑰色、闪耀的——传达了扩散的意象(blooming red, rosy, glowing—imparts the idea of diffusion)"。"脸上红铺铺的",特别强调红色在脸上的弥散状。

例 136 只见秀卿盖着一条红纱夹被在床上躺着呢。头发乱蓬蓬的,在枕边委着,脸上红扑扑的,仿佛烧。(穆儒丐《北京》)

"红扑扑",描写因发烧而导致的脸红。

例 137 我瞧您脸上红朴朴儿的,大概您必好喝一盅儿。(尹箴明《评讲聊斋·凤仙》)

"红朴朴:红扑扑。朴,肥肉。吴语。"① 这里形容胖脸因醉酒而红。

例 138 定了约有一两刻钟的功夫,又一睁眼,见东方已然发白。往下一瞧,那里有什么雕梁画栋,黑糊糊一片全是树木山石,而且桌案也没有了,灯光也灭啦,自己口坐的是一个山尖儿上的一个峭壁。(尹箴明《云翠仙》)

例 139 功夫不大来到木板桥,见河内黑忽忽的好像泡着个死尸,不由心中一惊。(湛引铭《细侯》)

例 140 天是灰碌碌的,阴寒的,光光的。(老舍《四世同堂》)

例 141 马老先生抬头看看天,阴得灰糊糊。(老舍《二马》)

---

① 尹箴明.评讲聊斋[M].北京:北京大学出版社,2018:157.

以上四例中的"黑糊糊""黑忽忽""灰碌碌""灰糊糊"都指因光线不足导致的模糊昏暗。

昏+颜色成分：昏黄。

例142 昏黄无力的太阳像要偷懒早睡似的，已离西面大山的山头不远。(老舍《火葬》)

"昏黄"，天色将晚，太阳混沌发黄的颜色。

3. 颜色来源和颜色成分组合

回+颜色成分：回青。

例143 回青纯白洁无尘，色比官哥稍薄匀。说是五郎亲手制，就中最爱爱莲人。(黄遵宪《日本杂事诗》)

"回青"，也叫"回回青"，明宋应星《天工开物·回青》："回青乃西域大青，美者亦名佛头青。"万历十五年（1587年）的《水部备考》中记载："回回青一名苏麻尼石青，出爪哇国撒马尔罕等处地方，旧系内官并锦衣卫舍人差往西洋榜葛剌、渤泥国等处回还进到者。近俱吐鲁番夷人进贡。"

4. 感觉成分和颜色成分组合

令人感到温暖的颜色：黄㬉㬉。

例144 昼天黄㬉㬉，涸阳不成曛。(姚燮《暗屋啼怪鸦行，为郑文学超记其烈妇刘氏事》)

"㬉㬉"同"温温"，指温度和暖。"黄㬉㬉"描写天色昏沉模糊，给人一种温吞感觉的黄色。

令人感到寒凉的颜色：青泠泠、绿森森、绿荫荫。

例145 朝来四望至爽气，隔江之树青泠泠。(陈衍《江中回望金焦二山》)

"青泠泠"，指给人清冷感觉的绿色。

例146 今儿顶热，找树林子去凉快罢。那座山上的树木绿森森的，把衣裳都湿了。([韩]柳廷烈《修正读习汉语指南》)

"绿森森"，指绿且凉。"森森"表示繁密或者寒冷。根据上下文，去绿森森的树林里凉快，因此这里的"森森"表示的是寒凉之意。

令人感到怪异的颜色：妖红。

例 147　大旗红折惊飙斜，半残马字飘尘沙。颓垣下照白日淡，妖红一丈龙船花。(陈曾寿《甲辰岁日本观油画庚子之役感近事作》)

"妖红"，形容龙船花异常的红。

令人感到干净的颜色：皎洁、洁白。

例 148　积雪皑皑坚似铁，其色皎洁万古终不融。(高旭《登富士山放歌》)

"皎"，白而亮；"洁"，干净。"皎洁"形容事物白、亮且干净。这里"皎洁"描写的是富士山顶终年不化的积雪色。

例 149　天桥就更火炽，新席造起的茶棚，一座挨着一座，洁白的桌布，与妖艳的歌女，遥对着天坛墙头上的老松。(老舍《骆驼祥子》)

"洁白"，指白而净。

5. 颜色词和"色""颜色"组合

语义颜色词和"色""颜色"的组合有红色、红颜色、紫色、赤色、粉色、绿色儿、碧色、翠色、苍色、蓝色、青色、黑颜色儿、元色、白颜色儿、黄颜色儿。语用颜色词和"色""颜色"的组合有（死）灰色、墨色、雪色、银色、黄金色。

例 150　坏云压山死灰色，白旗倒挂平壤门。(房毓琛《平壤谣》)

"死灰"，指完全熄灭的火灰，色黑灰。"死灰色"，指像死灰一样的黑色，描写黑云色。

例 151　此人有六旬以外，穿一件蓝纱大裙，足下两只云履，戴着漆黑的墨色眼镜，手拿着一柄纨扇，掀帘走进。(王冷佛《春阿氏》)

"墨色"，指像墨汁一样的颜色。"墨色眼镜"，指黑色镜片的眼镜。

例 152　雪色倭雏艳绝群，青纱笼面却尘氛。(黄燮清《洋泾竹枝词》)

"雪色"，指像白雪一样的颜色，描写日本年轻女子皮肤。

例 153　真成银色界，晶殿隐葱茏。(刘光第《锡瓦殿》)

"银色"，指像银子一样的白而亮的颜色，描写雪色。

例 154　原来这个洞在山顶观音殿的后面，洞中有一个和尚的像，通身都是黄金色，头里供着一个牌位，写的是"桂芳和尚之位"。([日] 加藤镰三郎《北京风俗问答》)

"黄金色",指像黄金一样的亮黄色。

6. 名物词和颜色成分组合

红范畴:桃红、枣红、橘红、猩红、樱桃红、血痕红、高粱红、珊瑚红、墨紫、血紫、铜紫、玫瑰紫、莲粉红。

例 155   玉蚨心生一计,遂改成男子装束,梳一条又黑又亮大撒手辫子,穿一件青洋绉的皮袄,套一件驼色大坎肩,蹬一双青缎薄底官靴,头上戴一顶貂皮四块瓦小帽,中间钉着一块桃红碧玺帽花,鼻梁上架着一架乌黑的墨镜,老远一看,好像是一位花花公子。(徐剑胆《阜大奶奶》)

"桃红",指像桃花一样的红色,描写碧玺色。

例 156   是的,大赤包的袍子是枣红色的。(老舍《四世同堂》)

"枣红",指像红枣一样的红色,描写女性所穿的袍子色。

例 157   天黑了,我分不出来是桃红是橘红的了。([法]微席叶《北京官话初阶》)

"橘红",像橘子皮一样的黄红色。

例 158   采取头春到尾春,猩红染色样翻新。自过谷雨茶船到,先拣龙团赠美人。(黄遵宪《日本杂事诗》)

"猩红",指像猩猩血一样的红色,描写日本红茶的颜色。诗后自注:"产茶以山城国为最佳。绿汤者唯美利坚人喜购之,欧罗巴人不欲也。近年有西商延中人制红茶,味薄,远不如我。"[①]

例 159   列星高寒仰可摘,采之入手樱桃红。(黄燮清《题许润泉茂才立马曾登泰岱颠图即送之粤东》)

"樱桃红",指像樱桃一样的红色。诗人站在泰山顶上,想象星星随手可摘。摘下来的星星发着樱桃一样的红光。

例 160   塞北遥看云气黑,夕阳隐现血痕红。(高旭《游颐和园,次吕志伊韵》)

"血痕红",指像血痕一样的红色。厚重的乌云边缘透出一丝红色夕阳,像一道血痕。

例 161   高粱红的河蟹,用席篓装着,沿街叫卖。(老舍《四世同堂》)

---

① 黄遵宪. 黄遵宪集: 上卷 [M]. 天津: 天津人民出版社, 2003: 60.

"高粱红",指像成熟高粱穗一样的深红色,描写河蟹的颜色。

例 162　火云烧天天色变为赤,朱霞片片飞散光熊熊……瞭望微茫一发白齿齿,海波照眼摇荡珊瑚红。(高旭《登富士山放歌》)

"珊瑚红",指像珊瑚一样的红色。诗人在富士山上看海上日出,朝霞倒映在波涛汹涌的海面上,像珊瑚一样红。

例 163　纪老者出来了,他有七十多岁,牙还很齐……小短蓝布棉袄,没结钮,用条带子拢着,露着胸的上部,干巴巴的横着些铜紫色的皱纹。(老舍《牛天赐传》)

工业纯铜通常会覆有一层紫色的氧化膜,所以又被称为"紫铜"。老农皮肤因常年暴晒而呈现出深红近紫的颜色。

例 164　宋老夫穿着一件玫瑰紫的洋绉夹袄,袖口儿有一尺三。(蔡友梅《过新年》)

"玫瑰紫",指像玫瑰花一样的紫红色,描写服饰色。

例 165　我观大千髭绕颊,颇似黄山古松鬣。谁知两度夜宿莲花峰,双颊直染莲粉红。(金天羽《戏赠张大千索画》)

"莲粉红",像荷花一样白里透红的颜色,描写脸色。

蓝绿范畴:空青、虾青、茶青、雪青、豆青、荷叶青、竹根青、鸭蛋青、豆绿、黛绿、湖绿、雪湖、葵绿、菠菜绿、王八绿、豆瓣绿、天蓝、螳螂碧、月白。

例 166　蜃市楼台贾客侨,空青珠贝杂文鳐。南徐风物今如许,金粉何从问六朝。(陈去病《江行杂诗》)

"空青",指像天空一样的蓝色。这两句诗讲的是江边熙熙攘攘的市场上卖珍珠和鱼的场景。"空青"描写珠贝的颜色。

例 167　眼看着快穿夹袄啦。你给我做个茶青洋褡裢大夹袄,红青洋褡裢马褂儿。(蔡友梅《土匪学生》)

例 168　没留胡子,腮上刮得晶亮;要是脸上没有褶儿,简直是像两块茶青色的磁砖。(老舍《二马》)

"茶青",像茶汤一样的黄绿色,以上两例分别描写服饰色和皮肤色。

例 169　阅报、听讲时,均备有茶水。豆绿茶盅,每天总丢两三个。(梅蒐《益世余墨——民国初年北京生活百态》)

例170 马少奶奶拿着一个鲜红的扁萝卜,中间种好一个鹅黄的白菜心,四围种着五六个小蒜瓣,顶着豆绿的嫩芽。(老舍《离婚》)

《饮流斋说瓷》认为,"豆青""豆绿"二色相近,"宋哥、弟窑为最盛。哥窑多作豆绿,弟窑多作豆青……明以前之豆青,微近黄色,至清则纯近绿色"[1]。叶喆民在《〈饮流斋说瓷〉译注》里给"豆绿"的注解是:"很像新鲜豆荚的颜色";给"豆青"的注解是:"一种深浅色调适中的青绿色。"[2]《华语跬步》又说豆青和茶青颜色相近,"豆青和茶青差不多类,可是豆青文雅,茶青正派,各有所长,也看各人所好就是了"[3]。由此可以判断,茶青偏黄,豆绿偏绿,豆青居中。

例171 刘顺也真会打扮他,给他闹了一件雪青洋绉的大棉袄,约有六成新,蓝宁绸镶绒边的巴图鲁坎儿,新裤子,新棉鞋,还闹了顶新小帽儿,红结子。(蔡友梅《张文斌》)

"雪青",指像雪地反射的蓝紫色,描写服饰色。

例172 远山如黛如画屏,薄烟染为荷叶青。(姚燮《月夜坐海印池》)

"荷叶青",指像荷叶一样的绿色。夜间,山与水之间的薄烟呈现像荷叶一样的绿色。

例173 竹根青也是荤素并用,到底年轻的和娘儿们用相宜,上年纪的人总不大合适。春秋二季,这个颜色的衣裳好看。([日]御幡雅文《华语跬步》)

"竹根青",指像竹根一样的绿色,描写服饰色。

例174 摇着一把潮州扇儿,翡翠的扳指儿,四镶云儿紫宁绸的假靴,蛋青串绸的套裤,打着把早伞。(蔡友梅《小额》)

例175 小大姐,小二姐,你拉胡琴我打铁,挣了钱,腰里掖,买个蒲包儿瞧干爹,干爹戴着红缨帽,干儿穿着厚底儿鞋,走一步,咯噔噔,扎蝴蝶儿鸭蛋青。([意]威达雷《北京儿歌》)

---

[1] 许之衡. 饮流斋说瓷 [M]. 济南:山东画报出版社,2010:80-81.
[2] 叶喆民.《饮流斋说瓷》译注 [M]. 北京:紫禁城出版社,2005:67.
[3] 御幡雅文. 华语跬步 [M]. 北京:北京大学出版社,2018:125.

"蛋青",是"鸭蛋青"的简称,指像鸭蛋壳一样的淡绿色,描写服饰色。

例176 横飞水气百步外,色有黛绿兼颓霞。(易顺鼎《喷雪亭瀑》)

"黛绿",像黛一样的绿色。"黛"是古代女子用来画眉的青黑色颜料。瀑布从高空坠落,激起的水花迸出百步之外,在阳光的照射下,呈现出像黛一样的绿色和像霞一样的红色。

例177 雪湖也是新行的颜色,不很正派,也就是姑娘孩子们用得多,爷们用得少。([日]御幡雅文《华语跬步》)

雪色亮白,湖色蓝或绿。"雪""湖"连用表示明亮的蓝绿色。

例178 湖绿也是做里儿用的,做面儿少,妇女偶然用他做面儿的也有,可也看什么材料。([日]御幡雅文《华语跬步》)

例179 葵绿倒是好颜色,虽然和品绿仿佛,其实也是正色,和秋香差不多。([日]御幡雅文《华语跬步》)

"湖绿",像湖水一样的淡绿色。"葵绿",是"秋葵绿"的简称,"淡绿而微发黄"①,"淡黄泛微绿,与秋天葵花之绿色相近,故名"②。清代雍正时创烧的秋葵绿釉,"颜色呈浅绿色泛黄,色调淡雅柔润如同秋葵花之色,故称'秋葵绿'或'湖水绿'"③。由此可见,湖绿色与葵绿色相近。

例180 所以以"云翠"命名,隐喻既是老坑菠菜绿,究竟无瑕美玉也。(尹箴明《云翠仙》)

"菠菜绿",指像菠菜叶子一样的深绿色。"菠菜绿"做翡翠名,因颜色深绿,似菠菜叶色而得名。

例181 运动袜上系了两根豆瓣绿的绸条,绿条上露着黑丛丛的毛腿。(老舍《赵子曰》)

"豆瓣绿",指像豆瓣一样的嫩绿色。

例182 那个褡裢是挺厚的,色是天青色的,老远看看真和哈喇一样。([美]狄考文《官话类编》)

---

① 许之衡. 饮流斋说瓷 [M]. 济南:山东画报出版社,2010:83.
② 许之衡. 饮流斋说瓷 [M]. 济南:山东画报出版社,2010:67.
③ 故宫博物院. 秋葵绿釉 [EB/OL]. [2024-08-25]. https://www.dpm.org.cn/lemmas/241906.html.

上例出自清末北京话教材,"天青色"被解释为"一种有光泽的蓝黑色(a glossy blue-black color)"。

例183 纤钩汉玉螳螂碧,细火宣炉鹁鸽青。(樊增祥《陶七弟居室雅洁赋赠一首》)

"螳螂碧",指像螳螂一样的绿色,描写床帘玉钩的颜色。

例184 蓬莱烟开桑树绿,海水日出桃花红。(易顺鼎《自青城归过笮桥登玉垒关观岷山大江作歌》)

"桑树绿",指像桑树一样的绿色。诗人将岷江山水比作仙境,江面上飘起的水雾像桑树一样绿。

例185 沙土地儿,跑白马,一跑跑到丈人家,大舅儿望里让,小舅儿往里拉,隔着竹帘儿看见他,银盘大脸黑头发,月白缎子棉袄银疙瘩。([意]威达雷《北京儿歌》)

"月白"的字面意思为像月光一样的白色,但实际表示的颜色并不是纯白色,而是表示像月光一样透着微微蓝色的白。上例出自清末北京话教材,"月白"被解释为"a light blue"①,即淡蓝色。

黑范畴:葡萄灰、竹色灰、燕尾青、鹁鸽青。

例186 他应节当令地选了一件葡萄灰色华丝葛面,薄骆驼绒里子的大袄,和一件"时兴的老花样"的红青团龙宁绸马褂。(老舍《赵子曰》)

"葡萄灰"指灰紫色,描写服饰色。

例187 进一人,年在三十以外,英眉武目,气宇昂昂,穿一件竹色灰官纱大衫,足下是武备官靴,见了苏市隐,忙的见礼。(王冷佛《春阿氏》)

"竹色灰",指灰蓝色,描写服饰色。

例188 后面跟随一人,年约二旬上下,面色绯红,头戴七品礼帽,足下缎靴,身穿枣色红宁绸袍子,上罩燕尾青簇新补褂,低头自外走来。(王冷佛《春阿氏》)

"燕尾青",指像燕子尾羽毛一样的青黑色,描写服饰色。

例189 纤钩汉玉螳螂碧,细火宣炉鹁鸽青。(樊增祥《陶七弟居室雅

---

① 威达雷. 北京儿歌 [M]. 北京:北京大学出版社,2018:10.

洁赋赠一首》)

"鹁鸽青",指像鸽羽一样的青黑色。优质木炭像鸽羽一样深青泛着黑光。

白范畴:乳白、鱼白、脂白。

例190 有时一个单独的巨星横刺入天角,光尾极长,放射着星花;红,渐黄;在最后的挺进,忽然狂悦似的把天角照白了一条,好像刺开万重的黑暗,透进并逗留一些乳白的光。(老舍《骆驼祥子》)

"乳白",指像牛奶一样的白色,描写光色。

例191 鱼白袜子一道脸儿,双脸儿鞋一道线儿。([意]威达雷《北京儿歌》)

上例出自清末北京话教材,"鱼白"被解释为"像鱼皮一样的颜色,白中透着青绿色(as white as a fish skin; white with a greenish shade of colour)"①。

例192 上场打穀鸡争食,簸去糠粞米脂白。(金天羽《田家新乐府》)

"脂白",指像脂肪一样的白色。筛去谷皮碎屑的大米,颜色像动物的脂肪一样白。

黄范畴:鹅黄、土黄、草黄、米黄、茧黄、米黄、松香黄。

例193 土坡上全是蜀菊,细高的梗子,大圆叶子,单片的,一团肉的,傻白的,鹅黄的花。(老舍《二马》)

"鹅黄",指像幼鹅绒毛的浅黄色,描写花色。

例194 他很想换一份套子,换上土黄或月白色儿的,或者足以减去一点素净劲儿。(老舍《骆驼祥子》)

"土黄",指像黄土的颜色,描写车套色。

例195 他曾架着白肚鹰,拉着黄尾犬,披着长穗羊皮袍,带着烧酒牛肉干,到北山山环内去拿小白狐狸;灰色或草黄的,看见也不拿。(老舍《老张的哲学》)

"草黄",指像秋草衰败时的枯黄色,描写狐狸毛色。

---

① 威达雷.北京儿歌[M].北京:北京大学出版社,2018:164

例 196 富人们乘着火艳榴花,茧黄小蝶,增了几分雅趣。(老舍《老张的哲学》)

"茧黄",指像蚕茧的淡黄色,描写蝴蝶色。

例 197 蓝短衫儿,衬着件米黄的绸裙,脑袋歪着一点,很安静地看着自己的影儿,在白阶石上斜射着。(老舍《二马》)

"米黄",指像大米一样的黄白色,描写服饰色。

例 198 从外面跑进一个人来,头如麦斗,膀大腰圆,穿一身青洋绉夹袄夹裤,足登两支青抓地虎薄底缎靴,脑瓜子上贴着两帖松香黄膏药。(徐剑胆《何喜珠》)

"松香黄",指像松脂一样的黄色,描写膏药色。

例 199 林老板嘴中只有一个金牙,不像父亲和父亲的朋友们都是满嘴黄橙橙的。(老舍《小坡的生日》)

"黄橙橙",指像橙子一样的黄色。

7. 其他成分和颜色词的组合

还有一些不好归类的成分与颜色成分组合,如品绿、品蓝、宝蓝、蔚蓝、显青等。

例 200 品绿爷们更不大用了,小姑娘们做裤子、袄儿。姨太太不准穿大红裙,就用这个做裙子。([日]御幡雅文《华语跬步》)

"品绿",指黄绿色。上例出自清末北京话教材。书中提到,"品绿"颜色与"葵绿"相近:"葵绿倒是好颜色,虽然和品绿仿佛,其实也是正色,和秋香差不多。"①"葵绿"指像葵花一样的黄绿色,品绿的颜色大概也类似。

例 201 品蓝男女都可以做袄儿,爷们也可以做马褂儿,可是娘儿们的裤子也有用这个颜色的,若是二蓝、三蓝,比这个颜色又仿佛是大方些,可没这个醒目。([日]御幡雅文《华语跬步》)

"品蓝",鲜艳醒目的蓝色。

例 202 宝蓝是最耐久的,甚么都能做,大概总是老头儿、老妈儿们用得多。([日]御幡雅文《华语跬步》)

---

① 御幡雅文. 华语跬步 [M]. 北京:北京大学出版社,2018:125.

"宝蓝"即深蓝,常见于老年人的服饰。

例 203 长天浩无穷,望极蔚蓝幕。(康有为《避岛十三咏》)

例 204 正走在西夹道内,忽见有一群小孩儿,围随一个女犯,年在十七八岁,挽着旗髻,穿一件蔚蓝色竹布褂,袅袅娜娜地走来。(王冷佛《春阿氏》)

"蔚蓝",指像晴朗天空一样的颜色。

例 205 那个褡裢是挺厚的,色是显/天青色的,老远看看真和哈喇一样。([美]狄考文《官话类编》)

"显青"和"天青"都指有光泽的蓝黑色。清末北京话教材《官话类编》在引言中介绍编排体例时说,该书努力兼顾中国北方官话和南方官话,如果某一个语言单位有多个表达,需要时北方官话列在右侧,南方官话列在左侧。上例是第 149 课课文的最后一句话,"显青"在左侧,"天青"在右侧。课文后用英文将这句话解释为:"那个褡裢很厚,呈光滑的蓝黑色;从远处看,它就像一块绒面呢(the drilling is very thick and of a glossy blue-black color; from a distance it looks just like broadcloth)"①。词汇表中对"显青"的释义为"鲜艳的蓝色、亮蓝色或黑色、宝石蓝(a showy blue, bright blue or black, brilliant blue)"。由此可知,"显青"指一种富有光泽的深蓝色。

(三) 非颜色成分组合

1. 名物词连用

例 206 藕合也不是正色,红紫不以为亵服,是圣人的教训。这等颜色只好做零碎东西,或是斗篷、风帽什么的,因为大红的斗篷和风帽,非有官职的人不能用。([日]御幡雅文《华语跬步》)

"藕合"同"藕荷"。"藕"指莲的地下茎;"荷"指荷花。藕与荷花色白或粉红,二者连用,多表示粉红色。上例将"藕合"色与红色、紫色、大红色对比,可见"藕合"并不表示白范畴颜色,而是红范畴颜色。其他变体还有藕和、藕丝等。

例 207 墙根下散落地开着几朵浅藕荷色的三月蓝,虽然只是那么几

---

① 狄考文. 官话类编:下 [M]. 北京:北京大学出版社,2017:440.

朵小花，却把春光的可爱从最小而简单的地方表现出来。(老舍《赵子曰》)

例208 忽见从对面来了一支画舫，中坐一个美人，怎见得他——梳妆巧，打扮鲜，藕丝衫爱把鲜红衬，眉湾新月。(徐剑胆《何喜珠》)

"藕丝衫"，指藕丝色的衣服①。

2. 名物词与"色（儿）"组合

红范畴：桃花色、枣色、火色、玫瑰色（儿）、酱色、杨妃色、猪肝色、豆砂色、菌苔色。

例209 天上有一块桃花色的明霞，把墙根上的几朵红鸡冠照得像发光的血块。(老舍《四世同堂》)

"桃花色"，指像桃花一样的颜色，描写明霞色。

例210 后面跟随一人，年约二旬上下，面色绯红，头戴七品礼帽，足下缎靴，身穿枣色红宁绸袍子，上罩燕尾青簇新补褂，低头自外走来。(王冷佛《春阿氏》)

"枣色"，指像红枣一样的颜色，描写年轻男子所穿的宁绸袍子色。

例211 癯颜戴火色，烈胆执彤虎。(沈增植《寒雨闷甚，杂书遣怀，襞积成篇，为石遗居士一笑》)

"火色"，指像火一样的红黄色。"癯颜戴火色"意为：消瘦的容颜泛着红光。

例212 同时，山下的蓝水也罩上些玫瑰色儿，油汪汪的，紫溶溶的，把小船上的白帆也弄得有点发红，好像小姑娘害羞时的脸蛋儿。(老舍《小坡的生日》)

"玫瑰色儿"，指像玫瑰一样的颜色。

例213 张大哥与媒人是同一意义……就是家中有四五十岁老姑娘的也欢迎他来，即使婚事无望，可是每来一次，总有人把已发灰的生命略加上些玫瑰色儿。(老舍《离婚》)

当"玫瑰色"被用来描写虚拟物时，常指浪漫色彩。

例214 这位王香头有四十多岁，身量是挺高，大柿饼子脸，一脸酱

---

① 剑胆. 花鞋成老 [M]. 姜安, 校注. 北京：北京大学出版社, 2018：89.

色麻子。(蔡友梅《小额》)

"酱色",指像京酱一样的深红色。

例215 杨妃色是专做娘儿们、孩子们的衣裳用,爷们决不能用的,不但不能做马褂儿,连袍子都不能用,至多做一双套裤,还得年轻行。([日]御幡雅文《华语跬步》)

"杨妃色",指较浅的鲜红色。《饮流斋说瓷》中将瓷器的杨妃色归入红紫色系,"明代祭红,亦分为二:一宝石红,又曰大红……一鲜红……大红衍抹红、为枣红、为橘红、为猪肝、羊肝、为茄皮紫、为芸豆。鲜红衍而为胭脂水、美人祭、豇豆红、桃花片、娃娃脸、杨妃色,皆由一深一浅,竞分派别焉"①。

例216 猪肝色人都不大爱,可倒是正色,袍子、马褂儿都能做,娘儿们用的很少,因为是土地脸儿似的,不大好看!([日]御幡雅文《华语跬步》)

"猪肝色",指像猪肝一样的深紫红色,描写服饰色。

例217 豆砂色我看倒不错,荤素都可以用,又文雅又不嫌素静,又耐脏,无论大人孩子、男人女人都用。([日]御幡雅文《华语跬步》)

"豆砂",现代汉语写作"豆沙"。红豆浸泡、煮熟后压制成泥,色深红偏紫。"豆砂色",指像豆沙一样深红偏紫的颜色。

例218 苍山忽现菡萏色,直倚天半云难遮。(丘逢甲《莲花山吟》)

"菡萏"即荷花。"菡萏色"指像荷花一样的颜色。绿色的山忽然显现出像荷花一样的淡红色。

蓝绿范畴:菜色、湖色、青袍色。

例219 但见一个五十多岁的穷老太太,挽着个旗阀儿,穿着个破蓝布衫儿,愁眉泪眼,一脸的菜色,原来不是别人,正是他师娘富二太太。(损公《曹二更》)

"菜色",指像菜叶一样的黄绿色,多用来描写因营养不良导致的脸色。

例220 小青楼,朱栏断断真别透。玻璃窗、万字儿勾、茜香罗、湖

---

① 许之衡. 饮流斋说瓷 [M]. 济南:山东画报出版社,2010:73-74.

色绸，挂满窗棂真讲究。（徐剑胆《何喜珠》）

"湖色"，指像湖水一样的浅蓝或浅绿色。

例221 松山不改青袍色，感逝能无泪满衣。（汪荣宝《秋草和味云四首》）

"青袍色"，指像书生所穿的青袍一样的颜色，描写山色。

黑范畴：烟色、铁色、死灰色。

例222 阿林一瞧这位大老爷，有五十多岁，弯着个腰，满脸的烟色，戴着个破秋帽儿，揣着个玻璃灯。（蔡友梅《鬼吹灯》）

"烟色"，指像燃烧后产生的浓烟色，描写年迈劳动者的皮肤色。

例223 峰峦簇嵯峨，铁色立若削。（康有为《过亚丁至红海》）

"铁色"，指像铁一样的深黑色。"光绪三十年二月六日，康子再为欧美游……（四月）廿五日六时，望亚丁。"①"铁色"描写亚丁湾两岸耸立的山崖色。

例224 传有铁色虬，月宵间引吭。（陈三立《江上望九华》）

传说九华山中有像铁一样黑的神龙。

例225 坏云压山死灰色，白旗倒挂平壤门。（房毓琛《平壤谣》）

"死灰"，指完全熄灭的火灰，色黑灰。"死灰色"指像死灰一样的黑色，描写黑云色。

白范畴：银汉色、玉雪色。

例226 窗外丁香玉雪色，窗下两生坐太息。（林旭《叔峤印伯居伏魔寺数往访之》）

"玉雪色"，指像白玉、雪一样的白色，描写窗外丁香花色。

例227 灵猿拜月霜兔泣，千岁蟠桃花不实。顽仙偷眼觑人间，大地山河银汉色。（金天羽《登仙谣》）

"银汉"即"银河"。"银汉色"指像银河一样的亮白色。在皎洁的月光照射下，大地山河呈现一种像银河一样白而亮的颜色。

黄范畴：肉色、牙色、米色、酱色、土色、香色、驼色、古铜色、黄金色、黄杨色。

---

① 康有为. 欧洲十一国游记 [M]. 北京：社会科学文献出版社，2007：15.

例 228 足下肉色丝袜,衬着一双南美洲响尾蛇皮作的尖而秀的小皮鞋。(老舍《赵子曰》)

"肉色",指像皮肤的颜色,描写肤色。

例 229 带着一副浅茶镜,身穿牙色官纱大衫,上套紫纱坎肩儿。(蔡友梅《小额》)

"牙色",指像象牙一样的颜色,描写服饰色。

例 230 一件天蓝洋缎的长袍,罩着一件铜钮宽边的米色坎肩。(老舍《老张的哲学》)

"米色",指像大米一样的黄白色,描写服饰色。

例 231 他上次来,带着两个穿土色军衣的兵。(老舍《老张的哲学》)

"土色",指像黄土的颜色,描写服饰色。

例 232 孔爷一瞧,四十儿这身儿衣裳,是香色夹袄,红青对襟马褂,绿皮脸儿回子绒鞋。(蔡友梅《过新年》)

"香色",指像佛香一样的颜色。"佛香,染作淡黄色,色如黄丝、黄布等等。"[①]

例 233 那天王有道穿的是,旧紫宁绸皮袄、驼色琵琶襟马褂儿。(蔡友梅《王有道》)

"驼色",指像骆驼毛的黄褐色,描写服饰色。

例 234 他向莫大年端着肩膀笑了一笑,然后由洋服的胸袋中掏出一块古铜色的绸子手巾。(老舍《赵子曰》)

"古铜色",指像铜一样的带光泽的黄褐色,描写手巾色。

例 235 迈步来到楼下,抬头一看,见中间悬着一块黄杨色绿字横匾。(徐剑胆《何喜珠》)

"黄杨色",指像黄杨木一样的颜色,描写门匾色。

三、用重复的方式表示颜色

重复是汉语常用的一种语法手段,清末、民国文言和白话语料常见

[①] 威妥玛. 语言自迩集 [M]. 北京:北京大学出版社,2017:51.

AA，ABB，ABAB，A 里个 A 等样式。

（一）AA 式

红红、朱朱、绯绯、青青、苍苍、黄黄、黑黑、白白、皓皓。

例 236 屋中的火烧的红红的，赵四把小棉袍脱下来，赤着背，露着铁铸的臂膀。(老舍《老张的哲学》)

例 237 朱朱白白谁差别，正好香闻鼻观知。(沈增植《红梅》)

例 238 垂红结彩球，绯绯数尺长。(黄遵宪《番客篇》)

例 239 桥东一片荷塘，岸际围着青青的芦苇。(老舍《老张的哲学》)

例 240 大吉岭头茶有名，短丛覆岭叶青青。(康有为《大吉岭后岭接茶园，茶花皆白，夹道十里》)

例 241 大海苍苍一塔高，秋深绝岛树周遭。(康有为《携婉络坐石上口占》)

例 242 开轩望平野，皓皓一千里。(谭嗣同《宿田家》)

例 243 只见牢门外，站着一人，白发苍苍，流泪不止。(王冷佛《春阿氏》)

例 244 他特别爱这个黑姑娘。她有顶黑的眼珠，黄黄的头发。(老舍《牛天赐传》)

例 245 蝙蝠们逐渐地飞出来，黑黑的像些菱角，招得孩子们把鞋扔上去，希望能扣住一个大菱角。(老舍《四世同堂》)

（二）ABB 式

红赤赤、紫红红、金黄黄、紫乌乌。

例 246 伯雍看那小孩子时，脸上油黑，眼皮红赤赤的，似乎害眼才好。(穆儒丐《北京》)

例 247 她脸上的黑雀斑一个个都透出点血色，紫红红的像打了花脸。(老舍《四世同堂》)

例 248 见他往桌案上一抖，绸巾散开，露出金黄黄的两个赤金锭儿。(尹箴明《云翠仙》)

例 249 若说紫乌乌的，就是嫌他太紫了，成了黑紫色。(狄考文《官话类编》)

（三）ABAB 式

油黑油黑、油绿油绿、碧绿碧绿、漆黑漆黑。

例 250　就瞧这个人有三十多岁，油黑油黑的一张脸，两只小眼睛，薄片子嘴。（蔡友梅《苦鸳鸯》）

例 251　麦苗已经不再趴在地上，都随着春风立起来，油绿油绿的。（老舍《四世同堂》）

例 252　又见对面那山坡上一片松树，碧绿碧绿。（刘鹗《老残游记》）

例 253　头上戴了一顶新褐色毡帽，一个大辫子，漆黑漆黑拖在后边。（刘鹗《老残游记》）

（四）A 里个 A 式

红里个红。

例 254　紫不紫，大海茄，八月里供的是兔儿爷，自来白，自来红，月光马儿，供当中，毛豆枝儿乱哄哄，鸡冠子花儿红里个红，圆月儿的西瓜皮儿青，月亮爷吃的哈哈笑，今夜的光儿分外明。（［意］威达雷《北京儿歌》）

上例出自清末北京话教材，"红里个红"被解释为"红上加红，非常红（red in the red, very red）"，"鸡冠子花儿红里个红"被解释为"鸡冠花的颜色是最深的红色（the cockscomb flowers are of the deepest-red）"[①]。

第二节　颜色命名系统的特点

一、发展的连续性

世界上绝大多数语言都有用名物词表示颜色的习惯，清末、民国北京方言为这种普遍性提供了更多的证据。名物词发展成为颜色词，通常会经历以下四个阶段（见图 9-2）。

阶段一，名物义。某个名物词，具有隐性的颜色特征，在语言使用者

---

① 威达雷. 北京儿歌 [M]. 北京：北京大学出版社，2018：160.

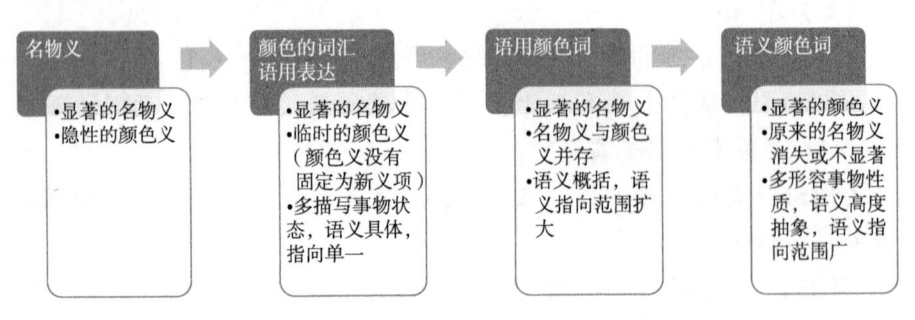

```
┌─────────────┐    ┌─────────────┐    ┌─────────────┐    ┌─────────────┐
│   名物义    │ →  │ 颜色的词汇  │ →  │ 语用颜色词  │ →  │ 语义颜色词  │
│             │    │ 语用表达    │    │             │    │             │
│•显著的名物义│    │•显著的名物义│    │•显著的名物义│    │•显著的颜色义│
│•隐性的颜色义│    │•临时的颜色义│    │•名物义与颜色│    │•原来的名物义│
│             │    │（颜色义没有 │    │ 义并存      │    │ 消失或不显著│
│             │    │固定为新义项）│   │•语义概括，语│    │•多形容事物性│
│             │    │•多描写事物状│    │ 义指向范围扩│    │ 质，语义高度│
│             │    │ 态，语义具体│    │ 大          │    │ 抽象，语义指│
│             │    │ 指向单一    │    │             │    │ 向范围广    │
└─────────────┘    └─────────────┘    └─────────────┘    └─────────────┘
```

图9-2 名物义到颜色义发展过程

的心里具有显著性和普遍性。

阶段二，颜色的词汇语用表达。某个名物词通过转喻，偶然地、临时地被用来表示颜色，如"樱唇"的"樱"。此时这个词的原型语义仍然是名物，一旦脱离了语境，红色义也随之消失。

阶段三，语用颜色词。某些颜色的词汇语用表达被广泛接受，使用频率飙升，直至脱离语境时，颜色义仍然可以被激活。如"银河"的"银"。此阶段最显著的义项仍然是名物义。

阶段四，语义颜色词。某些语用颜色词经过反复使用，直至原本的名物义消失或失去显著地位，颜色义取而代之成为最显著的义项。如"翠""碧"等。

以往研究重点大都集中在阶段一和阶段四，即关心某个语言系统内有哪些特定的词专门表示颜色，同时关注到借用名物表示颜色的习惯。经过系统整理清末、民国北京话颜色命名方式后，我们发现上述两个语言现象处在汉语颜色词发展轴的两端，存在接续发展的关系。发展轴的中间还有两个重要的，但不易被注意到的阶段：词汇语用表达和语用颜色词。这两个阶段之所以不容易被注意，是因为它们大都是偶然、临时地使用。如果抱着先入为主的目的搜集已知的颜色词作为研究语料，那么偶然临时的使用意义则很有可能被忽略掉。然而，这些临时使用是珍贵的遗迹，它们透露着贮存意义的产生、变化与定型。

清末、民国北京话语料中有"灰""粉红""橙""棕"等一些现代汉语常用而古代汉语鲜用的颜色词使用痕迹。这将有助于我们丰富、完善这些颜色词的历时发展路径。例如，"灰"被普遍认为是现代汉语基本颜色词之一，那么"灰"是何时以及如何成为基本颜色词的呢？"灰"本来指物体经过充分燃烧后剩下的粉状物，表示颜色时指像灰烬一样的颜色。我们收集的清末、民国北京话语料中，"灰"名物义和颜色义都有用例，颜色义可以独立使用，但名物义的使用频率（74.7%）远高于颜色义（25.3%）："灰"已经产生了一个脱离了语境也能被激活的颜色义项，但这个义项的使用频率低于名物义。值得注意的是，"灰"的颜色义频率低主要受到文言语料的影响，文言语料中，"灰"表示颜色的用例仅占8.7%，而在白话语料中升至66%；另外，在白话语料中，"灰"表现出强大的能产性，如作为词素组成了灰骨录嘟、灰不刺唧、洋灰、库灰、葡萄灰、银灰、竹色灰等多音节颜色词。这表明，此阶段白话中"灰"的颜色义显著度明显增强，初具语义颜色词的各种特征。综合文言和白话语料，我们可以认为，清末、民国时"灰"处在由语用颜色词向语义颜色词过渡的阶段。

"灰"的名物义和颜色义在一段时间内并存还印证了语义历时演变中的层积（layering）现象。一个词的新语义产生以后，旧语义或彻底消失，或与新语义长期共存。"语义的演变从来都不是从 A 到 B，而是呈现从 A 到 A~B 再到 B 的状态。完全丧失早期意义的情况很少见，大部分情况是在早期意义的基础上不断增加新的意义。多义词的多个义项可能并存上百年，在这期间，各个义项间的显著关系可能会发生改变。"①

二、语体的差异性

19 世纪中叶到 20 世纪中叶，汉语书面语经历了从文言到白话的历史性巨变。然而，跟语义历时演变规律一样，文言的使用也不是一夜之间就被白话取代了。白话文运动以后，文言和白话保持了很长一段的层积（layering）期。层积期的颜色词、颜色命名习惯具有以下四个特点。

第一，部分文言语料有用例的单音节语义或语用颜色词，在白话语料中几乎不再单独使用，如"绯""赪""缇""绀""赧""碧""苍"

---

① TRAUGOTT, DASHER. Regularity in semantic change [M]. Cambridge: Cambridge University Press, 2002: 11, 12.

"鸦""黛""华""赭"等。

第二，上述不再单独使用的单音节颜色词并不是完全消失在白话语料中，大部分以语素的形式继续参与颜色命名。常用的有三种形式是：与所属范畴原型颜色词组合，如"绯红""碧绿""黛青""漆黑""苍白""杏黄"；后加语素"色"或"颜色"，如"霜色""绀色""赭色"；与其他语素组成含彩词，如"华发""皓齿"等。

第三，组合的方法极大地扩充了颜色词语的数量，细化了可命名颜色的种类。从单一指色到区别深浅明暗，如"明黄""黪绿"；从视觉经验到其他感官经验，如"轻黄""大红""绿沉""颓绿""娇红"；从广义指称到具象化命名，如"猪肝色""驼色""酱色""荷叶青""玫瑰紫"。

第四，以物呈色的方法和组合的方法一方面扩充了颜色词语数量，细化了可指称颜色的种类；另一方面有效抑制了基本颜色词数量的无限扩张。整个颜色命名系统由一个数量众多、开放、动态的底层系统，和一个数量有限、相对封闭、静态的上层系统组成，底层系统通过组合、以物呈色等方式在具体语境里随时创造新的颜色名称，其中被广泛接受并不断被重复使用的，顺着"颜色词汇语用表达→语用颜色词→语义颜色词"的发展路径进入上层系统（见图9-3）。

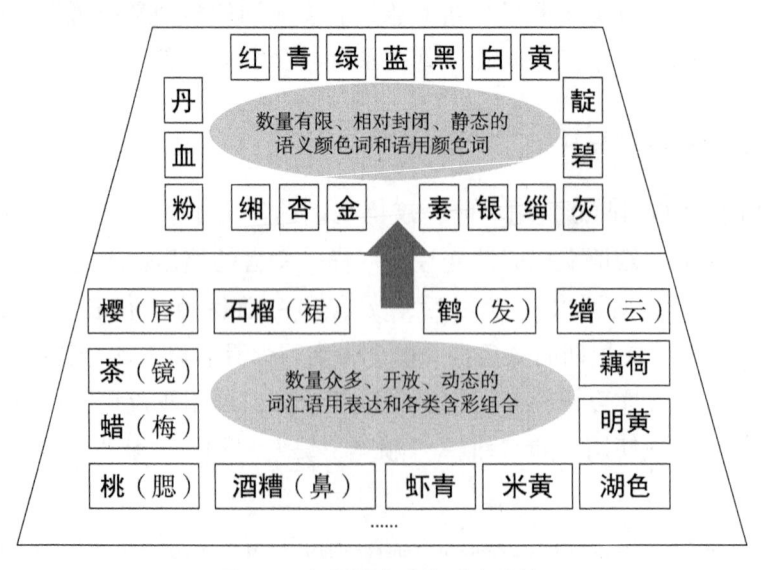

图 9-3　汉语颜色命名动态系统

三、来源的经验性

"近取诸身，远取诸物"语出《周易·系辞下》，又见许慎《说文解字叙》，被认为是伏羲作八卦、仓颉造汉字的基本手段。意思是（八卦、汉字）无非是从两方面取材，近的是人类自己的身体，远的是周身万物。"近取诸身，远取诸物"是汉民族创造文明的基本方式。如詹鄞鑫发现，汉语的长度单位，或源于"以身为度"，如寻、寸、身、步等；或源于"以物度物"，如常、矢、轨等①。汉民族对颜色的认知和称名也遵循着这样的规则。大部分颜色词的本义都与社会生活息息相关，如"红""绿""素"与上古染色技术有关②；"青""碧"本义是蓝绿色的矿石③。

汉语颜色命名系统遵循着"近取诸身，远取诸物"的原则，极大地丰富了汉语颜色词汇数量。上节所分析的语用颜色词、颜色的词汇语用表达、参与组合的成分按照原型语义的来源可分为以下方面。

自然物类：矿物（金、银、古铜、翡翠、琼、瑟瑟、靛、玉）、天象（霜、雪、冰）、火、灰、蜡⋯⋯

生活用品类：书画用品（墨）、化妆用品（黛、粉）、丝织品（缟、缯、竹布）、粉刷用品（漆）、香⋯⋯

食物类：酒糟、藕、枣、樱桃、杏、梨、葱、柿饼子、茶⋯⋯

植物类：桃花、石榴花、红菓、茜、艾、荼、檀⋯⋯

动物类：鳖、鹤$_{红}$、鹤$_{白}$、乌、鸦、鹄、珊瑚⋯⋯

人体类：血、翁、肉⋯⋯

抽象物类：春、秋⋯⋯

地名：藏、回、洋⋯⋯

从语用颜色词和词汇语用表达的名物来源可以看出，清末、民国北京

---

① 詹鄞鑫. 近取诸身远取诸物：长度单位探源 [J]. 华东师范大学学报（哲学社会科学版），1994（6）：38-44.

② 李尧. 汉语颜色词的产生 [J]. 西南民族大学学报（人文社科版），2007（11）：248-250.

③ 徐朝华. 析"青"作为颜色词的内涵及其演变 [J]. 南开学报（哲学社会科学版），1988（6）：8.

话倾向于借用矿物、天象、花、草木、书画用品、化妆用品、丝织品、动物、人体、季节名称表示颜色。其中，借用自然物类名物的数量最多，尤其是各类矿物，其次是生活用品、食物、植物。

"借物呈色"反映了汉民族"近取诸身，远取诸物"的认知方式，蕴含着汉民族人与自然辩证统一的文化取向。直到现今，"借物呈色"仍然是丰富汉语颜色词汇的重要手段。如"橙"。唯物主义强调"物"在塑造历史中的作用，它把现今世界看作是多种物质和非物质因素相互作用，共同创造的结果。北京话颜色词的产生和发展能够支持这个观点[1]。例如，"藏青""回青""洋红"等颜色名都记录了汉语言使用者与其他文化圈的交往历史。

四、语义的丰富性

在借物呈色、组合、重复手段的帮助下，汉语颜色命名系统的语义极其丰富。借用名物表示颜色，语义中除了颜色信息，还常带有原型名物的其他特征。如："缯云"和"银云"都表示云色白，但"缯云"突出云的柔软顺滑；"银云"突出光照下云的金属光泽。

"借物呈色"带来的语义丰富性正好契合了文学语言多义性的要求。"歧义是一般情况下使用语言时需要特别避忌的毛病。但是在诗里，恰恰要避免词义的单一化，总是尽可能地使词语带上多种意义，以造成广泛的联想，取得多义的效果。中国古典诗歌的耐人寻味，就在于这种复合的作用。"[2] 可以说，文学语言的多义性要求是"借物呈色"大量使用的重要原因。

文学语言除了追求多义性，还追求创造性。忌人云亦云和千篇一律。"诗歌的艺术就在于能充分地发挥语言的创造性来获得最新鲜、最丰富的

---

[1] DAI. Silky entanglements in Chinese color-naming and its diachronic change: a new materialism perspective [J]. Color Research and Application, 2021 (46): 978-993.

[2] 袁行霈. 中国古典诗歌的多义性 [J]. 北京大学学报（哲学社会科学版），1983 (2): 12-20, 33.

感受。"① 颜色的词汇语用表达具有临时性,大多是诗人的创造性使用,如:汉语古典诗歌中常用"芙蓉"代指山,常见的有"青芙蓉""金芙蓉",分别指青山和被夕阳铺上一层金光的山。康有为在《再游瑞士登离寄峰巅,视诸峰环走,下积层雾,如云海蔽山,时时腾涌,光景奇绝。旃里同游》一诗里把"云海蔽山"描绘为"翁芙蓉":"遥望翁芙蓉,岩峣拔十洲"。一个"翁"字,既突出了山巅云白,又将整座山与老翁的形象联系起来,增添了几分憨态。

此外,"组合"的方法给颜色命名增加了细节或其他感受,如"油黑""油绿"增加了颜色的光泽感、湿润度;"青泠泠""黄昷昷"增加了颜色给人带来的温度。"重复"的方法使颜色命名更加生动,如"雪白雪白的""小脸红红的"。

---

① 林庚. 漫谈中国古典诗歌的艺术借鉴:诗的国度与诗的语言 [J]. 社会科学战线, 1985 (4): 271-277.

第十章　总结

本书以表达颜色的词语为研究对象，从清末至民国的文言和白话（以北京话为代表）语料中择选出 407 个颜色词语，运用认知语言学相关理论，以这些词语在语境中的实际使用为语料，分析、总结言语意义，由此发现汉语颜色词语意义发展规律和汉语颜色命名系统的特点。主要结论有三点：

第一，原型范畴理论对颜色范畴划分和颜色词语义分析具有较好的解释力。

范畴是由非典型成员围绕典型成员形成的有层级、边界模糊的集合。典型成员是范畴的基本层次，提供范畴特征最多的信息。参考柏林和凯提出的基本颜色词标准，结合语料实际，提出颜色范畴原型应同时具备的六个条件：单语素、无混色、原型语义表示颜色、使用频率高、使用范围广、能产性高。根据以上条件，"红""青蓝绿""黑""白""黄"被确立为中国语文转向期的五大颜色范畴原型，"紫""灰""绿""蓝"符合其中几条，但不能同时满足所有条件，是比较靠近原型的次典型成员。

一词多义是以原型语义为中心，多个相关意义共同组成的意义范畴。原型语义的确定主要依据语义显著度和语义广义度。显著度最高的义项是提到一个词首先被想起的意义，使用频率最高，能够作为解释其他义项的基础。广义度最高的义项能适用的物类、事类数量最多。语义显著度和广义度都最高的义项是原型语义。原型语义表颜色的，归入语义颜色词，原型语义表名物的，归入语用颜色词。

第二，颜色词的非原型语义能够较好地反映历史民族文化特征。

非原型语义是在原型语义的基础上经过隐喻、转喻和社会文化赋予机制产生的。基于颜色与物质的相关性，用颜色指代名物或用名物指代颜色靠的都是转喻机制。清末、民国语料中，颜色常和自然物类、植物类、生活用品类和食物类的名词互相指代，说明当时的语言使用者认为颜色和植物、生活用品、食物的相关度要高于其他物类。基于颜色给人的视觉、心理感受与抽象概念的相似性，用具体的视觉经验理解抽象经验靠的是隐喻机制。事物是否相似或是否相关，取决于人的心理认知和经验，如"白""皎""黑"等颜色词都有与品行操守相关的非原型语义，不是因为白色、黑色与品行、道德有语言上的必然联系，而是说明当时的语言使用者认为，白色和黑色给人的视觉感受与操守高洁或污浊给人的心理经验是相似的。因此，事物的相似性和相关性带有鲜明的历史民族文化特征。清末、民国语料显示，与红色相似的抽象经验有：华美、热闹、忠诚、爱情、兴旺、女性、胜利、婚嫁等；与绿色相似的抽象经验有：华美、年轻、不成熟、幼稚、不忠诚、嫉妒等；与黄色相似的抽象经验有：成熟、衰老、失败等；与白色相似的抽象经验有：明亮、正确、公开、高洁、清白、善良、空无、朴素、丧葬等；与黑色相似的抽象经验有：晦暗、错误、隐秘、污浊、冤屈、贪婪、愚昧、危险等。人们倾向于以范畴为单位，而不是以个别颜色词为单位进行转喻、隐喻认知，因此颜色词的多义系统呈现规律性的相应现象，意义相近相关的颜色词倾向于产生类似的非原型语义，意义相对的颜色词则可能产生相对或相似的非原型语义。

第三，清末、民国颜色命名系统是由词汇手段和语法手段共同构建的动态发展系统。

我们把清末、民国时期表达颜色的所有语言现象作为一个整体考察发现，词汇手段和语法手段都参与了颜色命名系统的构建。

词汇形式有三类：语义颜色词，原型语义表示颜色；语用颜色词，原型语义表示名物，但是有一个固定的非原型义项指代颜色；名物词，原型语义表示名物，没有固定的指代颜色的义项，在语境里临时、偶尔表示颜色。从名物词到语用颜色词再到语义颜色词，存在一个自下而上的发展通路，名物词在偶然使用时产生的临时颜色义被广泛接受和不断重复后，有可能凝固成名物词多义系统中的一个，而多义词的不同义项之间的显著度和广义度也在不断调整和变化，当表示颜色的义项显著度和广义度超过原来的名物义时，原本的名物词就完成了从名物词到语用颜色词再到专门表示颜色的语义颜色词的发展演变。

语法形式主要有两类：组合和重叠。组合而成的颜色词语数量众多，有颜色词和颜色词的组合，如碧绿、绯红、粉红、墨绿等；有非颜色词和颜色词的组合，如枣红、湖绿、翠鲜鲜、洁白、洋灰等。组合从颜色的深浅、明暗、透明与否、纯洁与否、给人的生理心理感受、来源等方面给颜色命名，使描写的颜色更精确，更容易被理解，表达效果更生动。

词汇手段和语法手段在中国语文转向期颜色命名系统中都非常重要，词汇形式数量少，但在文言和白话中的使用频率都很高，组合形式的使用频率不如词汇形式，但数量是词汇形式的近3倍，而且更灵活、更开放，在白话中使用频率非常高，有的组合经过长时间重复使用，在现代汉语里已经被普遍认为是双音节颜色词了。组合能力强弱还是判断一些关键问题的有效指标，例如，清末、民国时，"绿$_{蓝绿}$"的使用频率虽然不如"青$_{蓝绿}$"，但表现出较强的组合能力，为日后取代"青$_{蓝绿}$"，发展成为范畴原型埋下伏笔；又如，"灰"的颜色义在清末、民国使用频率还不如名物义，但颜色义表现出较强的组合能力："银灰""葡萄灰""灰白"……为日后发展成为语义颜色词奠定了基础。

汉语颜色命名习惯具有较强的连续性，如借物呈色的方法，从上古汉语沿用到现在，使通过断代、局地的语料推演汉语颜色命名系统的规律和演变路径得以可能。同时，清末、民国北京话的颜色词语也展现了生动的、独特的、复杂的使用状况，使我们得以窥见近代汉语词汇发展演变的冰山一角。

受精力、篇幅限制，本书存在许多未尽之处，需要今后继续研究。如为了聚焦"颜色"语义的研究，放弃了含彩词的讨论。含彩词由一个颜色语素和其他非颜色语素组合而成，往往会大于或不等于语素相加之和。如北京话里的"青皮"，并不是"绿色的皮"，而是指年轻的流氓；"耍三青子"表示耍横犯浑。由于不好解释含彩词里"颜色语素"的具体意义，因此不得不割爱，但其实这一批词能很好地反映某个历史阶段或某个方言对颜色的认知特点。未来希望能有时间和精力将中国语文转向期的含彩词进行系统整理和研究，以期发现新的规律。

参考文献

[1] 北京大学中文系文学专门化一九五五级《近代诗选》小组. 近代诗选 [M]. 北京：人民文学出版社，1963.

[2] 毕文竹.《竞业旬报》白话词汇研究 [D]. 济南：山东师范大学，2015.

[3] 蔡瑛纯. 试论朝鲜朝的对译汉音与中国官话方言之关系 [J]. 语言研究，1999（1）：83-101.

[4] 蔡友梅. 过新年 [M]. 北京：北京大学出版社，2018.

[5] 陈国强. 简明文化人类学词典 [M]. 杭州：浙江人民出版社，1990.

[6] 陈明娥，李无未. 清末民初北京话口语词汇及其汉语史价值：以日本明治时期北京官话课本为例 [J]. 厦门大学学报（哲学社会科学版），2012（2）：56-63.

[7] 陈晓. 清末民国北京话里的程度副词"所" [J]. 中国语文，2013（2）：163-169，192.

[8] 程江霞. 唐诗颜色词语研究 [D]. 北京：北京师范大学，2015.

[9] 程仲文，郭步陶. 民国丛书：第5编 [M]. 上海：上海书店，1990.

[10] 戴新月. 清末民初汉语古典诗歌颜色词研究 [D]. 北京：北京师范大学，2017.

[11] 邓苗雯.《官话指南》词汇研究 [D]. 成都：四川外国语大学，2013.

[12] 狄考文. 官话类编 [M]. 北京：北京大学出版社，2017.

[13] 刁晏斌. 试论清末民初语言的研究 [J]. 励耘学刊（语言卷），2008（2）：218-232.

［14］董佳．宋词颜色词研究［D］．北京：北京师范大学，2010．

［15］董秀芳．语义演变的规律性及语义演变中保留义素的选择［J］．汉语史学报，2005（1）：7．

［16］段成式．酉阳杂俎［M］．金桑，选译．杭州：浙江古籍出版社，1987．

［17］符淮青．"词义成分—模式"分析（表性状的词）［J］．汉语学习，1997（3）：31-35．

［18］符淮青．词的释义方式［J］．辞书研究 1980（2）：158-169．

［19］符淮青．词义的分析和描写［M］．北京：外语教学与研究出版社，2009．

［20］符淮青．汉语表"红"的颜色词群分析：上［J］．语文研究，1988（4）：28-35．

［21］符淮青．汉语表"红"的颜色词群分析：下［J］．语文研究，1989（1）：39-46．

［22］傅多玛．汉英北京官话词汇［M］．北京：北京大学出版社，2017．

［23］甘海岚．老舍年谱［M］．北京：书目文献出版社，1989．

［24］葛本仪．现代汉语词汇学［M］．第3版．北京：商务印书馆，2014．

［25］故宫博物院．秋葵绿釉［EB/OL］．［2024-08-25］．https：//www.dpm.org.cn/lemmas/241906.html．

［26］顾迎新．清末民初北京小报小说研究［D］．上海：复旦大学，2008．

［27］郝静芳．魏晋南北朝骈赋颜色词研究［D］．北京：北京师范大学，2015．

［28］何九盈．汉语三论［M］．北京：语文出版社，2007．

［29］侯立睿．古汉语黑系词疏解［D］．杭州：浙江大学，2007．

［30］黄伯荣，廖序东．现代汉语［M］．北京：高等教育出版社，2002．

［31］黄遵宪．黄遵宪集［M］．天津：天津人民出版社，2003：41．

[32] 黄遵宪. 人境庐诗草 [M]. 钱钟联, 笺注. 北京：中国青年出版社, 2000：114.

[33] 季羡林. 季羡林谈写作 [M]. 北京：当代中国出版社, 2007.

[34] 加藤镰三郎. 北京风俗问答 [M]. 徐菁菁, 陈颖, 翟赟, 校注. 北京：北京大学出版社, 2018.

[35] 剑胆. 花鞋成老 [M]. 姜安, 校注. 北京：北京大学出版社：89.

[36] 江蓝生. 近代汉语探源 [M]. 北京：商务印书馆, 2000.

[37] 蒋绍愚. 汉语词义和词汇系统的历史演变初探：以"投"为例 [J]. 北京大学学报（哲学社会科学版）, 2006（4）：84-105.

[38] 蒋绍愚. 汉语历史词汇学概要 [M]. 北京：商务印书馆, 2015.

[39] 金红梅. 清末民初北京话特殊副词研究 [D]. 杭州：浙江师范大学, 2015.

[40] 金受申. 北京话语汇 [M]. 北京：北京出版社, 2020.

[41] 康有为. 康有为全集 [M]. 北京：中国人民大学出版社, 2007.

[42] 康有为. 欧洲十一国游记 [M]. 北京：社会科学文献出版社, 2007.

[43] 克鲁斯. 词汇语义学 [M]. 北京：世界图书出版公司北京公司, 2009.

[44] 莱考夫, 约翰逊. 我们赖以生存的隐喻 [M]. 何文忠, 译. 杭州：浙江大学出版社, 2015：100.

[45] 莱科夫. 女人、火与危险事物 [M]. 梁玉玲, 等, 译. 台北：桂冠图书股份有限公司, 1994.

[46] 老舍. 老舍谈写作 [M]. 南昌：百花洲文艺出版社, 2019.

[47] 李红印. 现代汉语颜色词语义分析 [M]. 北京：商务印书馆, 2007.

[48] 李生辉, 刘镇伟. 甲午战争诗歌选注 [M]. 大连：大连出版社, 1994.

[49] 李无未, 杨杏红. 清末民初北京官话语气词例释：以日本明治时期北京官话课本为依据 [J]. 汉语学习, 2011（1）：96-103.

[50] 李燕. 汉语基本颜色词之认知研究 [J]. 云南师范大学学报（对外汉语教学与研究版），2004，2（2）：4.

[51] 李尧. 汉语颜色词的产生 [J]. 西南民族大学学报（人文社科版），2007（11）：248-250.

[52] 林庚. 漫谈中国古典诗歌的艺术借鉴：诗的国度与诗的语言 [J]. 社会科学战线，1985（4）：271-277.

[53] 刘丹青. 现代汉语基本颜色词的数量及序列 [J]. 南京师大学报（社会科学版），1990（3）：4.

[54] 刘敦桢. 中国古代建筑史 [M]. 北京：中国建筑工业出版社，1984.

[55] 刘一之，矢野贺子. 清末民国北京话语词汇释 [M]. 北京：北京大学出版社，2018.

[56] 刘云，王金花. 清末民初京味儿小说家蔡友梅生平及著作考述 [J]. 北京社会科学，2011（4）：70-75.

[57] 陆宗达，王宁. 训诂方法论 [M]. 北京：中国社会科学出版社，1983.

[58] 罗竹凤. 汉语大词典 [M]. 北京：上海：汉语大词典出版社，2003.

[59] 马燕华. 论颜色词的分类及其特征 [Z]. 中国语言学第16届年会论文，2012.

[60] 梅蒐. 益世余谭：民国初年北京生活百态 [M]. 北京：北京大学出版社，2014.

[61] 潘晨婧. 汉赋颜色词研究 [D]. 北京：北京师范大学，2011.

[62] 彭翼仲. 发刊词 [N]. 京话日报，1904-8-16.

[63] 钱毓英.《儿女英雄传》中的副词"才" [D]. 成都：四川师范大学，2005.

[64] 钱仲联. 近代诗钞 [M]. 南京：江苏古籍出版社，1993.

[65] 任访秋. 中国近代文学史 [M]. 开封：河南大学出版社，1988：174.

[66] 沈家煊. 转指和转喻 [J]. 当代语言学，1999（1）：3-15，61.

［67］沈增植．沈曾植集校注［M］．钱仲联，校注．北京：中华书局，2001：205．

［68］束定芳．认知语义学［M］．上海：上海外语教育出版社，2008．

［69］斯威彻尔．从语源学到语用学：语义结构的隐喻和文化内涵［M］．北京：北京大学出版社，2002．

［70］损公．新鲜滋味［M］．北京：北京大学出版社，2018．

［71］索绪尔．普通语言学教程［M］．北京：外语教学与研究出版社，2001．

［72］泰勒．语言的范畴化：语言学理论中的类典型［M］．北京：外语教学与研究出版社，2002．

［73］谭景春．名形词类转变的语义基础及相关问题［J］．中国语文，1998（5）：368-377．

［74］谭志满．土家语的颜色词［J］．中央民族大学学报（哲学社会科学版），2008（3）：109-113．

［75］佟淑玲，佟福奇．清末民初北京官话词汇研究述评［J］．临沂大学学报，2015，37（3）：124-127．

［76］汪曾祺．人间草木［M］．北京：中国友谊出版社，2023．

［77］汪琦．元曲颜色词研究［D］．北京：北京师范大学，2014．

［78］汪维辉．从文言到白话从繁体到简体：近代转型期中国的书面语和文字［J］．中文学术前沿，2016（1）：1-11．

［79］王晨露．《安徽白话报》白话词汇研究［D］．济南：山东师范大学，2015．

［80］王国维．王国维诗词笺注［M］．陈永正，笺注．上海：上海古籍出版社，2013：548．

［81］王宁．论词的语言意义的特性［J］．北京师范大学学报（社会科学版），2011（2）：35．

［82］王宁．现代汉语双音合成词的构词理据与古今汉语的沟通［M］．//周荐．二十世纪现代汉语词汇论文精选．北京：商务印书馆，2004．

［83］王宁．训诂学［M］．第2版．北京：高等教育出版社，2010．

［84］威达雷. 北京儿歌［M］. 北京：北京大学出版社，2018.

［85］威妥玛. 语言自迩集［M］. 北京：北京大学出版社，2017.

［86］吴宝柱. 论满语颜色词［J］. 满语研究，1992（2）：31-42，115.

［87］吴帆.《绍兴白话报》白话词汇研究［D］. 济南：山东师范大学，2015.

［88］吴建设. 汉语基本颜色词的进化阶段与颜色范畴［J］. 古汉语研究，2012（1）：8.

［89］吴剑. 明代戏剧唱词颜色词研究［D］. 北京：北京师范大学，2014.

［90］武振玉.《儿女英雄传》中的程度副词述评［J］. 绥化师专学报，2003（4）：98-102.

［91］夏秀文. 李白诗歌颜色词研究［D］. 北京：北京师范大学，2010.

［92］解海江. 汉语基本颜色词比较研究［J］. 鲁东大学学报（哲学社会科学版），2008（1）：65-70.

［93］徐朝华. 析"青"作为颜色词的内涵及其演变［J］. 南开学报（哲学社会科学版），1988（6）：8.

［94］许嘉璐. 论同步引申［J］. 中国语文，1987（1）.

［95］许嘉璐. 说"正色"：《说文》颜色词考察［J］. 古汉语研究，1994（S1）：5-7.

［96］许慎. 说文解字注［M］. 段玉裁，注. 北京：中华书局，2013.

［97］许之衡. 饮流斋说瓷［M］. 济南：山东画报出版社，2010.

［98］杨福亮. 清诗颜色词研究［D］. 北京：北京师范大学，2016.

［99］杨文全. 隐喻认知视角下新兴颜色词的多维描写与调查分析［J］. 语言文字应用，2013（1）：11.

［100］姚小平. 基本颜色调理论述评：兼论汉语基本颜色词的演变史［J］. 外语教学与研究，1988（1）：11.

［101］叶喆民.《饮流斋说瓷》译注［M］. 北京：紫禁城出版社，2005.

[102] 尹箴明. 评讲聊斋 [M]. 北京：北京大学出版社，2018.

[103] 英继，宫岛吉敏. 北京事情 [M]. 徐菁菁，陈颖，翟赟，校注. 北京：北京大学出版社，2018.

[104] 于逢春. 论汉语颜色词的人文性特征 [J]. 东北师大学报，1999（5）：78-84.

[105] 于逢春. 论民族文化对颜色词的创造及其意义的影响 [J]. 吉林大学社会科学学报，2000（5）：90-94.

[106] 语言学名词审定委员会. 语言学名词 [M]. 北京：商务印书馆，2011.

[107] 御幡雅文. 华语跬步 [M]. 北京：北京大学出版社，2018.

[108] 袁行霈. 中国古典诗歌的多义性 [J]. 北京大学学报（哲学社会科学版），1983（2）：12-20，33.

[109] 曾文斌. 文廷式诗选注 [M]. 北京：中华书局，2015.

[110] 詹鄞鑫. 近取诸身远取诸物：长度单位探源 [J]. 华东师范大学学报（哲学社会科学版），1994（6）：38-44.

[111] 湛引铭. 讲演聊斋 [M]. 张娟，校注. 北京：北京大学出版社，2018：59.

[112] 张博. 词的相应分化与义分同族词系列 [J]. 古汉语研究，1995（4）：23-30.

[113] 张国宪. 现代汉语形容词功能与认知研究 [M]. 北京：商务印书馆，2006.

[114] 张美兰，陈思羽. 清末民国北京口语中的话题标记：以100多年前几部域外汉语教材为例 [J]. 世界汉语教学，2006（2）：63-73，3.

[115] 张美兰. 明治期间日本汉语教科书中的北京话口语词 [J]. 南京师范大学文学院学报，2007（2）：146-167.

[116] 张廷彦. 北京风土编 [M]. 徐菁菁，陈颖，翟赟，校注. 北京：北京大学出版社，2018：7.

[117] 张旺熹. 色彩词语联想意义初论 [J]. 语言教学与研究，1988（3）：11.

[118] 张寅彭. 民国诗话丛编 [M]. 上海：上海书店出版社，2002.

［119］张永言．词汇学简论［M］．武汉：华中工学院出版社，1982．

［120］张志毅，张庆云．词汇语义学［M］．北京：商务印书馆，2001．

［121］赵晓驰．隋前汉语颜色词研究［D］．苏州：苏州大学，2010．

［122］赵晓驰．试从色彩义的来源谈制约颜色词搭配对象的因素［J］．古汉语研究，2011（4）：8．

［123］赵晓驰．上古到中古赤类颜色词词汇系统的演变［J］．汉语史学报，2012，11（1）：213-225．

［124］赵晓驰．跨语言视角下的汉语"青"类词［J］．古汉语研究，2012（3）：73-79，96．

［125］郑剑平．《儿女英雄传》的副词"索性"用法研究［J］．西南民族学院学报（哲学社会科学版），2001（9）：212-213．

［126］郑燕明．析《儿女英雄传》中的程度副词"最"［J］．兵团教育学院学报，2004（3）：20-22．

［127］中国社会科学院语言研究所词典编辑室．现代汉语词典：第7版［M］．北京：商务印书馆，2016．

［128］中国文物学会专家委员会．中国文物大辞典［M］．北京：中央编译出版社，2008．

［129］周建设，薛嗣媛．北京话AABB形容词的语用研究：以清末民初京味小说《春阿氏》为例［J］．语言文字应用，2014（3）：78-86．

［130］周泽龙．析《儿女英雄传》中的"很"［J］．淮北煤炭师范学院学报（哲学社会科学版），2007（2）：134-136．

［131］朱熹．四书集注［M］．长沙：岳麓书社，1987．

［132］朱彦．从语义类推的新类型看其认知本质、动因及其他问题［J］．世界汉语教学，2011（4）：507-521．

［133］左丘明．国语［M］．上海：上海古籍出版社，2015．

［134］BLOOMFELD．Language［M］．London：George Allen & Unwin，1933．

［135］LAKOFF，JOHNSON．Metaphors we live by［M］．Chicago：The University of Chicago Press，1980．

[136] BERLIN, KAY. Basic color terms: their universality and evolution [M]. Berkeley: University of California Press, 1991.

[137] DAI. Silky entanglements in Chinese color-naming and its diachronic change: a new materialism perspective [J]. Color Research and Application, 2021 (46): 978-993.

[138] DIRVEN, VERSPOOR. Cognitive exploration of language and linguistics [M]. Amsterdam: John Benjamins, 2004.

[139] GLEASON. An introduction to descriptive linguistics [M]. New York: Holt, Rinehart & Winston, 1955.

[140] KAY, MCDANIEL. The linguistic significance of the meanings of basic color terms [J]. Language (Baltimore), 1978, 54 (3): 610-646.

[141] LYONS. Introduction to theoretical linguistics [M]. Cambridge: Cambridge University Press, 1968.

[142] LYONS. Semantics [M]. Cambridge: Cambridge University Press, 1977.

[143] ROSCH. Natural categories [J]. Cognitive Psychology, 1973, 4 (3): 328-350.

[144] TALMY. Toward a cognitive semantics [M]. Cambridge: MIT Press, 2000.

[145] TAYLOR. Linguistic categorization: prototypes in linguistic theory [M]. New York: Oxford University Press, 1989.

[146] TRAUGOTT, DASHER. Regularity in semantic change [M]. Cambridge: Cambridge University Press, 2002.